杜邦 安全管理

崔政斌　张美元　周礼庆◎编著

所有的事故都是可以防止的

各级管理层对各自的安全直接负责
所有操作隐患都是可以控制的

化学工业出版社
·北京·

图书在版编目（CIP）数据

杜邦安全管理 / 崔政斌，张美元，周礼庆编著．—北京：化学工业出版社，2018.8（2024.9重印）
ISBN 978-7-122-32246-3

Ⅰ.①杜… Ⅱ.①崔… ②张… ③周… Ⅲ.①杜邦化学公司-工业企业管理-安全管理-经验 Ⅳ.① F471.267

中国版本图书馆CIP数据核字（2018）第112658号

责任编辑：杜进祥　高　震　　　　　　文字编辑：孙凤英
责任校对：王　静　　　　　　　　　　　装帧设计：韩　飞

出版发行：化学工业出版社（北京市东城区青年湖南街13号　邮政编码100011）
印　　刷：三河市航远印刷有限公司
装　　订：三河市宇新装订厂
710mm×1000mm　1/16　印张15½　字数289千字　2024年9月北京第1版第15次印刷

购书咨询：010-64518888　　售后服务：010-64518899
网　　址：http://www.cip.com.cn
凡购买本书，如有缺损质量问题，本社销售中心负责调换。

定　　价：58.00元　　　　　　　　　　　　　　　　　版权所有　违者必究

前言

美国杜邦公司（简称杜邦）是闻名世界的大型跨国公司，是世界上安全生产做得最好的公司。杜邦不仅经济效益全世瞩目，安全管理更是誉满全球。

从杜邦的做法来看，杜邦建立了一整套安全管理体系，杜邦要求每一位员工都要严守十大安全信念；杜邦坚持安全管理以人为主的信念，并制定了一套十分严格、近乎苛刻的安全防范措施。正是这些苛刻的措施，令杜邦的员工感到十分安全。从杜邦的安全业绩来看，成绩是惊人的。杜邦安全业绩号称有两个10倍，一个是杜邦的安全记录优于其他企业10倍；另一个是杜邦员工上班时比下班后还要安全10倍。

杜邦公司安全管理经验告诉我们，安全管理是一个庞大的系统工程，必须全员参与，必须对安全生产的全过程进行管理，必须加大安全教育的力度，在广大职工中形成一种浓厚的企业安全文化氛围，树立高度负责的主人翁责任感和遵章守纪、自我防范的意识。安全管理贵在实施，在实施中让每一位员工树立起每时每刻讲安全的理念；通过广大职工经常性地开展群众性风险和危害识别活动，找出身边存在的危害，提高全员的风险意识，真正搞清企业安全施工、安全生产应该怎样做；通过开展专业风险评估，识别影响本单位全局的风险，搞清风险控制措施，加强监控，落实防范，踏踏实实按照国家的标准，严格操作规程，克服工作随意性大、安全监督不到位、违章冒险作业等现象。

企业安全文化是企业在长期安全生产经营活动中形成的，是以人为本，保护人的身心健康，尊重人的生命，实现人的安全价值的文化，是企业安全形象的重要标志。对照杜邦公司安全文化的四个发展阶段，我国目前还处于初级阶段，日常安全管理中还有诸多管理不完善的地方。这些管理不到位的地方也让我们付出了沉重的代价。安全管理工作不能有半点麻痹大意。我们应通过大量的安全宣传、培训，以及组织形式多样的安全活动来进一步提升公司的安全文化水平，营造良好的安全文化氛围，使员工能将每一个强制性的安全管理规定和规范，转化为自觉的安全行为，并能关心周围同事的行为是否符合安全规范的要求。真正把"要我安全"，变成"我要安全"。

基于此，我们在学习杜邦安全管理理念的同时，萌发了整理编写一本杜邦安全管理的著作，以此作为学习杜邦经验的汇报成果，告诉人们怎样学习杜邦安全，怎样实践杜邦安全理念。全书共分为七章。第一章：绪论；第二章：杜邦十大安全理念；第三章：杜邦可持续运营管理；第四章：杜邦过程安全管理；第五章：杜邦设备完整性管理；第六章：杜邦安全管理领导力；第七章：杜邦安全文化管理。全书内容丰富，结构严谨，语言流畅，是一本较为全面的杜邦安全管理的著作，相信能为企业学习杜邦安全管理提供有益的帮助。

杜邦是一所安全管理大学，有学不完的安全知识、安全法规、安全理念、安全原则、安全规范。杜邦是一座安全培训大熔炉，在世界范围内培养和造就了大量安全管理精英。杜邦是一个取之不尽、用之不竭的安全温泉，滋润和温暖了无数企业的安全工作、安全生产、安全思想、安全愿景。今天，我们学习、实践、享受、运用杜邦安全管理系列成果，将自己的企业安全管理向杜邦迈进，使自己的企业也向杜邦一样安全无事故，那么，世界就由此而变得更美好，人类就会由此而更灿烂。

本书由崔政斌、张美元、周礼庆编著。在写作过程中得到了石方惠、胡万林、刘炳安等领导的支持、关怀和指导，得到了杜冬梅、张垒、崔敏、陈鹏、戴国冕等同志提供的有关资料。感谢石跃武同志的文字输入，感谢范拴红同志的书稿校对。

本书在写作过程中也得到了化学工业出版社有关领导和编辑的悉心指导和帮助，在此表示衷心的感谢。

编著者

2018年1月于山西省朔州市

第一章 绪论 1

第一节 杜邦公司简介 2
一、杜邦的历史 2
二、杜邦公司安全发展状况 7
三、杜邦公司的安全记录 8

第二节 杜邦对安全的理解 9
一、安全具有战略意义的价值 9
二、杜邦的安全管理程序 10
三、杜邦的安全职责 14

第三节 杜邦是一所安全管理综合性大学 17
一、杜邦安全管理内容丰富多彩 17
二、杜邦安全管理内涵博大精深 19
三、杜邦安全学无止境 20

第二章 杜邦十大安全理念 25

第一节 十大安全理念内容 26
一、所有事故都是可以防止的 26
二、各级管理层对各自的安全直接负责 28
三、所有安全操作隐患都是可以控制的 30
四、安全是被雇用的一个条件 30
五、员工必须接受严格的安全培训 32
六、各级主管必须进行安全检查 36
七、发现安全隐患必须及时消除 38
八、工作外的安全和工作中的安全同等重要 41
九、良好的安全创造良好的业绩 44
十、员工的直接参与是关键 45

第二节 学习落实杜邦十大安全理念 46
一、学习培训的方法 46

二、排除隐患的措施 …………………………………………… 47
　　三、深化杜邦十大安全理念的途径 …………………………… 49
第三节　十大安全理念给我们的启示 …………………………… 52
　　一、思想认识是先导 …………………………………………… 52
　　二、文化修养是内涵 …………………………………………… 53
　　三、事故为零是目标 …………………………………………… 54

第三章　杜邦可持续运营管理 …………………………………… 57

第一节　可持续发展需要加强运营管理 ………………………… 58
　　一、可持续发展要点 …………………………………………… 58
　　二、企业为什么需要加强运营管理 …………………………… 58
　　三、卓越运营管理带来的效益 ………………………………… 59
　　四、成功实施卓越运营管理的必备要素 ……………………… 59

第二节　如何做可持续发展企业 ………………………………… 60
　　一、基本原则 …………………………………………………… 60
　　二、基本要素 …………………………………………………… 61
　　三、能力建设 …………………………………………………… 62
　　四、杜邦可持续运营的做法 …………………………………… 63

第三节　石油化工企业的可持续运营 …………………………… 66
　　一、石油化工的重要地位 ……………………………………… 66
　　二、杜邦在石油化工企业的持续运营 ………………………… 67
　　三、石化企业可持续运营的重要性 …………………………… 68

第四节　企业如何实现可持续运营 ……………………………… 69
　　一、评估可行性方案 …………………………………………… 69
　　二、制订速赢方案 ……………………………………………… 70
　　三、全面评估 …………………………………………………… 71

第五节　杜邦公司可持续发展目标及安全培训理念 …………… 72
　　一、可持续发展目标 …………………………………………… 72
　　二、安全培训理念 ……………………………………………… 76

第六节　杜邦可持续运营的启示 ………………………………… 82
　　一、企业可持续发展的关键因素 ……………………………… 83

二、企业可持续发展的对策 …………………………………… 84

第四章 杜邦过程安全管理 ………………………………… 85

第一节 概述 …………………………………………………… 86
一、概念 ………………………………………………………… 86
二、发展历程 …………………………………………………… 87
三、杜邦过程安全管理 ………………………………………… 89
四、过程安全管理要素 ………………………………………… 90

第二节 工艺安全信息 ………………………………………… 91
一、概述 ………………………………………………………… 91
二、主要内容 …………………………………………………… 93
三、杜邦工艺安全信息的运用 ………………………………… 94

第三节 工艺危害分析 ………………………………………… 96
一、工艺危害分析方法 ………………………………………… 96
二、杜邦工艺危险分析 ………………………………………… 98

第四节 安全培训 ……………………………………………… 103
一、以核心价值观培训为基础 ………………………………… 103
二、直线组织架构是重要载体 ………………………………… 104
三、安全培训方法 ……………………………………………… 104
四、杜邦安全培训值得借鉴 …………………………………… 105

第五节 承包商管理 …………………………………………… 106
一、承包商具备的素质 ………………………………………… 107
二、承包商管理的内容 ………………………………………… 107
三、杜邦承包商安全管理 ……………………………………… 108

第六节 试生产前安全审查 …………………………………… 110
一、试生产前安全检查的作用 ………………………………… 110
二、试生产前安全检查的一般规定 …………………………… 111
三、试生产前的准备工作 ……………………………………… 112
四、开车前安全条件确认 ……………………………………… 113
五、试生产安全管理要求 ……………………………………… 114

第七节 作业许可 ……………………………………………… 116

  一、作业许可管理职责 …………………………………… 116
  二、作业许可管理范围 …………………………………… 117
  三、作业流程 ……………………………………………… 117
  四、作业许可实例 ………………………………………… 117
 第八节　变更管理 …………………………………………… 123
  一、变更管理的意义 ……………………………………… 123
  二、变更管理的实施 ……………………………………… 124
  三、杜邦变更管理 ………………………………………… 126
 第九节　应急管理 …………………………………………… 133
  一、应急管理的意义 ……………………………………… 133
  二、应急管理的内容 ……………………………………… 135
  三、杜邦应急管理方法 …………………………………… 137
 第十节　工艺事故/事件管理 ……………………………… 138
  一、事故的特性 …………………………………………… 139
  二、杜邦事故调查程序 …………………………………… 140
 第十一节　过程安全管理各要素的内在联系 …………… 143
  一、过程安全管理的发展趋势 …………………………… 144
  二、ALARP原则 …………………………………………… 145

第五章　杜邦设备完整性管理 …………………………… 147

 第一节　杜邦设备完整性 …………………………………… 148
  一、概念 …………………………………………………… 148
  二、设备的完整性和质量保证 …………………………… 148
  三、设备完整性的发展与特点 …………………………… 151
  四、推进MIQA模型的四个层次 ………………………… 152
 第二节　设备全生命周期的管理 …………………………… 155
  一、我国目前设备管理存在的问题 ……………………… 155
  二、引入国际通行的管理模式 …………………………… 157
  三、设备完整性管理体系的实施 ………………………… 160
 第三节　设备完整性安全管理理论和实践 ……………… 161

一、我国设备管理经验 ………………………………………… 161
二、TPM理论的发展 …………………………………………… 163

第六章 杜邦安全管理领导力 ……………………………… 173

第一节 杜邦"有感领导"的基本内容与实施 …………… 174
一、"有感领导"的定义 ………………………………………… 174
二、"有感领导"的含义 ………………………………………… 174
三、"有感领导"的基本原则 …………………………………… 174
四、如何落实"有感领导" ……………………………………… 175
五、"有感领导"的具体体现 …………………………………… 177

第二节 如何有效落实"有感领导" ……………………… 182
一、三层含义 …………………………………………………… 182
二、核心四要素 ………………………………………………… 185
三、落实"有感领导"的做法 …………………………………… 187
四、实施"有感领导"应达到的几种效果 ……………………… 188
五、"有感领导"决定PSM成败 ………………………………… 188
六、实施"有感领导"注意事项 ………………………………… 188

第三节 "有感领导"对我们的启示 ……………………… 189
一、从辩证法看领导力实践 …………………………………… 189
二、领导力在实践中生成 ……………………………………… 191
三、以行动为中心的团队领导者的领导力 …………………… 193
四、安全工作执行力 …………………………………………… 197
五、提升安全工作领导力 ……………………………………… 199
六、小结 ………………………………………………………… 200

第七章 杜邦安全文化管理 ………………………………… 201

第一节 杜邦安全文化的形成与发展 ……………………… 202
一、杜邦安全文化的形成过程 ………………………………… 202
二、杜邦企业安全文化建设与员工安全行为模型 …………… 202

三、安全文化建设不同阶段中员工的安全行为特征 …………… 203
　　四、杜邦的安全文化和安全理念的主要体现 ………………… 205
　第二节　杜邦安全价值理念及核心价值观 …………………… 210
　　一、杜邦的安全价值理念 …………………………………… 210
　　二、杜邦的安全STOP卡（安全、培训、观察、程序）……… 212
　　三、杜邦预防事故理论 ……………………………………… 215
　第三节　杜邦安全文化促进我国企业安全文化建设 ………… 218
　　一、企业安全文化建设 ……………………………………… 218
　　二、将杜邦安全文化转化为我们的财富——企业安全文化 … 228
　　三、推行杜邦安全文化管理的有效做法 …………………… 230

参考文献 ………………………………………………………… 236

第一章 绪论

杜邦公司的安全目标就是零事故（超过60%的工厂实现了"0"伤害率），而且现在已经多年实现并保持这个目标。杜邦公司的安全事故率比工业平均值低90%，杜邦员工在工作场所比在家里安全10倍。

"安全是一项具有战略意义的商业价值，它是企业取得卓越业务表现的催化剂，不仅能提高企业生产率、收益率，而且有益于建立长久的品牌效应"。这是享有"全球最安全公司之一"美誉的杜邦正在中国全力推广的一个理念。

1802年建立第一家炸药工厂

1811年创立安全章程
直属组织对安全负责
各级管理层对安全负责，在高级管理层亲自操作之前，任何员工不允许进入一个新的或重建的工厂
——E.I.du Pont

1912年开始安全数据统计

20世纪90年代提出"零"事故的安全目标

20世纪50年代推出工作外安全预防方案

20世纪40年代提出了"所有事故都是可以防止的"理念

安全已成为杜邦DNA的组成部分

第一节 杜邦公司简介

一、杜邦的历史

目前世界上最发达的经济体——美国成立于1776年，杜邦公司则于1802年诞生，几乎与美国历史同步，迄今为止已经有200多年的发展历史，堪称世界500强企业中最长寿的公司。2013年，美国杂志评选出美国50个"最卓越的家族"，其中杜邦家族获得"最持久不衰家族"的称号。

美国杜邦公司成立最初的前80年主要生产黑火药，是当时美国最大的黑火药生产商。目前杜邦公司经营多样化，核心业务是化工生产，农业生产、汽车、电器、纺织等超过杜邦业务的10%。业务遍布70多个国家和地区，拥有210个机构、79000名员工、2400种产品。杜邦公司发明了尼龙和聚四氟乙烯等多种化工材料，见图1-1。

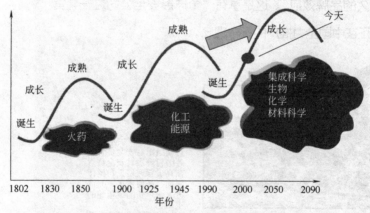

图1-1 杜邦的产品及发展过程

杜邦公司于20世纪80年代中期开始在中国经营业务，1989年在深圳设立了第一家全资投资实体——杜邦中国集团有限公司，成为杜邦在华20年持续投资的开始。杜邦目前在中国拥有27家独资及合资企业和3个分公司，产品和服务涉及化工、农业、食品与营养、电子、纺织、汽车等多个行业。迄今为止，杜邦在华投资超过7亿美元，拥有3500名员工。2017年，杜邦在财富500家美国最大的工业/服务公司排行榜上名列第113位。

如果用组织形态管理理念对杜邦公司的发展进行分析，可以发现杜邦200多年发展历史经历了三种组织价值形态。第一个一百年是以化工原料（火药）为基础的股东价值形态，第二个一百年是以能源化工为基础的精英价值形态，第三个一百年是正在迈向以生物化工为基础的客户价值形态。

1. 第一个百年——股东价值形态

第一次工业革命前后，为了满足人类日益增长的生活需求，世界开始第一轮改革开放，资本经济在西方迅速扩展，人类需要更多的价值创造资源，这时世界列强主要通过"抢地盘"的方式获得独特资源。这一百年中，世界上硝烟弥漫，杜邦公司就是"硝烟"的提供者之一。

在1802—1902年这一百年中，杜邦公司发展成为"火药大王"，在这个时期，股东价值形态的特征比较明显。为了追求资本收益，杜邦选择了化工产业，资本与独特资源为杜邦创造主要价值。股权高度集中，以单人决策管理模式为主，主要的管理者和技术人员是家族成员，企业采用直线型组织结构。产品相对成熟、单一，在化工原料的基础上进行简单加工，客户以政府为主。这个时期主要是资本收益力为企业创造价值。

2. 第二个百年——精英价值形态

在1902—2002年这一百年中，杜邦公司成为了一个"化学品大王"，在这个时期，精英价值形态的特征比较明显。

1902年以后，为了适应市场生态的变化，杜邦公司开始从单一经营火药向多种经营的化学公司转变，实现了从化工原料的简单加工到现代化学工业产品制造的转变，这个时期企业形态发生本质变化。首先从家族式企业向股份制企业逐步转变。自1899年改组为股份公司后，股东构成多元化、股权结构分散化，杜邦公司走上了去家族化的道路。随着公司的不断发展，杜邦家族所占股份逐年下降，到了20世纪70年代成为一家公众公司。

在这个阶段，团队协作决策模式使精英团队领导力得到体现，监管型董事会开始发挥作用，直线职能型组织结构形成，职能部门成为企业最小的价值单元，以职位等级为基础的管理系统逐渐建立。随着市场价值需求不断扩大，企业开始进行规模化、标准化的产品生产，事业部型组织结构支撑杜邦公司规模迅速扩大。杜邦走向了多元化、国际化发展道路，成为全球瞩目的巨型公司。这个时期主要是精英团队为企业创造主要价值。

3. 第三个百年——客户价值形态

进入21世纪时，杜邦也迎来第三个百年，杜邦公司又站在了历史的转折点上，开启新的百年序章。

在2003年，杜邦推出"以客户和市场为导向的业务增长和生产率提高"为核心的"新杜邦"战略。通过调整内部架构以及充分利用和加强基础设施，使

杜邦更专注于服务世界各地的客户。通过发挥杜邦全球化和规模化的优势，赢得在各个市场的成功，实现可持续发展目标。这时杜邦开始进入客户价值形态，虽然还没有完全成熟，但是客户价值形态的特征已经明显体现。

客户价值形态的典型特征是股权相对分散，企业独立人格得到体现，战略型董事会的功能开始发挥，流程型组织结构使客户与创新团队共同进行价值创造，团队成为最小的价值创造单元，个人能力素质决定其价值形式。随着客户价值需求更加分散，产品更新换代速度加快，这个时期是团队创新力为企业创造主要价值。

（1）创新力创造主要价值　杜邦的创新不仅仅体现在产品技术创造上，从杜邦的发展历程也能看出来，制度创新对杜邦发展贡献更大。杜邦公司能够顺利实现组织形态进化，与杜邦对创新的理解始终一脉相承。杜邦的中央试验站位于特拉华州威明顿市，是美国最早的工业试验室之一，也是世界上规模最大、技术最先进的工业研究中心之一，早在杜邦三杰时期建立，已经有100多年的历史，为今天的杜邦科技成就奠定了坚实的基础，杜邦很多重大的产品、技术突破都出自于此。对于一个企业而言，创新能力的培养是一个漫长过程，创新本身也代表着投入与风险。如果企业没有创新的基因，价值理念不是以客户为导向，创新几乎不可能实现。在某种意义上说，创新就是企业的一项使命，因为企业本质是一个价值创造组织。

21世纪伊始，为了满足市场价值需求不断变化，杜邦更加注重产品开发与研究，投入了大量资金和技术人才。近几年来，研发费用连续上升，在2011年，杜邦研发投入超过20亿美元。杜邦公司在全世界拥有庞大的科研力量与科研成果，支撑杜邦持续的创新能力，截止到2012年，杜邦拥有9500多名科学家和工程师以及全球超过150家研发机构，同时拥有21000多项有效专利，以及超过15000项专利应用。当然，创新也为杜邦公司带来了合理的回报，近40%的收入来自在过去5年内推出的新产品。

创新必须获得广泛的资源与动力，因此，杜邦的创新是建立在一个开放的平台上。得益于早年的国际化发展战略，杜邦及其附属机构在全球近90个国家和地区开展产品研制、生产制造、加工、销售及客户服务等经营活动，使杜邦的新技术与产品能够直接与当地市场需求结合。同时，杜邦明确提出了"用创新赢市场"的业务模式，这种模式并不是被动地、完全地去适应市场需求的变化，而是在研发新产品的同时，用一些创新去引领市场的发展，与客户一起运用科技来共同创造价值。

今天的杜邦逐渐转变成为一个开放型组织，通过不断的创新与市场价值需求形成良性互动，推动产业价值链不断向下游延伸。客户价值形态是目前产业生态中的高级组织形态，可以利用组织形态优势，实现对全球产业链上游企业的控制。公司价值可以从世界不同的市场生态中获取，如今杜邦业务收入已经主要来自美国以外地区。在全球产业价值链中，不同的组织形态有不同的价值定位，一般而言，价值从产业价值链上游向下游输送，而高级组织形态更容易体现价值，并且对整个价值链的影响较大。杜邦在20世纪80年代末开始进入中国，经过20多年的发展，杜邦已在华建立近40家独资及合资企业。

（2）流程型结构初步成形　客户价值形态需要流程型组织结构支撑，才能实现以客户价值为导向的发展理念。

为了适应市场需求变化以及产业结构调整，杜邦在1993年开始进行大改组，将下属5个公司业务单元及石油天然气生产部门分解成20个规模较小的业务部门，使子公司部门化、部门团队化，公司经营管理者直接与20个业务团队负责人对接，减少中间环节，通过业务流程把所有价值创造团队链接起来，实现扁平化、系统化管理，使"大象"变成了"羚羊"。这次变革使杜邦公司告别事业部矩阵形式，建立流程型组织结构框架，"三马车体制"随之瓦解，在此框架下开始对事业部进行调整，逐步形成"众马齐奔"的业务布局。

2007年，杜邦公司对业务单元重新进行调整，按照市场价值需求和自身价值创造能力的特征将主要业务划分为杜邦科技、应用生命科学、农业与营养、涂料与颜料技术、电子和通信技术、高性能材料、安全与防护等七大独立发展平台，分别由杜邦公司不同的高级管理者直接管理，形成七个能够独立运行的业务流程。独立的业务流程由不同价值创造活动形成的次级业务流程构成，这些业务流程共同构成杜邦的流程型组织结构，通过业务流程把大大小小各类创新团队组合在一起，共同为客户创造价值。

公司董事长兼首席执行官和副总裁等7人组成了首席执行官办公室，他们不仅担负着制订全公司业务战略规划的责任，同时也分别负责独立的业务流程。这种独立统一决策模式既可以使每个业务版块独立运行，又能够对单个业务流程进行系统化管理，董事会与业务流程的对接更加紧密，体现了一种分中有集的权力治理思想。随着客户价值形态的逐渐成熟，董事会将直接与业务流程对接，固定的流程管理团队将置于独立的业务平台上，业务平台可以继续细化形成更多的可以独立运行的业务流程，流程管理者的权力更加独立，企业规模可以随着业务流程的变化而灵活地调整，这样更能够适应客户价值需求的分散与多变。

流程型组织结构的初步建立，象征着客户价值形态逐渐成形，企业发展进入成熟期，独立人格开始体现。今天的杜邦家族虽然对杜邦公司仍然具有明显的影响力，但这种影响作用与两百年前的性质具有本质区别。今天杜邦公司股权已经非常分散，杜邦家族的股权优势已经不再，任何单一资本都无法对公司

控制权形成明显的影响。杜邦家族的影响力在于其人格与杜邦公司的人格最相似，投资者对杜邦家族人格的信赖是其影响力的来源。

（3）独立人格逐渐清晰　今天的杜邦与两个世纪前的杜邦相比虽然组织形态迥异，但是有一点一直被传承下来，而且越来越清晰，那就是杜邦的核心价值理念。价值理念传承的是杜邦的人格特征，如果这一点也发生变化，那么今天的杜邦与两个世纪前的杜邦没有任何关系。

这两个多世纪以来，杜邦公司的业务在不断变化、组织结构在不断变化、企业规模在不断变化……但是，核心价值始终没有改变。杜邦人格中最明显的一个特征——安全意识，这一特征虽然经历了岁月的洗礼，但在今天依然历久而弥新。

杜邦安全文化要追溯到早期的价值创造活动，火药制造与使用具有相当高的风险，当时发生过许多事故，这些事故造成许多人丧生，其中也包括杜邦家族的几位成员。最大的一次事故发生在1818年，当时杜邦只有100多名员工，40多名员工在这次事故中伤亡，企业几乎面临破产，不可能生产。但凡关键事件对人格塑造都具有重要的影响作用，安全意识从此成为杜邦的核心价值理念，并且能够与时俱进。

在杜邦公司长期的实践中，建立了一整套安全管理理念，用于指导日常业务决策和行为。杜邦认为团队中的每个成员都拥有个人安全价值，都必须对自己和同事的安全负责；管理者通过关心每一位员工，建立相互尊重、彼此信赖的关系，为安全管理奠定坚实的基础。当安全理念逐渐渗透到组织运行系统中时，将对组织以及组织所有成员的行为产生深刻影响。杜邦员工把违反重要的安全规定、忽视自己和他人生命的行为视为不可容忍的组织禁忌，这些"禁忌"常被称为"不可违背的安全规则"。当"安全"成为杜邦"理所当然"的基本信条与行为准则时，企业的思维与行为得到统一，人格特征清晰体现。

随着杜邦公司的不断发展，以安全理念为核心的人格特征与现代业务系统相结合得到进一步发展与完善。目前杜邦文化理念是"致力于安全、健康和环境、正直和具有高尚的道德标准以及公正和尊敬地对待他人"，在杜邦的人格特征中体现出生态、组织、人三者之间的基本价值关系，这是对人类发展、人性演变规律的深刻理解。杜邦在20世纪90年代卖掉了与文化理念相悖、却能获取高额利润的石油业务，全力向生物科技领域进军，这就是杜邦独立人格的体现。在环保业绩和可持续发展革新方面，杜邦也一直处于世界领先地位，杜邦是最早将"废物和排放物降低为零"作为目标的大公司之一，21世纪初又设定"务求实现工伤、职业病及环保事故为零"的目标。

二、杜邦公司安全发展状况

1. 开展安全咨询业务

目前杜邦是世界上安全业绩最好的公司。在杜邦公司，有数百人专门从事HSE咨询。将杜邦的HSE系统和经验引入到全世界，每年创造约1亿美元的产值。杜邦安全管理咨询为客户提供的专业服务，涉及工作场所安全、应急反应、人体工程学、承包商安全和资产效力。解决方案从公司全球统一的培训项目一直到为客户量身定制的、以实施绩效为基础的解决方案。杜邦公司给企业做安全咨询的周期一般需要2～3年，一般6个月以后会明显见到效果。杜邦公司承诺如果严格按照他的安全管理系统运作，安全事故发生率最保守估计会降低40%。

2. 杜邦安全咨询系统简介

杜邦公司自成立安全资源部（咨询部）对外开展工作以来，基于杜邦公司的实际经验形成很有特色的安全咨询系统。安全咨询分为四个阶段，即调查评估阶段、体系建立或完善阶段、培训阶段、自我评估和改进能力形成阶段，并被形象地称为"安全旅程"。现将其具体旅程简单介绍如下：

杜邦咨询的安全旅程共分为四个大的阶段，并不断循环改进。第一阶段为调查评估阶段，从14个方面评估"物的安全状态"，从12个方面评估"人的安全行为"；第二阶段主要开展各种培训和训练，使企业各级管理人员、作业人员受到不同目的和内容的培训；第三阶段协助建立完善的安全管理体系及规章制度；第四阶段帮助企业建立自我评估机制并培养出持续改进能力。

杜邦为世界上很多大的公司做过安全咨询，尤其是壳牌石油公司（Shell）、埃克森-美孚石油公司等世界石油巨头。壳牌公司的HSE管理体系是从杜邦引进的。在美国职业安全局2003年嘉奖的"最安全公司"中，有50%以上使用了杜邦安全咨询服务。澳大利亚航空公司使用杜邦安全服务的第一年，员工受伤人数即下降了一半，安全投资回报达到500%。广州白云机场迁建供油工程在杜邦安全资源专家的帮助下，实现了200人万小时零伤害的安全记录，有力地保证了工程按期顺利进行。

杜邦公司认为"安全不仅是安全管理部门的事，企业全体员工都必须积极参与。安全不是花钱，而是一项能给企业带来丰厚回报的战略投资。"

3. 杜邦安全发展史上的重要标志

① 1811年，建立第一套安全章程，强调各级生产管理者对安全负责和员工的参与。该制度演变为如今的高级管理者对安全负责的"有感领导"。

② 1812—1911年的100年里，杜邦公司在"物的不安全状态"方面做了大量工作，不断丰富其安全管理规章制度和安全操作技术规则。杜邦公司在安全

技术和装备保障方面至今保持独特做法，即不向保险机构缴纳财产保险，而将这部分资金投入到技术装备安全保障中。

③ 1912年，开始收集各种与安全有关的数据、信息、事例和资料，着手进行认真细致的安全分析统计工作。

④ 1926年开始创立安全管理体系，实施系统化的安全管理。

⑤ 20世纪40年代，提出"所有事故都是可以防止的理念"；在全公司逐渐形成"所有事故都是可以避免的"安全理念，并开始提出"零死亡""百万工时事故频率""20万工时损失工作日"等安全目标。

⑥ 20世纪50年代，推出工作外安全预防方案和安全数据统计，直至提出零伤害、零疾病、零事故的目标。即从每一单位的设计、建造、施工、投产到维修，以至运输各环节，全体人员均力求避免工伤意外的发生，以期达到零的记录。20世纪60年代，安全业绩开始领先于美国工业界主要一流公司水平，提出"零事故"目标。

⑦ 20世纪70年代，安全理念走向成熟，形成独具特色的杜邦安全文化。

⑧ 20世纪80年代，开始协助其他企业（壳牌等）建立安全文化，取得更好安全业绩。

⑨ 1991年，成立杜邦安全资源部，正式对外开展咨询业务，2002年当年咨询收入突破1亿美元，咨询业务在2003年进入亚洲地区，并单独成立中国咨询部。

三、杜邦公司的安全记录

杜邦公司的安全目标就是零事故，而且现在已经多年实现并保持这个目标。杜邦公司的安全记录如下所述：

① 安全事故率比工业平均值低90%，杜邦员工在工作场所比在家里安全10倍；

② 公司每一百万个工时发生损失工作日的频率是1.5（包括划破一个手指、手脚扭伤及下班以后的伤害记录），是美国各行业平均记录的1/10；

③ 超过60%的工厂实现了"0"伤害率，杜邦每年因此而减少了数百万美元的支出；

④ 据2001年统计，其属下的370个工厂和部门中，80%没有发生过工伤病假及事故，至少50%的工厂没有出现过工业伤害，有20%的工厂超过10年没有发生过安全伤害；

⑤ 杜邦公司连续多年被美国职业安全管理局评为美国最安全的公司、世界500强企业最安全的公司和对社会最负责任的公司，2003年9月9日，杜邦公司被 *Occupational Hazards* 9月号评为最安全的美国公司之一；

⑥ 杜邦公司从来不进行财产保险，依靠在安全方面的投入、完善的安全管

理系统保证安全生产，不在保险方面做出额外的支付；

⑦ 杜邦公司深信所有的职业伤害与疾病、安全和环保事故，都是可以避免的。此外，也特别努力地推动员工非工作时间的安全。如今在杜邦，安全、健康和环境保护（SHE）被认为是业务蓬勃发展的不可分离的一部分。SHE的目标作为整个公司、各个业务部门和分支机构的全面成功的关键因素而融入其企业战略和经营计划中。随着杜邦公司不断发展和扩张，杜邦的HSE管理体系不断充实和完善，并不断得到世界同行及相关机构的认可。杜邦的安全业绩如表1-1所示。

表1-1 杜邦的安全业绩

项目	杜邦	化学工业平均	全工业平均
失时1小时发生率[①]（LWC）	1.5	9.5	14.0
失时工伤次数（LTI）	28	1288	3584
失时工伤成本/次	$28000	$28000	$28000
每年总工伤成本	$0.78Mil.	$36.06Mil.	$100.35Mil.
每年节省	—	$35.28Mil.	$99.57Mil.

① 杜邦2000年损失统计。

"安全是一项具有战略意义的商业价值，它是企业取得卓越业务表现的催化剂，不仅能提高企业生产率、收益率，而且有益于建立长久的品牌效应。"这是享有"全球最安全公司之一"美誉的杜邦正在中国全力推广的一个理念。

第二节 杜邦对安全的理解

一、安全具有战略意义的价值

杜邦公司认为，当安全成为战略商业价值的一部分时，就成为企业取得优秀经营业绩的催化剂。杜邦把安全作为衡量业务成功与否的标准，视为先进的企业文化。防止员工在工作中，甚至在工作时间外受到伤害，避免伤亡的结果是公司的资源得到了更为有效的利用，员工的流动率有所下降，企业的运营更加顺畅，企业的收益也就会有所增长。杜邦公司的决策者们认为，所有这些因素都反映了一个道理：良好的安全管理意味着企业有一个良好的商业表现。也就是说杜邦公司将安全视为企业市场竞争的一个筹码，视为赚取利润的一个方法，视为企业生存的一项必不可少的条件。一流的安全业绩能促进商务发展，保护品牌在公众心目中的形象。

① 安全与企业的绩效息息相关；
② 安全是习惯化、制度化的行为，影响企业的组织变革、感召力和员工；
③ 所有的职业伤害与疾病、安全和环保事故，都是可以避免的；
④ 安全具有显而易见的价值，而不仅仅是一个项目、制度或培训课程；
⑤ "安全不仅是安全管理部门的事，企业全体员工都必须积极参与，安全不是花钱，而是一项能给企业带来丰厚回报的战略投资"；
⑥ 在杜邦人的观念中，安全事故不仅可以影响到员工、影响到股东、影响到客户，还要影响到企业在公众心目中的形象，最终影响到企业的经营效益；
⑦ 在杜邦的成本账中，不是以块来划分，如那部分资金是用来培训、那部分资金是用来购买安全设备。安全设备的投入被整体计入成本，也就是说，该公司的安全投入本身就与生产过程的支出是一个整体，是生产过程中不可缺少的一个环节，避免事故的发生就能降低成本。有着200年历史的杜邦公司，安全事故率比工业平均值低90%，超过60%的工厂实现了零伤害，因此减少了数百万美元的支出。

二、杜邦的安全管理程序

1.可见的高层管理承诺

杜邦认为安全来自高层管理者和各级组织者，真正的安全更多依赖"领导"而不是"管理"。要求企业最高管理者面向社会和员工作出明确的安全管理承诺，并设身处地地为员工着想。在不断削减现场存在的"物的不安全状态"的同时，以身作则地引领大家走向行为安全，培育强大而有益的企业安全文化（见图1-2）。

2.组织机构

组织机构设置及其职能分工中应切实体现出"谁主管、谁负责"原则，将安全责任更多地交给各级生产作业指挥者。公司应建立综合性的中央安全委员会，委员会应包括各个专业和领域的代表，委员会下设若干分委员会或临时性小组具体负责相应专业、领域或重大具体活动的专项安全研究、咨询和决策（见图1-3）。

3.安全方针

公司最高管理者或中央安全管理委员会制定公司安全方针。安全方针是对

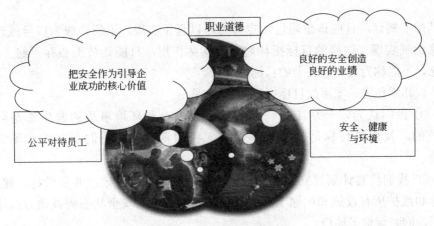

图1-2 杜邦的核心价值

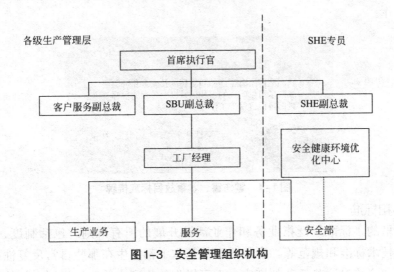

图1-3 安全管理组织机构

于一个较长期间内公司安全政策的凝缩和提炼,方针应对当前安全实际表现具有实践性指导意义或作用,不能流于口号。

4. 职责、责任及义务

从公司总经理到基层班组长,各级生产组织者均需要明确且牢记其对于上级应负的安全责任和对于属下应发挥或承担的安全作用和义务,切实引领员工走向行为安全;每位员工都应该对于下道工序或后继作业者负安全责任,对上道工序或此前作业者承担安全确认义务。"谁主管谁负责"在杜邦公司看来是自然而然的事情。

5. 目标指标

公司最高管理者需要制订公司整体安全目标,各级部门和单位均应分解或制订本部门安全目标和具体指标。目标指标应依据实际表现水平在科学统计分析基础上制订,且应该是通过一定努力可以真正实现,不应该成为口号或理想去靠运气实现(这样的目标指标起不到实际作用,只能让员工心存"赌一把"之念,不能称为真正意义上的目标指标。)。

杜邦零伤害、零事故目标(见图1-4)是:

① 我们认为,一切工伤、职业病以及安全和环境事故的发生都是可以预防的,我们的目标是其发生率为零。我们将增进雇员们在非工作场合的安全。

② 我们将对计划建立的每一设施的环境影响进行设定,并且设计、建立、运行和维护所有设施和运输工具,以便使它们保持在安全状态而被地方社团所接受,同时保护了环境。

③ 我们将做好应急事件的准备,并且帮助我们的地区社团改进他们的应急准备工作。

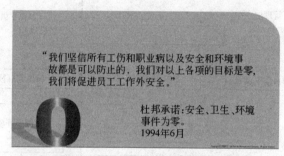

图1-4 零伤害、零事故目标宣传牌

6. 程序和标准

这里的"标准"泛指业务和作业活动开展的所有规则,包括制度、程序、规程、技术标准和规范等。事故或事件基本上都发生在那些日常反复性的作业活动中,应该对这些活动制订安全而可操作的规则,并确保规则之间的协调和有序,所有规则均应不断改进和完善,规则应明确划分为"严禁"和"指南"两种类型。严禁类规则确保全员严格遵守,发生违禁事件应予以不能承受之重罚或解聘;指南类规则尽可能通过劝说、谈话、劝告、辩论等引导员工遵守,该类规则的重点部分必须明确陈述不按指南作业可能出现的后果。

7. 正向激励

公司应设立形式多样、内容广泛的正向激励机制和政策,鼓励员工走向行为安全。这样的激励不能只表现在专职安全人员方面,应面向所有员工。对于发生的奖励应客观公正且公开透明,让大多数员工认可和服气。

杜邦安全管理的全员参与也体现在安全激励机制方面。杜邦有一个董事会安全奖,奖励包括实物和荣誉,但这个奖只针对团队不对个人。比如在休斯敦的La Porte厂区，只有厂区内4个工厂在一定时期内没有发生可记录的安全事故，才能得到这个奖项，奖励厂区的所有人。这就督促所有人员不但自己要遵守安全管理规定，而且会提醒自己周围的人员，不管是承包商还是来访者，都应遵守安全管理规定。

8. 交流沟通

领导与员工、领导与领导、员工与员工之间应建立广泛的安全信息、安全经验（历）、安全事件、防范措施、应急体会等的交流沟通机制。各级管理者应该经常深入基层了解员工作业场所存在的危害和风险并予以协调解决，及时发现和纠正员工作业时的不安全行为（靠说服而不是简单的考核）；领导之间亦应经常讨论安全话题，沟通认识，交流经验；员工之间的广泛交流更有益于安全表现；各种会议之前进行几分钟的安全小话题、见闻的交流并长期坚持是必须的。

9. 培训和训练

对于员工出现的各种不安全行为仔细观察，统计分析并有针对性地提出培训计划和目标并努力实现是必须而重要的；对于员工安全作业技能、意识、思想等的培训和训练同样要分轻重缓急逐步进行；培训和训练的形式应多种多样并讲究实效。

杜邦对员工培训最多的项目也是安全方面的。每一位杜邦员工在加入杜邦时，都必须承诺信守杜邦"安全是被雇用的条件"的安全理念，保证每一位员工都知道他所应该遵守的安全管理规定，所有参加安全培训的员工在培训结束后都有考核/考试记录，该记录作为人事部门考查员工业绩和提升的重要依据之一。在杜邦，不能遵守安全管理规定的员工，哪怕别的方面工作能力再强，也不能在杜邦工作下去。有一个销售经理加入杜邦后，在销售方面取得了非常优异的业绩，可是他负责的部门在安全管理方面的记录比较差。厂区总经理和他谈话后，又让他参加了安全管理方面的培训，以使他承担起相应的安全管理职责。可是经过一段时间的考查，他在安全管理方面的业绩还是没有提高，最后，这位在业务方面非常优秀的经理也不得不离开杜邦。杜邦对这种员工的离开一点都不会惋惜，因为杜邦有一句名言：安全方面的事情是不能讨价还价的。

10. 审核观测

有组织地对于各个作业场所、业务活动场所实施系统的审核、观察、调查和测量是必须的。审核观测的结果不仅是确定方针目标、调整标准、实施培训的前提，也是促进员工行为安全的重要手段。公司应确定合适的审核观测调查人员并建立科学的工作机制，审核观测的结果必须进行统计分析和沟通。

11.（安全）专职人员

　　一定数量的专职安全人员是安全表现的重要贡献者，对于一个风险较大的组织是不可缺少的。专职人员应该是各作业区技术、经验、安全技能和知识最丰富的人员。专职安全人员的责任是提供各种安全咨询，协调安全作业的实施，指导安全措施的落实和监督，是本级生产指挥者的得力顾问和助手，而不是安全工作的指挥者和管理者。

12.事故调查研究

　　事故或事件调查研究是公司避免类似事故发生的最佳手段，持续的事故调查研究是公司实现安全目标的最有效途径。事故或事件是公司的重要技术资源，事故调查研究应针对所有已经发生的各类伤害事件（不论后果的轻重），通常至少包括滑倒、碰撞、需要医务处理、出血、划伤、危险缠绕等严重程度以上事件。事故调查研究应以原因分析为主，且追究到管理系统上的不足或缺陷。事故调查研究的根本目的应在于系统地防范，而不是简单的处罚。事故原因分析见图1-5。

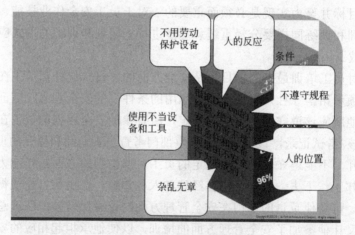

图1-5　安全事故的原因分析

三、杜邦的安全职责

　　杜邦安全管理组织结构是采用直线安全管理方式，从管理架构上充分体现了公司所强调的"谁主管、谁负责"的原则。杜邦公司的专职安全人员大多是从各个领域提拔出来的具有实际生产经验和管理经验的优秀管理人员，负责宏观安全管理的组织、策划、评估和技术支持等工作。杜邦公司各个层面的安全管理人员在杜邦公司这个重视安全的企业里工作热情，充满自尊、自信与自豪。

杜邦公司经过200多年不懈的努力形成的安全管理模式，是杜邦公司一笔巨大的财富，也是全球共有的财富。在以人为本，创建和谐社会的今天，借鉴杜邦的安全管理模式，建立安全管理文化，是我们做好安全管理工作的必然选择。

1. 杜邦公司的安全管理组织和职责

杜邦有生产管理层，从总裁到副总裁到厂长到生产部门和服务部门，他们对安全直接负责。杜邦也有安全副总裁，抓安全，但不对安全负责，负责整个公司的安全专业队伍的建设和直接管辖范围以内的部门安全。因为从某种角度讲，安全部门也是公司生产一个部门，对自己这部分负责，就为安全提供强有力的安全保障，这就是直接领导责任，是对安全的支持。

2. 安全管理资源中心的职责

杜邦由副总裁负责健康环保中心。这个中心有五六十位各方面专家，能解决企业内部各方面安全技术问题。如果还不够的话，可以到高校聘请教授。中心和社会上的安全组织建立良好的网络关系，万一企业有安全方面的问题，可以得到很好的技术支持。

安全健康环境优化管理中心的职责，一是为公司提供安全战略规划，满足公司业务发展的要求，提升公司的公众形象。它是支持公司远景规划，提供对公司的业务发展的要求，提升公司在国际的形象，属于为公司服务的范畴。二是为不同业务部门、区域和地方间分享SHE资源提供全过程的系统和网络服务和支持，并从中起到调节和杠杆作用。它是一个调配中心，网络了全球范围内杜邦公司所有安全部门和工厂的安全方面的人员，形成一个网络，为全球范围的工厂提供技术支持。某个地方遇到问题，可以通过网络求救。网络把这个要求扩散到全球，总是有人可以给予解决。专家组人员还是有限，且知识也是有限的，假如问题还得不到解决，网络会把问题传递到大学、研究部门请求支持，最终得到解决，这就是调配作用。三是技术安全管理，主要是了解世界各地方、各方面的法律法规，制订内部的安全标准和要求，并且为地区业务部门的协作提供支持。因为企业分布在世界各个地方，有不同法律法规，一旦当地安全人员不能解决，中心可以帮助解决。四是指导以帮助提高公司SHE的表现，提升对安全价值的认知。研究和制订各种安全培训计划，对高级管理层、地方管理层、技术人员的有效安全培训提供指导。五是开发和维护SHE监控系统和指标，其中包括领导和组织第二方安全审计，监督和评估各区域和地方业务部门的安全表现业绩。一个总裁、副总裁、业务领导如何了解下面的安全表现，不是单靠下面的报表和材料，还要靠安全部门的审计，按照统一的安全指标对世界范围内所有工厂进行评估，提供给上级管理层。按照报告对下级安全表现进行评价，以便升迁和调动。安全是一个方面的指标，使得整体评价在一个水平，

使用同一标准。

3. 各地区、各工厂安全人员的职责

各工厂安全人员是安全顾问，安全人员站在更高的角度，帮助厂长理解地方安全法律法规，理解上级安全要求，结合厂里的具体情况，提出安全规划并给予支持。同时安全人员又是安全咨询员，对厂里安全技术提供帮助。专业人员不是安全专家，需要安全部门的人员给予咨询帮助。安全人员还是协调员，协调HSE各方面事务。安全人员还是解释员，解释各项法律法规。这个安全人员可能是一个人，但职责要起到以上四方面作用，是对公司强有力的支持，保证公司业务上对安全技术的要求。这是安全部门的责任，是对这个责任的概括性总结。

4. 各个生产部门的职责

各级生产管理层对安全负责，要直接参与安全管理。把安全管理作为平时业务工作的一个部分，在考虑生产发展、企业发展、生产产品、质量要求时，安全工作就是其中一个部分。把质量、成本与安全同时考虑，安全就是日常管理的一部分。有的工程说质量第一，又说安全第一，到底哪个是第一，不清楚。多个第一，就没有第一。要把安全工作和规划、产品的质量、效益结合起来，安全就是工作的一部分，能做到这点，就是把安全作为一门生意来考虑。国外公司很少谈安全第一，但他们会把安全与其他工作放到同等重要的位置考虑。所以，要做到这点，就要直接参与管理。每个管理者要对员工负责。如车间主任要对员工负责，这个责任不光是对管辖的员工负责，而且要对管辖范围负责。其他部门的人到这个范围来工作，客人到这里来访问，上级部门来检查，都要对他们负责，要对他们的安全负责。只要是负责范围内，安全就是我的责任，这也是对上级部门负责。只有车间主任对车间负责，厂长才能对全厂负责。如果车间主任不负责，厂长怎么负责。只有员工对组长负责、组长对车间主任负责、车间主任对厂长负责、厂长对地区经理负责、地区经理对公司总裁负责，才能真正叫作安全有人负责。安全是在最底层的，确实需要领导重视，全员参与。要做到这点，每位经理都要建立起长期安全目标，知道我这个部门有什么样的安全问题，有什么样的安全隐患，什么样的问题要什么时候解决。如果不知道这些问题，就不可能去重视安全，不可能去抓安全。一旦知道问题了，建立了目标，在实现目标的过程中，就会有具体计划。还要有一个开发和实施计划，标准有了，要对照目标监督结果，不要到年底再看目标没有落实就不了了之。要自我检查、自我监督，看看3个月后计划实施了多少，6个月后差距多少，半年后没有落实，为什么没有落实。要做到这点，要采取许多具体措施。

第三节　杜邦是一所安全管理综合性大学

一、杜邦安全管理内容丰富多彩

1. 杜邦安全管理十大安全理念
   ① 所有事故都是可以防止的；
   ② 各级管理层对各自的安全直接负责；
   ③ 所有安全操作隐患都是可以控制的；
   ④ 安全是被雇用的一个条件；
   ⑤ 员工必须接受严格的安全培训；
   ⑥ 各级主管必须进行安全检查；
   ⑦ 发现安全隐患必须立即消除；
   ⑧ 工作外的安全和工作中的安全同等重要；
   ⑨ 良好的安全创造良好的业绩；
   ⑩ 员工的直接参与是关键。

2. 杜邦工艺安全管理十四要素
   ① 工艺安全信息；
   ② 员工参与；
   ③ 工艺危害分析（PHA）；
   ④ 操作规程；
   ⑤ 培训；
   ⑥ 承包商管理；
   ⑦ 开车前安全评审（PSSR）；
   ⑧ 设备完整性（MI）；
   ⑨ 动火作业；
   ⑩ 变更管理（MOC）；
   ⑪ 事故调查；
   ⑫ 应急响应（ERP）；
   ⑬ 符合性审计；
   ⑭ 商业保密。

3. 杜邦安全管理22个要素
   ① 领导与承诺；
   ② HSE政策和原则；
   ③ 综合高效的安全管理组织；
   ④ 直线组织的安全责任；
   ⑤ 挑战性的安全目标和指标；
   ⑥ 支持性的安全专业人员；
   ⑦ 安全高标准；
   ⑧ 持续的安全培训及发展；
   ⑨ 有效的双向沟通；
   ⑩ 积极有效的激励；
   ⑪ 行为和系统审核；
   ⑫ 全面的伤害和事故调查与报告；
   ⑬ 人员变更管理；
   ⑭ 承包商安全管理；

⑮ 质量保证；
⑯ 启动前安全检查；
⑰ 设备完好性；
⑱ 设备的微小变更管理；
⑲ 工艺安全信息；
⑳ 技术变更管理；
㉑ 工艺危害分析；
㉒ 紧急响应和应变计划。

4.设备的完整性
　① 维护程序（保持工艺设备的完整性）；
　② 培训（针对维护保养人员）；
　③ 质量控制（关于维护设备的材料、零件和服务）；
　④ 检验与检查（预测性/预防性；检测即将发生的故障）；
　⑤ 修理与变更（纠正设备缺陷）；
　⑥ 可靠性工程（确保安全运行至下次检验/检查）。

5.杜邦安全文化建设四个阶段
　（1）第一阶段：自然本能反应　①依靠人的本能；②以服从为目标；③将职责委派给安全经理；④缺少管理层的参与。
　（2）第二阶段：依赖严格监督　①管理层承诺；②受雇条件；③害怕/纪律；④规则/程序；⑤监督控制，强调和目标；⑥重视所有人；⑦培训。
　（3）第三阶段：独立自主管理　①个人知识，承诺；②标准内在化；③个人价值；④关注自我；⑤时间，习惯行为；⑥个人得到承认。
　（4）第四阶段：互助团队管理　①帮助别人遵守；②留心他人；③团队贡献；④关注他人；⑤集体荣誉。

6.建立世界一流安全管理系统的经验和要素（见图1-6）
　① 显而易见的管理层承诺；
　② 综合性的安全组织结构；
　③ 切实可行的效果；
　④ 直线管理职责；

图1-6　建立世界一流安全管理系统的要素

⑤ 挑战性的安全目标；
⑥ 严要求的标准；
⑦ 推陈出新的激励；
⑧ 有效的双向沟通；
⑨ 持续性的培训；
⑩ 有效的检查；
⑪ 有能力的专业安全人员；
⑫ 事故调查。

二、杜邦安全管理内涵博大精深

（1）上面提到的理念、原则、要素和规定，只是一个纲领性要求，其实每一项规定、要素或要求都有非常深厚的文化、技术、法律、管理支撑。它们的知识面和技术要求是博大精深的。要向杜邦的理论学，要在安全实践中学，要向杜邦的经验学，全面地融会贯通，才能收到事半功倍的效果。

（2）孔子的"学而时习之""温故而知新"，道出学习、温习知识的重要性。"活到老，学到老"。世界500强的一家企业有这样一条标语："学习是进步的阶梯，培训是员工的福利，培训是对员工最好的人文关怀。"可见，对员工的培训已形成企业的文化，同时也是企业发展至关重要的环节之一。可偏偏很多员工就不乐意接受企业安排的某些培训福利，不受这种文化的熏陶，使企业及负责培训的部门像"热脸贴冷屁股"一般难受。

企业的培训之路，在光明与昏暗行走中，不断地总结经验，改革创新，绞尽脑汁，争取制胜。在众多大大小小的企业、公司、酒店、服务行业，培训是必不可少的环节。应根据自己的企业或公司规模"量身定制"培训方案，根据企业需要或存在问题来制订培训计划或内容，尽量避免"小公司大企业的毛病"。依葫芦画瓢，生搬硬套非同行业的培训方案、方式、方法，效果难以尽如人意，有时会适得其反。

（3）公司的培训类别
① 新员工入职培训（人事部负责，学习企业制度、文化等）；
② 员工岗前培训（人事部负责组织安排，用人部门负责主讲）；
③ 外训或专业技能培训（根据企业需要或国家、市级部门、地方性需要，由人事部负责制订年度刚性培训计划，预算培训费用，申请培训费用，制订员工培训协议，组织安排参加培训人员，培训前后工作的联系及安排）；
④ 部门培训、交通安全培训、消防安全知识培训（"9S"培训：整理、整顿、清扫、清洁、节约、安全、服务、满意、素养等，由人事部组织，指定相

关专业人员负责培训）；

⑤ 内训，即每周一固定培训（由人事部负责组织实施，寻找培训教材，做每周训后总结报告，培训内容广泛，有社交礼仪、员工士气、员工心态、企业文化、简易摄影、员工价值）。

(4) 各类安全学习培训的要求

① 新员工入职培训：新员工参加入职培训，发放员工手册。培训结束后，人事部门对新员工进行测试，考试内容出自员工手册。考试通过的员工，即可派往工作岗位参加岗位培训。未通过者继续学习，如遇用工部门岗位急需人手，酌情考虑，先参加岗位培训，再参加新员工培训。

② 员工岗前培训要求：要求新员工掌握实际操作，并参加测试。

③ 外训或专业技能培训：由公司付费，员工培训后，所获证件一律由公司人事部保管。如员工培训后所获证件确属于员工个人的，员工在离职前暂时归公司保管，员工离职后可书面申请领取。

④ 部门、消防安全知识培训要求：要求员工现场实践，学会操作，人事部制定检测标准。

⑤ 内训要求：培训结束后，立即轮流发言，或写心得体会、观后感，学以致用、提升自我。

三、杜邦安全学无止境

1.学习永无止境

杜邦是一所安全管理的大学。在这所安全大学里，要学习的东西实在是太多了，有理论也有实践，有案例也有经验教训。曾经在工作中遇到各种各样的困难，虽然嘴上说，决不会被困难给吓着，可真的遇到太多困难以后，做起事来就不免心虚，终究还是怕了。现在想来，根本原因还是归结到学习不够，以老经验对待新事物。再则，缺乏克服困难的精神，有一点小困难就以为不得了，怨天尤人，而不是积极地寻找解决困难的办法和途径，结果就只会一次又一次地打击自己。

面对这些困难怎么办？答案很明显：学习。只有学习才能做到胸有成竹，才能遇事不乱。印度某媒体曾报道106岁老妪学电脑的事情。试想，人家百岁老人都可以保持永无止境的学习心态，我们这些年轻人怎可在完成学业后就放弃学习呢？在今天的工作职场，我们不可能花很多的时间与精力再坐到课堂上听老师给我们一一授课，所以，养成一个自学的习惯对己对人都非常重要。无论是科技进步还是职业发展，都要求我们通过自学来不断掌握、更新知识、技能，这样才能适应社会的发展，完善自我。

可是，自学又面临着种种困难，谁都能列举出一大堆：工作、生活、家庭……而其中最大的困难可能就是"时间不够"。不过，鲁迅先生说得好：时间就像海绵里的水，你挤一挤，它就有了。只要你愿意学，只要你适当地挤一挤，就成了。其实，我们在学习过程中面临的最大困难就是自己的惰性，它老是在悄悄地跟你说：太忙，不行。结果，你稍不注意，时间就溜走了。反过来，要是我们能坚决地对惰性说"不"，要是我们能稍稍"牺牲"些休息娱乐的时间，要是我们真的下定决心克服困难，那么这么点困难根本就算不了什么。生活中有许多事，并不是你想做就能做成的，唯独学习，只要你愿意并付诸行动，就一定能成。试想，有了足够的知识储备，底气足了，还有什么困难能难倒我们？

歌德曾经说过："人不光是靠他生来就拥有一切，而是靠他从学习中所得到的一切来造就自己。"如今，我们拥有了一份理想的工作，如何在工作中体现自己的价值，去创造价值，这不仅需要我们用一颗热情的心去对待我们的工作，还要在工作中不断学习，以心灵进行有效的自我监督，严格自律，才能更出色地完成工作。

2.学习的目的在于运用

学习杜邦安全不是为了学习而学习，而是为了运用到企业的安全管理、安全技术、安全科学实践之中。

增强本职所需的学习力。学习力是一种竞争力，是提升胜任本职工作能力的根本前提。主要体现在具有勤学钻研、善于思考、探索规律、指导实践、推动工作的能力。牢固树立讲学习就是讲政治、重学习就是重事业、抓学习就是抓素质、会学习就是会工作的理念，自觉把学习当作一种信念、一种责任、一种需要、一种境界，挤出时间，排除干扰，静下心来，搞好学习。要珍惜时间。学习的前提在于珍惜时间。要以"挤"的精神获取学习时间，以"钻"的精神获取学习效果，以"时不我待"的紧迫感和"本领恐慌"的危机感抓紧学习，做到广泛涉猎，博闻强识，提高品味，升华境界。要潜心钻研。学习的重点在于潜心钻研。要学习古代圣人先贤悬梁刺股、凿壁偷光、囊萤映雪、闻鸡起舞的钻研精神，把心思用在工作上，把重点放在钻研上，多学习领悟、多思考研究、多总结升华，在勤学中增长才干，在总结中探索规律，在深研中提升能力。要善于运用。学习的目的在于运用。要做到学与思、学与用相结合，既要弘扬成功经验，又要总结失败教训，把感性认识升华到理性认识，把点滴收获积累为系统成果，从中悟出道理、把握规律、学习招法、指导实践。

增强主动作为的执行力。执行力是一种落实力，是提升胜任本职工作能力的必备条件。主要体现在领会上级意图、完成工作任务的操作能力，把握规律、开拓创新的工作能力，化解矛盾、解决问题的协调能力和跟踪问效、一抓到底

的落实能力。执行力的强弱直接决定着工作落实的质量和效益。要提高执行的速度。工作落实要强调一个"快"字，做到闻风而动、果断迅速、令行禁止、说行即行、立说立行、雷厉风行，坚决摒弃坐而论道的拖沓作风和"四平八稳、按部就班、亦步亦趋"的工作态度。要发扬"吹糠见米"的精神，对交办的工作要及时反馈信息，对正在办理的工作要报告推动进度，对重要事项、敏感问题要随时报告处理意见措施，做到领会领导意图快、接受任务快、落实指示快、情况反映快、处理问题快。要加大执行的力度。工作落实要强调一个"狠"字，做到一抓到底、常抓不懈，防止浅尝辄止、蜻蜓点水、虎头蛇尾。要充分发扬"抓铁留印"的精神，特别是对影响任务完成和安全稳定的问题，要横下心来、扭住不放、毫不动摇，不达目的绝不罢休，不见成效绝不收兵。要增强执行的硬度。工作落实要强调一个"严"字，做到严格兑现领导机关问责制，对执行力差、工作不落实的人和事要追究责任，绝不能姑息迁就。要把执行力体现在落实上，坚守岗位、信守承诺、执着如一、不怕反复、狠抓到底，直至出现理想结果，直至见到理想成效。要大力倡导"发现问题是能力、揭露问题是觉悟、解决问题是成绩"的风气，端正安全工作指导思想，对影响和制约企业安全发展的矛盾和问题，不回避、不等待、不观望，紧紧盯住不放心的人、扭住不放心的事、抓住不放心的环节，一抓到底，不让安全工作拖延、不让安全问题过夜、不让事故险情存在。

增强严于律己的约束力。约束力是一种克制力，是提升胜任本职工作能力的基本要求。主要体现在思想认识的自我深化能力、价值取向的自我校正能力和行为举止、生活交往的自我控制能力。要有明辨是非的"眼力"。"眼力"不强，就不能明辨是非、识别美丑、分清荣辱，会因"善小而不为，恶小而为之"酿成大错，造成影响，难以挽回，自毁前程。要从小事严起、从自身做起，经常打扫思想上的"灰尘"，杀除头脑中的"病毒"，不为名所惑，不为利所动，做到大事不糊涂、小节也过硬。要有遵章守纪的"毅力"。毅力不足，势必跟着感觉走，跟着诱惑走，跌个大跟头。

增强与时俱进的创新力。创新力是一种生命力，是时代精神的核心，是提升胜任本职工作能力的关键所在。主要体现在破除一切陈旧观念，突破思维定势羁绊，具备敢于创新、勇于创新、善于创新的能力。要更新观念。观念一变天地宽。要牢固树立"创新就是责任""创新就是能力""创新才能发展"的理念，勇于打破思想禁锢，转换思维方式，把知识优势转化为智力优势，把创新活力转化为发展动力，始终盯着企业安全发展面临的新环境、新形势和新任务思考问题，谋划建设。要超前谋划。凡事预则立，不预则废。要有洞察先机的战略考量、料事在先的前瞻眼光和提前研究谋划的工作习惯，多方向、多层次、多角度研究思考企业安全建设的重大现实问题，加强对企业安全生产创造能力、安全技能的生成模式、建设现代化企业等重大问题的研究，探索规律、制订措施、指导实践、推动工作。要改进方法。方法对头，事半功倍。要系统运用好统筹指导、依法指导、分类指导、层次指导、重点指导等方法，全盘考虑，统筹兼顾，巧妙穿插，有机结合，不断增强安全管理部门指导的针对性和实效性，做到"宏观把方向、中观搞结合、微观盯末端"。要自觉在工作中用心体验，在体验中潜心思考，在思考中总结升华，在总结中强化能力，切实提升工作的质量效益。

3.学习是每个企业进步的阶梯

为什么说学习是管理进步的阶梯？庄子曾说："吾生而有涯，而知也无涯。"他的意思是人的一生总有尽头，而知识却是无穷无尽的。管理学真正脱离其他学科成为一门独立学科至今，并没有多久的历史，人们还不能完全了解管理的基本原理，还没有从理论到实践把管理研究透彻，还不能在不断变化的外部环境中掌握管理的精髓，而这些内容都需要学者和实践者在不断的学习中去探索和完善。因此说管理者的学习直接促使组织管理的进步。而被管理者同样需要学习，因为被管理者往往同时也是管理者，例如在企业里是普通员工的人在家庭中是一家之长。此外，被管理者通过学习也会增加对管理的理解和认知，从而双方更好地合作，有利于组织的发展。总之，无论从哪个角度来看，学习总是能够促进管理进步。既然学习如此重要，接下来回答的问题就是学什么、向谁学、如何学的问题。

首先是学什么。由于人们的职业、专长、爱好各不相同，需要的技能不完全相同，所学的内容自然有所区别。但无论什么人都需要学习一定的管理知识、社会常识和专业知识。管理无处不在，人人都是管理者，所以需要人人学习管理，人人懂得管理，人人能够管理。人是社会人，不能脱离社会而单独存在，因此，也要广泛地学习社会常识，以便于适应人类的社会生活。而专业知识则是个人在社会中赖以生存和创造更多价值的必备能力。如果一个人没有专长，在现代社会很难获得良好的发展。

其次是向谁学。向自己学习，亲身经历的是最深刻的，总结经验和吸取教训是最好的学习；向他人学习，三人行，必有我师，要善于学习他人的优点，也要避免出现别人身上的缺点；向书本学习，书籍是人类智慧的总结，向别人学习智慧，总比亲身经历后获得教训要明智得多；向杜邦学习，杜邦交给我们的是学习的方法，而真正的大学则是整个社会。

最后是如何学。主动学习，才会产生兴趣，才能真正掌握知识；理解学习，才能懂得原理，才容易记忆；重点学习，才能有专攻的方向；循序渐进地学习，

由浅入深，不能急于求成；联系地学习，事物本身是互相联系的，只有联系起来才能事半功倍；在实践中学习，只有真正地把所学的东西用于工作、生活和管理实践中，才能达到学习的目的。

杜邦的至理名言是"心之所至，安全等随"。只要我们对安全工作尽到心，那安全就随之而来。

第二章 杜邦十大安全理念

在杜邦，管理者和员工是这样理解安全的：每个进入杜邦的员工最先接受的，则是安全培训，要严守十大安全理念。这十大安全理念是杜邦公司安全生产管理的精髓，也是我们学习杜邦公司安全管理的必学之术。

Principles of DuPont Safety Excellence
（杜邦安全管理的十大基本理念）

- All incidents are preventable.　　　　　所有事故都是可以防止的
- Management is responsible and accountable for safety.
  　　　　　　　　　　　各级管理层对各自的安全直接负责
- All operating exposures can be controlled.
  　　　　　　　　　　　所有安全操作隐患都是可以控制的
- Working safely is a condition of employment.　安全是被雇用的一个条件
- Employees must receive safety training.　员工必须接受严格的安全培训
- Management audits are a "must.　　各级主管必须进行安全检查
- Deficiencies must be corrected promptly.　发现的安全隐患必须及时消除
- Off-the-job safety is important.　工作外的安全和工作中的安全同等重要
- Good safety is good business.　　　　良好的安全创造良好的业绩
- Employees are the key.　　　　　　　　员工的直接参与是关键

第一节 十大安全理念内容

一、所有事故都是可以防止的

1.事故预防的理论基础

根据对事故特性的研究和分析,我们可认识到事故有如下性质。

(1) 事故的因果性 工业事故的因果性是指事故是由相互联系的多种因素共同作用的结果,引起事故发生的原因是多方面的。在伤亡事故调查分析过程中,应弄清事故发生的因果关系,找到事故发生的主要原因,才能对症下药,有效地防范事故的发生。

(2) 事故的随机性 事故的随机性是指事故发生的时间、地点、事故后果的严重性是偶然的。这说明事故的预防具有一定的难度。但是,事故的这种随机性在一定范畴内也遵循统计规律。从事故的统计资料中可以找到事故发生的规律性。因而,事故统计分析对制订正确的预防措施具有重大的意义。

(3) 事故的潜伏性 表面上看事故是一种突发事件,但是事故发生之前有一段潜伏期。在事故发生前,人、机、料、法、环系统所处的这种状态是不稳定的,也就是说系统存在着事故隐患,具有危险性。如果这时有某一触发因素出现,就会导致事故的发生。在工业生产活动过程中,企业较长时间内未发生事故,致使员工产生了麻痹大意的思想,就是忽视了事故的潜伏性,这是工业生产中的思想隐患,是必须予以克服的。掌握了事故的潜伏性这一理论对有效预防事故起到关键作用。

(4) 事故的可预防性 现代工业生产系统是一个人造系统,这种客观实际给预防事故提供了基本的前提。所以说,任何事故从理论和客观上讲,都是可以预防的。认识这一特性,对坚定预防事故的信念,防止事故的发生有促进作用。因此,人类应该通过采取各种科学合理的对策和措施,从根本上消除事故发生的隐患,把工业事故的发生降低到最小限度,甚至实现零事故的目标。

事故预防理论见图2-1和图2-2。

2.解读"一切事故都可以预防"

安全生产事关人民群众生命财产安全,事关改革发展和稳定大局。做好安全生产工作,是企业生存发展的基本要求,是构建社会主义和谐社会的重要内

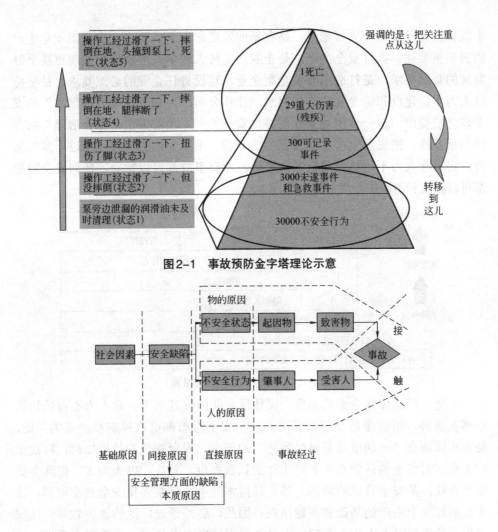

图2-1 事故预防金字塔理论示意

图2-2 事故预防轨迹交叉理论模型

容,是实施可持续发展战略的组成部分,是维护人民群众根本利益的具体体现。

安全生产涉及企业的方方面面。员工的生命,依靠安全来保障。我们经常讲,领导干部要对上负责、对下负责,但归根结底要对员工负责。这种负责,首先要以保护员工的生命安全为宗旨,切实为员工创造安全的生产生活环境,千方百计保障员工的根本权益。国家的财产,依靠安全来保障。我们必须抓住安全不放,像保护个人财产一样保护国家财产,否则就是失职。企业的发展,依靠安全来保障。安全是企业发展的基础和前提,没有安定的环境,什么事情也办不成,已有的成果也会毁于一旦。作为工业生产企业,更离不开安全、和谐、稳定的环境。

对一个企业来说,没有安全,就没有企业发展的大好形势;没有安全,就不能巩固和发展这一大好形势。站在新的发展起点上,要进一步认识安全生产的极端重要性。搞好安全生产,是企业切实转入科学发展轨道、实现更快更好发展的必然要求,是打造本质安全型企业、建设责任企业的必然要求,是坚持以人为本、建设和谐企业的必然要求。杜邦公司"一切事故都可以预防"的安全理念的提出,进一步明确企业坚持"安全第一,预防为主,综合治理"的方针的重要性,把安全生产工作放在先于一切、重于一切的位置。通过不懈的努力,实现除人力不可抗拒的自然灾害外,所有事故都可以预防,任何安全隐患都可以控制和消除的管理目标(见图2-3)。

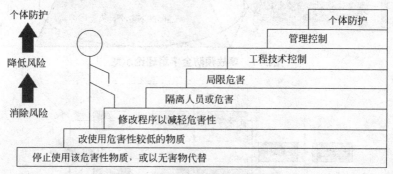

图2-3 消除或降低风险的措施

安全生产既体现企业的形象,又体现企业的管理水平。除人力不可抗拒的自然灾害外,所有事故都可以预防。任何安全隐患都可以控制和消除的关键,是要牢固树立"一切事故都可以预防"的理念。安全管理的效果如何,取决于广大员工对安全的认知水平和对工作的认真态度。首先,以人为本,提高全员安全素质,是安全管理的治本之策。最根本的手段就是强化安全教育培训,这也是搞好安全生产的基础和关键所在。因此,必须通过广泛的宣传教育,使安全生产的思想深入人心,唤起广大员工强烈的安全责任感,增强安全意识,这样,安全管理才有坚实的群众基础。其次,以人为本,营造良好的企业安全文化氛围,是安全管理的核心所在。要营造人与企业互动相融、和谐发展的氛围,把"一切事故都可以预防"的安全理念贯穿于生产的全过程,成为企业安全文化的特色,推动企业有序健康发展。再次,以人为本,安全第一,预防为主,综合治理是安全管理的总方针。要进一步夯实安全基础,强化人员责任意识,增强责任感,突出安全质量标准化建设、安全专项整治、职工安全教育培训、安全工作执行力四个重点,从而使安全生产管理始终处于预控、可控和在控状态。

二、各级管理层对各自的安全直接负责

因为安全包括公司各个层面、每个角落、每位员工点点滴滴的事,只有公

司高级管理层对所管辖范围的安全负责,下属对各自范围安全负责,到车间主任对车间的安全负责,到生产组长对管辖的范围安全负责,直到小组长对员工的安全负责,涉及的每个层面、每个角落安全都有人负责,这个公司的安全才能真正有人负责。安全部门不管有多强,人员都是有限的,不可能深入到每个角落、每个地方24h监督,所以,安全必须是从高层到各级管理层到每位员工自身的责任,安全部门从技术上提供强有力的支持。员工是企业最基本的单元,企业由员工组成,只有每个员工、组长对安全负责,安全才有人负责。总裁有信心说我对企业安全负责,否则总裁、高级管理层对底下安全哪里出问题都不知道。这就是直接负责制,是员工对各自领域安全负责,是相当重要的一个理念。

1. 安全生产负责的内涵

杜邦的安全管理体系中充分体现了"谁主管、谁负责"的原则。杜邦公司的专职安全人员大多是从各个领域提拔出来的具有实际生产经验和管理经验的优秀管理人员,负责宏观安全管理的组织、策划、评估和技术支持等工作。安全部门扮演的不是许多企业所说的警察角色,而是具有咨询、支持、评估职能。在杜邦全球所有机构,均有独立的安全管理部门及专业管理人员。这些专业人员与渗透在各部门经过严格培训的合格安全协调员,共同组成完整的安全管理网络,保证各类信息和管理功能畅通地延伸并到达各个环节,他们是人才库中优先提拔重用的对象。同时,杜邦特有的安全经验分享坚持了上百年,建立了完善的安全管理方案及操作规程。全体员工均参与危险因素的识别和消除工作,保证将隐患消灭在萌芽状态,这是很难得的。

在与杜邦公司各个层面的安全管理人员的交流过程中,深切感到这些员工在杜邦公司这个重视安全的企业工作多年来所表现出的工作热情、强烈的责任心,充满自尊、自信与自豪。杜邦公司员工很少有辞职的,30~40年以上杜邦工作经历的员工比比皆是。

2. 有效落实安全责任的对策

杜邦公司各企业、各层级一把手均非常重视安全,很在意连续多长时间创造了什么样的安全纪录。一把手对安全向上司和员工承诺是第一的;各直线组织理所当然把HSE当作自己的责任,与生产一同融合而不可分;每一名员工在入职时,劳动合同规定遵守安全规章标准是雇用的条件,违反是要付出代价的;所有员工都必须认同一切事故和伤害都是可以防范和避免的;零事故、零伤害是每个人追求的目标。工厂不论何种会议,会前都要进行安全经验分享,由主持人或请参加会议的成员说一个事故案例,简述事故经过、造成损失,分析事故原因,从中吸取哪些教训,使大家引以为戒。案例都结合自己亲身经历或发现的相关报道,给人留下深刻印象。每天早晨每名员工都会收到安全短信提示。

3.落实安全主体责任，提高安全管理水平

企业是从事生产经营活动的基本单位，同时也是安全生产的责任主体。政府及有关部门的职责是"规范引导、依法监管、积极服务"。安全生产关系到企业的生存发展，企业必须认识到安全生产是其生存和发展的自身需要。搞好安全生产，关键是落实好两个主体责任。一是企业的安全生产主体责任。二是政府和部门的安全监管主体责任。虽然后者可以依法采取经济、法律、行政等手段来引导，督促企业重视安全生产，加强安全管理，保证安全投入，落实企业安全生产的主体责任，但这只是外因。试想，如果企业自身不能正确认识安全生产是企业生存发展的前提，不把安全当成企业的自身需要，不重视职工的生命安全和健康，不坚持安全生产，不主动落实好各级安全责任、各种防范措施，不保证安全投入和自觉强化管理，不重视员工的安全教育培训，如果我们企业领导者在安全上没有一种强烈的自我保护意识、自律意识，那么，仅靠监管的外部制约是难以治本的。监管部门无论从人力、精力、时间上都难以对企业进行盯防，更不能代替企业去做企业应做的事，尽企业应尽的责任。企业安全生产的主体责任履行到位，是企业素质和能力的综合体现。优秀的、称职的企业应该是能自觉地贯彻执行"安全第一，预防为主，综合治理"的方针政策，建立健全安全生产责任制，实行行之有效的科学管理，重视职工的生命安全和健康。

三、所有安全操作隐患都是可以控制的

见表2-1所示。

四、安全是被雇用的一个条件

在员工与杜邦的合同中明确写着，只要违反安全操作规程，随时可以被解雇。每位员工参加工作的第一天就意识到这家公司是讲安全的，从法律上讲只要违反公司安全规程就可能被解雇，这是把安全与人事管理结合起来的安全管理方法。

杜邦的安全目标是，坚信所有工伤和职业病以及安全和环境事故都是可以防止的。实际上，这些200年来积累的安全指南已经发挥着非常重要的作用。这些电子版的安全指南如果要打印出来，可能会堆满半个房间。安全生产成为考核的重要内容之一。如果出现安全事故，其业绩会受到严重影响，甚至影响到被考核者在杜邦的仕途。

在杜邦，最为严格的是事故报告制度。任何一个国家、一个地区、一个工厂，对于损工时事件（受伤后不能在第二天准时回原岗位正常上班），24

表2-1　安全操作隐患控制

隐患的基本概念	
所谓隐患，就是事故尚未发生时的可能因素。就工业企业而言，安全隐患包括："设备"（设计、制造、使用）隐患，"人"（心理与生理素质、安全能力素质、文化素质）的隐患，管理（制度、效能的发挥）隐患，生产环境的隐患等。隐患不存在大小之分，隐患是从量变到质变的过程，小可以变为大，进而演变成事故，这是由事物的因果关系决定的  隐患	（1）控制"人"的隐患　① 采取有效方法，努力提高职工的安全意识，除常规的岗前教育方式外，可以采取一些新的形式，如：a.建立部分岗位职工与其管理干部实行安全生产互相监督的机制；b.通过让事故责任者和负事故领导责任者讲述酿成事故前的想法和发生事故后的亲身感受，来教育当事人和他人；c.让部分岗位职工轮流当一天安全员，以切身体会事故隐患控制和安全管理的重要性，等等。② 必须在班前班中注意观察职工的思想情绪变化，以防止作业人员因家庭困难或其他原因导致作业思想不集中，从而形成事故隐患。这就需要职工之间互相关心、互相帮助，及早发现作业人员存在的不良情绪并改变其工作岗位。③ 坚持做到"四不伤害"，即自己不伤害自己，自己不伤害他人，自己不被他人伤害，自己保护他人不被伤害。如果每一位职工都能真正做到"四不伤害"，也就能有效控制事故隐患的发生了，见图2-4
（2）控制"设备"的隐患　① 先天性工程设计缺陷。一些设备、设施的设计，使人在识别、判断和习惯性动作等方面产生误操作。② 使用劣质产品。这些产品能带来隐患甚至引发事故。任何一个生产和操作场所，"设备"始终是人们的劳动工具，服从于人们，执行人们的意志。"人"与"设备"的关系是否协调，要看"设备"本身是否具备适应人的生理与心理特征。针对"设备"的隐患存在的原因，要控制"设备"的隐患，就必须提高设备、设施的本质安全性，而提高设备、设施的本质安全性的关键在于如何使设备、设施适应人的生理和心理特征。这就是人机工程学要研究和解决的问题。具体而言可采取以下措施：a.采用隐患评估的方法，对照隐患评估项目，找出设备、设施的本质性隐患，从而想方设法予以整改消除。b.定期对设备、设施、作业工具等方面进行常规性检修、维护、保养，从而使其始终能处于正常工作状态，始终处于安全可控状态。c.对新购设备结合工厂自身特点研究制订其安全对策，对易发生事故的部位采取一定的安全措施，如加设安全装置和安全警告牌予以提示。d.杜绝采用劣质产品的现象发生。e.在设计设备（包括各种工具）时应尽可能排除诱发误操作的因素，使设备特征等不致使操作人员发生误操作，同时防止对"设备"进行人为性的破坏，保持"设备"时时、处处、任何情况下、任何时候均处于安全的状态	（3）控制"环境"的隐患　"环境"是指生产环境，它受自然环境和社会环境的影响和约束。对于同一生产流程而言，由于其自然环境和社会环境的不同，所形成的生产环境也就不同。环境因素对人的心理和生理特征有着重要的影响，当"环境"适宜时，一般不会出现错误的作业行为；相反，当"环境"较差时，也就是不太适宜时，人就处于比较烦躁的状态，头脑会反应迟钝，工作则会顾此失彼，极易发生差错，甚至引发事故。随着科学技术的发展，部分精密器械对"环境"的要求也越来越高，这就要求我们更加重视引起环境隐患的一些因素  图2-4　"四不伤害"警示牌

小时之内必须通过事业部领导报告给杜邦全球CEO。安全是杜邦公司在人员的雇用上的一个必要的条件，在雇用过程中让其参与安全工作，对其进行针对性的安全教育培训，使其掌握了一定的安全技能，学会了一定的安全知识，增强了安全生产意识，而在重要岗位的人员选择上对安全就不再有另外的要求。

安全是被雇用的条件，员工必须接受严格的安全培训，员工直接参与安全教育培训是关键。无数的实践证明，单纯靠改善设备并不能保证企业安全、高效、有序运行，还必须有高水平的管理和高素质的职工队伍。要实现人员的本质安全化，要求操作者有较好的心理、生理、技术素质，即想（具有强烈的安全意识）、会（安全技能+专业岗位知识）、能（能遵守制度+能创造安全环境+能正确操作设备）。要加强本质安全化和法治教育，提高职工的安全科技文化素质。没有良好的素质，就难以保证安全生产。只有每个人具有较高的业务技术素质和强烈的生命观念，才能使员工更加珍爱生命，不断增强自身的自主保护意识和能力，做到自觉安全生产。这就是本质安全型人员的思想。安全管理的主体是人，客体也是人，管理的动力和最终目标还是人。在安全生产系统中，人的素质（心理与生理状态、安全自保能力、业务技能、文化素质等）是占主导地位的，人的行为贯穿作业过程的每一个环节。因此，在本质安全管理过程中，企业必须尊重人、关心人、以人为本，采取必要措施，保障个人的利益，使大家找到归属感。最终形成本质安全管理"命运共同体"，推动本质安全管理的改善和提高。

结合杜邦安全理念，要在三个方面采取措施，以确保人的本质安全：一是在员工培训上，实行严格的准入制度，力戒走过场的形式主义，要注重培训和宣传教育，提高全员安全意识和技能，使员工由"要我安全"向"我要安全"转变，个人操作技能达到本质安全。二是要通过"以人为本"管理理念和风险管理思想的渗透，提高员工风险防范意识，使员工具备风险应变和危险处理能力。三是全员参与，责任到人，建立全员安全管理模式。全员参与创新安全型企业，不只是安全部门的事，更是大家的事，与企业每个员工的利益息息相关，企业的本质安全化只能依靠全体员工的共同努力才能实现。要鼓励员工积极参与到安全管理的各个环节，使员工认识到安全管理是大家的事，而不只是管理者的事，并具备安全管理的基本能力。

五、员工必须接受严格的安全培训

让员工安全，要求员工安全操作，就要进行严格的安全培训。要尽可能地想办法，对所有操作进行安全培训。要求安全部门与生产部门合作，知道这个部门要进行哪些安全培训。

杜邦公司企业理念的第一条就是重视人才，重视培训。有人试图想知道杜邦在安全培训上的投入是多少，但却无功而返。事实上，就连杜邦的老总、财务经理也无法准确计算出企业在安全培训上投入的费用。因为在杜邦，培训是渗透在生产的每一个环节当中，如此持续的培训和开发的结果是员工素质普遍提高，"人员流动率"也一直保持在很低的水平。在杜邦总部连续工作30年以上的员工随处可见，这在美国也是很难得的。有人说，是安全培训使杜邦成为世界一流的企业。

1.强化员工实际操作技能是实现安全的根本保证

（1）摆正安全教育培训与员工实际操作的关系　安全教育培训既然是技能传递，师资队伍就显得极为重要。好的老师是我们增强技能成功的关键，以盲引盲是非常危险的事情，只有好的老师，才有好的学生。现在师资存在着严重的问题，就其培训组织的现状，很难指导员工的实践工作。特别是专业的培训部门，只注重书本的传教，没有实际工作的经验。人并不是生而知之的，只有通过不断的学习，才能掌握熟练的技能，才能更好地工作。学习改变命运。危险化学品、煤矿、建筑施工等是高危险行业，时时处处都与安全打交道，为此，安全教育培训是一项基础性、战略性的系统工程。那基础是什么呢？基础是直接与地基接触用于传递荷载的结构物的下部扩展部分。说白了，就是根基。基础不牢，地动山摇。个人的技能就是基础中的钢筋水泥，是安全的根本保证。战略是什么？战略中的"战"指战争，略指"谋略"。这是智慧的集中体现。系统是什么？系统是为实现规定功能以达到某一目标而构成的相互关联的一个集合体或装置（部件），如一个人要有头、四肢、五脏、六腑一样。工程是什么？工程是科学和数学的某种应用，通过这一应用，使自然界的物质和能源的特性能够通过各种结构、机器、产品、系统和过程，以最短的时间和精且少的人力做出高效、可靠且对人类有用的东西。于是工程的概念就产生了，并且逐渐发展为一门独立的学科和技艺。安全教育培训不但要有好的老师，还要有好的学生。作为企业员工，人员素质参差不齐，这是不争的现实。就工业生产技术含量而言，除了一些特殊工种，是不难学会的。就安全培训而言，是向新员工或现有员工传授其完成本职工作所必需的相关安全知识、安全技能、安全价值观念、安全行为规范的过程，是由企业安排的对本企业员工所进行的有计划有步骤的安全培养和训练。作为一个岗位是体现其技能的舞台，常言道隔行如隔山，有时现场的随意性很大。如何提高员工的安全技能呢？安全教育培训是解决这个问题的方法。员工安全培训是人力资源管理工作的内在组成部分，也是一种对人的投

资。安全培训不单是针对新员工的一次性工作，而是一种经常化的制度。不仅新员工需要不断接受安全培训，管理者和领导者也需要不断充电。安全培训能够有效地开发员工自身的安全工作能力和安全素质，使他们在工作中感受到个人的成长和发展，从而激发他们对企业的忠诚感和献身精神。在教育培训中，要尽量使学习环境与工作环境相似，提供尽可能多的培训学习机会，也可以采用角色扮演、情景模拟、案例分析等培训手段，让受培训者有更多的学习机会。现在我们多数企业缺失这样的场所，建议建立安全陈列室。让我们的安全培训丰富多彩，员工喜闻乐见，改变那种枯燥乏味的培训模式。师带徒是最好的增强员工安全技能的有效途径。做为工友，他们在一起的时间最长，相互学习的机会最多，可以起到潜移默化的功效。岗位必知必做是增强员工技能的有效载体，是做好安全生产工作的有力保证。通过对必知必做的强力灌输，来提高员工的安全素质。

（2）建立培训与学习岗位技能机制，实现责权利的体现　什么是责任？责任就是你应该做的。什么是权？权就是职责范围内支配和指挥的力量。什么是利？利是好处。建立安全培训与岗位安全技能机制是抓好安全培训的有力保证。安全教育培训是两方面的事情，一是教师，二是员工。做为一级组织，必须有其独特的工作性质。培训就是以培训为主导，就培训而言，法律法规对安全培训有特别的要求。培训还是我国安全生产方针必须坚持的原则。它起到了提高员工安全素质，增强安全意识和安全法制观念的作用。作为教师必须先学一步，向书本学，向实践学。要因势利导，打铁需要自身硬。安全培训的关键是员工的现场实际操作。做为员工是有义务参加培训的，这不是走过场，必须克服形式主义。要强化员工对培训教育的思想认识，实现"要我安全培训"到"我要安全培训"的思想转变，增强安全培训的自觉性和紧迫性。在安全培训后，没有达到安全培训效果，学不能致用，而发生事故的，应该追究其教师的责任，安全教育培训教师要负连带责任。反之，经过安全培训的员工，能够独立作业，教师有突出贡献的予以奖励。这里包括四、五级安全教育培训。

（3）激励员工实际操作技能的发挥，规范员工严格执行岗位标准的行为岗位安全技能的应用是实现人生价值的最好平台，因为员工的岗位是展示员工安全技能的现场，是员工工作的地方。安全技能的学习是养成良好安全习惯的方式方法，是完成工作强有力的保证。何为学习？一是学，二是习，学而习之，称之为学习。安全培训是安全学习的一种方式，是学阶段，是浅学习，如囫囵吞枣。员工的实际操作，才是问题的关键，是习的阶段，是学习的深化。无论是安全培训学习还是实际技能操作，关键在明白。行为多次就成为了习惯，重在三天，固化三月，坚持两三年。常言道，世上没有不变的事物，现在是知识飞跃的时代，不学习就会被时代淘汰，知识就是力量，书籍是人类进步的阶梯。只有通过学习，实践，再学习，再实践，来不断更新我们的知识。激励员工实际操作是改进我们实践的方法，表扬员工学习技能，让员工产生学习兴趣，发挥员工的特长，释放员工的潜能，做到突出主题，张弛有度，掌控特性，规范员工严格执行岗位标准的行为，达到学以致用的目的。

2.多渠道，多方位，促进员工安全意识的提升

什么是安全？安全是不受威胁，没有危险、危害、损失。什么是本质安全？本质安全，就是通过追求企业生产流程中人、物、系统、制度等诸要素的安全可靠、和谐统一，使各种危害因素始终处于受控制状态，进而逐步趋近本质型、恒久型安全目标。本质安全是珍爱生命的实现形式，本质安全致力于系统追问，本质改进。强调以系统为平台，透过繁复的现象，去把握影响安全目标实现的本质因素，找准可牵动全身的那"一发"，纲举目张，通过思想无懈怠、管理无空当、设备无隐患、系统无阻塞，实现质量零缺陷、安全零事故。人的本质安全相对于物质、系统、制度等三方面的本质安全而言，具有先决性、引导性、基础性地位。人的本质安全包括两方面基础性含义。一是人在本质上有着对安全的需要；二是人通过教育引导和制度约束，可以实现系统及个人岗位的安全生产无事故。人的本质安全是一个可以不断趋近的目标，同时又是由具体小目标组成的过程。人的本质安全既是过程中的目标，也是诸多目标构成的过程。本质安全型的员工可通俗地解释为想安全，会安全，能安全，保安全，创安全，即具备自主安全理念，具备充分的安全技能，在可靠的安全环境系统保障之下，具有安全结果的生产管理者和作业者。本质安全型企业是指在存在安全隐患的环境条件下能够依靠内部系统和组织保证长效安全生产。该模型建立在对事故致因理论研究的基础上，建立科学的、系统的、主动的、超前的、全面的事故预防安全工程体系。

持续性的安全培训对所有员工来说都是重要的。培训应针对新员工，从其他工厂转来的员工，监督管理人员、正式员工的再培训，承包商和临时工。企业应该进行培训需求分析，制订具体培训计划和实施培训，同时要检查培训的有效性。杜邦公司的新员工在开始工作前都要接受安全培训，以培养正确的安全意识。培训的内容主要包括杜邦企业策略与市场承诺、杜邦安全宗旨、工厂安全计划、厂区安全计划、工厂和生产区安全规则、职业健康概念、保护设备需求等，这些培训几乎涉及安全生产的方方面面。这些安全培训不仅仅针对新员工，而且还要贯穿于企业生产员工生活的每个环节。

六、各级主管必须进行安全检查

这个检查是正面的、鼓励性的,以收集数据、了解信息,然后发现问题、解决问题为主的。如发现一个员工的不安全行为,不是批评,而是先分析好的方面在哪里,然后进行交谈,了解这个员工为什么这么做,还要分析领导有什么责任。这样做的目的是拉近距离,让员工谈出内心的想法,为什么会有这么不安全的动作,知道真正的原因在哪里,是这个员工不按操作规程做,安全意识不强,还是上级管理不够、重视不够。这样,拉近管理层与员工的距离,鼓励员工通过各种途径把对安全的想法反映到高层管理中来。只有知道了底下的不安全行为、因素,才能对整个企业安全管理提出规划、整改。如果不了解这些信息,抓安全是没有针对性的,不知道要抓什么。当然安全部门也要抓安全,重点是检查下属、同级管理人员有没有抓安全,效果如何,对这些人员的管理进行评估,让高级管理人员知道这个人在这个岗位上安全重视程度怎么样,为管理提供信息。这是两个不同层次的检查。

杜邦认为,96%以上的事故是由人为因素造成的,假如片面强调投入,消除所有工艺上的隐患,而不解决员工行为,也只能解决4%的事故隐患。不抓人的因素,就不可能实现零事故,所以,杜邦非常重视行为安全管理。在行为安全管理上杜邦有十项要素:一是要有管理层承诺,二是要有切实可行的政策,三是要有综合性的安全组织,四是要有安全目标,五是要有直线管理责任,六是要有严格的标准,七是要有双向沟通,八是要有有效的检查,九是要有专业安全人员,十是要有持续性的培训。安全检查流程见图2-5。

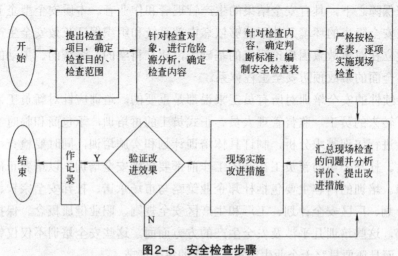

图2-5 安全检查步骤

1. 明确安全检查的目的

　　安全检查是及时发现隐患，消除不安全因素，交流安全生产经验，推动安全工作的一种有效安全管理手段。安全检查是手段，如何做好检查工作，要有思路、有计划，根据掌握的情况，哪些应列入重点检查范围，重点查什么都要搞清楚，不能盲目地去查、毫无价值地查，应该先做到胸中有数，这是检查者首先要解决的思想认识问题。在安全检查中，常有这样一种情况，检查者和被检查者只知道要检查的大概内容，对参与的那次检查的目的、意义并不十分清楚；这样的结果是时间久了，检查的次数多了，检查者习惯了，被检查者松懈了、麻痹了、厌倦了。因此，在每次检查之前，应采用开短会和现场会的方式，结合实际向检查者和被检查者讲明检查的目的意义，让每位参与者明白，真正做到有的放矢。

2. 改进检查方式方法

　　近年来，一些单位把纠正违章的次数作为考核安全管理人员业绩的一个重要依据，这对加大安全管理力度、确保现场安全生产起到了一定的作用。但有些管理人员对安全检查的指导思想不明确，为了完成指标，在安全检查的过程中，态度生硬，纠正违章的尺度掌握不好，导致被检查的员工产生对抗情绪。因此，要加强对安全管理人员的职业道德教育，使他们端正安全检查的指导思想，由"以罚代教"转化为教育、提高，做到文明执法。在安全检查中不能片面追求抓违章的次数，要讲究工作方法，以理服人。对违章违规行为，不仅要坚决纠正，同时还要向员工讲明为什么不能这样做，使他们懂得违章作业的危害性，自觉遵章守纪的重要性。

3. 明确检查的内容

　　检查员工的安全意识和安全生产素质是否达到要求；安全生产规章制度是否健全；是否将职工的安全与健康放在工作首位；检查各级领导是否把安全工作摆在重要议事日程；是否树立了"安全第一，预防为主，综合治理"的思想；是否坚持了管生产必须安全的原则，安全机构是否健全，全员安全管理是否发挥作用；检查职工是否有较强的安全责任心；是否掌握安全操作技能和自觉遵守安全技术操作规程以及各种安全生产制度；对于不安全的行为是否敢于纠正和制止；是否严格遵守劳动纪律；是否做到安全文明生产；是否正确、合理穿戴和使用个人防护用品、用具；是否建立了各种突发事故应急预案，对应急预案是否进行了演练，是否发现有改进项等。

4. 突出检查的重点

　　突出检查重点，做到有的放矢。作为单位的安全检查组，参加检查的人员要精干，业务要熟练，在每次检查前都应事先制订安全检查计划。一般情况下，

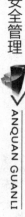

安全检查的时间和过程都比较短,如果泛泛而检,易形成走过场、图形式行为,以至漏检和误检。因此,对安全检查应当点面结合,突出重点。检查中应结合工作实际,防止在检查中走马观花、流于形式,如工程施工应把施工车辆、装卸机械、设备的安全装置作为检查的重点,保证各个安全部件完好无损,严禁使用报废或检审不合格的车辆和机械设备;同时,要检查各级领导和部门对安全生产工作的重要指示、要求的贯彻落实和执行情况;认真开展全员的安全知识教育培训,员工对安全业务知识的学习、讨论、运用和推广情况。认真加强安全工作的日常管理,杜绝"三违"现象,定期开展安全生产日常检查和专项检查。坚持安全工作关口前移,重点针对安全生产隐患的排查、防范和治理、整顿情况,对各项规章制度的制订、修改、执行情况,安全资金的投入、计划、安排使用等情况。这些都是安全检查的重要内容。

5. 讲究检查的方法

安全检查要克服形式主义,提高安全检查的技术含量。安全生产中的形式主义有多种表现,有的满足于一般化要求、一般化号召,安全检查工作重点不突出;有的习惯喊口号,搞花样,表面看声势很大,但不解决实际问题;有的甚至弄虚作假,为赢得上级满意,对查出的安全隐患说假话,报喜不报忧;有些现场管理人员敢抓敢管,检查时纠正了不少的违章行为,但经统计分析,大部分是一些简单、低层次的违章行为,缺乏技术含量,对一些潜伏着的危险因素未能及时发现,违反安全技术操作规程的行为未能及时制止。要提高安全检查的质量,就必须提高安全检查人员的技术素质。因此,建议单位针对安全管理人员多组织培训,使他们熟悉各种机械设备、电气设备的技术性能,熟练掌握各工种的安全技术操作规程和各类货物的安全作业措施以及各类工器具的使用方法和报废标准,使安全检查人员在日常的检查中做到专业化,及时发现隐患,将各类事故消灭在萌芽状态。

七、发现安全隐患必须及时消除

在安全检查中会发现许多隐患,要分析隐患发生的原因是什么,哪些是可以当场解决的,哪些是需要不同层次管理人员解决的,哪些是需要投入力量来解决的。重要的是必须把发现的隐患加以整理、分类,知道这个部门主要的安全隐患有哪些,解决需要多长时间,不解决会造成多大风险,哪些需要立即加以解决的,哪些是需要加大投入的。安全管理真正落到了实处,就有了目标。这是发现的安全隐患必须及时更正的真正含义。

杜邦的研究显示,绝大多数安全伤害和事故是由于员工的不安全行为造成的。一个注重于消除这些不安全行为的计划能够极大地提高安全业绩。针对工作中的员工的现场审核，能够在不安全习惯或行为造成伤害前提醒员工和经理，以避免事故的发生。安全审核是一线生产经理的职责。一线生产经理必须频繁地进行正式和非正式的审核，以及时发现员工在工作场所的不安全行为并加以纠正，防事故于未然。

一般认为，只要是人类活动，就必然存在活动过程的安全状态问题，安全是活动本身的有机组成。解决安全状态问题就要进行安全管理工作，就要进行上述的三个过程，即"危害识别、风险评价、采取安全措施"，但需要解决的是将这三个过程由人的自发行为转变为自觉行为，由被动行为转变为主动行为。

安全管理是人在追求活动目标过程当中的一个管理，因此，它具有过程管理的特点。隐患排查就是安全活动过程。

人在活动中进行了安全管理，则不发生事故是必然的。发生事故是偶然的（人类存在着未知的知识领域）。反之，人在活动中不进行安全管理，则不发生事故是偶然的（存在着客观条件的制约），发生事故则是必然的。

现在有人提出"隐患就是隐形的事故"，这是有道理的。企业一定要牢固树立"隐患即事故"的预防理念，严格落实"事故隐患零容忍"制度，全面建立"分级排查、提级管理、四个一百、两个经常"的安全隐患排查体系。隐患排查治理工作流程见图2-6。

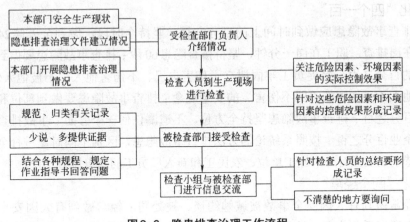

图2-6 隐患排查治理工作流程

1.强化"分级排查"

生产经营单位主要负责人对本单位事故隐患排查治理工作全面负责。建立岗位、班组、车间、厂级企业自查自纠机制，生产经营单位的班组、工段、车间、厂矿、公司负责人和管理人员及岗位操作人员应坚持日常的安全生产检查制度；单位主管安全生产的负责人应当组织有关部门和人员进行经常性的隐患排查；单位主要负责人应当每月至少组织一次由安全管理人员、工程技术人员和职工等相关人员参加的隐患排查治理工作。各级人民政府及其有关部门在各自职责范围内对生产经营单位排查治理事故隐患工作依法实施监管，对本行政区域、本部门职责范围内隐患排查治理工作承担监管责任。健全完善"企业自查自纠、专家现场诊断、政府挂牌督办、执法督促整改"的隐患排查治理机制。只有这样，才能强化"分级排查"制度的落实。

2.强化"提级管理"

对排查出的事故隐患，按照事故隐患的等级进行登记，建立事故隐患信息档案，并按照职责分工实施监控治理。在隐患排除前或者排除过程中无法保证安全的，要采取应急防范措施，或者特护措施，必要时应停产、撤人、停业整改。各生产经营单位对排查出的事故隐患，要严格执行隐患治理措施下管一级的原则，班组隐患车间主任要亲自抓，车间隐患厂长要亲自抓，厂级隐患行业管理部门要亲自抓；同时，还要严格落实隐患治理责任上延一级的原则，因隐患酿成事故，要上一级追究责任，上一级实施行政处罚。各级政府安全生产委员会对下级和企业重大安全隐患实行挂牌督办，对不按照要求进行整改的，视为事故来对待，由市政府安全生产委员会组织调查组，按照"四不放过"的原则严肃查处，确保重大安全生产隐患和问题及时得以解决。这就是"提级管理"的道理所在。

3.强化"四个一百"

排查事故隐患应做到时间上的百分之百：坚持全时段，做到全天候24小时有人在岗排查，职工在岗一分钟，坚持排查隐患60秒；排查事故隐患要做到人员参与的百分之百：督促员工牢固树立不伤害自己、不伤害他人、不被他人伤害、保护他人不受伤害的"四不伤害"的安全观念；排查事故隐患要做到部位和环节上的百分之百：排查事故隐患坚持全方位，不遗漏任何一个方面；事故排查坚持所有企业百分之百：按照系统论的方法排查事故隐患，区别不同对象进行全面排查，特别要加强对外来施工单位、农民工和新入厂员工的隐患排查工作。

4.强化"两个经常"

经常做到有人因安全事故被诫勉约谈、被处罚；经常做到有人因安全生产工作表现好受到表彰。这就是"两个经常"。加大各级领导干部政绩业绩考核中安全生产的权重和考核力度，把安全生产工作纳入社会主义精神文明和党风廉政建设、和谐社会建设、社会管理综合治理体系之中。进一步完善安全生产奖惩制度，对成效显著的单位和个人要以适当形式予以表扬和奖励，对违法违规、失职渎职的，依法严格追究责任。同时，重点加强安全生产应急管理、应急预案、应急演练工作，完善应急预案体系，抓好煤矿、危化品、非煤矿山、建筑施工等高危行业、企业及工商贸行业企业安全生产救援预案备案工作，定期组织预案演练。每年市级层面都要重点举行煤矿、危化品、高层建筑、道路交通等领域的应急救援演练，以提高自防自救能力。

5.建立健全隐患排查治理体系

树立以人为本、安全发展的理念，深入建立隐患排查治理体系，总结有效防范事故的先进经验和做法，探索创新政府和部门安全监管机制，强化和落实企业安全生产主体责任，更好地把握隐患治理、事故防范的主动权，打好安全隐患排查治理攻坚战，有效防范和坚决遏制重特大事故发生，切实保障人民群众生命财产安全，为经济发展和社会和谐稳定创造良好的安全生产环境。

（1）加强领导和组织协调，形成合力，强力推进 要针对薄弱环节，突出重点行业领域和重大隐患，研究制订和实施深化隐患排查治理的具体工作方案，充分发挥各级安全产生委员会及其办公室的组织、协调和指导作用，实现安全监管全覆盖和隐患排查治理无缝化管理，加强监督检查，加大安全投入，保障隐患排查治理和体系建设的需要。

（2）着眼于治大隐患、防大事故 在有效防范、坚决遏制重特大事故上见到更切实的成效。在当前，我国经济社会发展进入改革的转型发展期，各种新情况新问题不断涌现，安全生产工作也面临诸多新的情况，要进一步加大对道路长途客运车辆和驾驶人员、渡船渡口、煤矿瓦斯与水害、危险化学品管道和道路运输、冶金企业铁水装置和煤气管道、易燃品仓储等方面的隐患排查治理。通过采取停产停业停运、限期整改、依法关闭和严肃查处，以及严格执行重大隐患挂牌督办、公示监督制度等措施，提高隐患排查治理实效。

（3）坚持典型引路、扎实推进，加快建立健全隐患排查治理体系 在抓好企业特别是高危企业内部体系建立的基础上，逐级扩大联网，中央企业要做好表率。争取用2～3年时间，在全国各地基本建立起先进适用的安全隐患排查治理体系，把"安全第一、预防为主、综合治理"的方针真正落到实处。

（4）加强制度建设，构建隐患排查治理的长效机制 推动将隐患排查治理及体系建设纳入企业安全生产规划。要在严格执行已建立的重大隐患公示、督办治理、效果评价和整改销号等制度的同时，把隐患排查、登记、检测监控、挂牌督办、整改、评价、销号、上报、统计、检查和考核等工作，全部纳入严格健全的制度规范上来。

八、工作外的安全和工作中的安全同等重要

员工在工作时间外受伤对安全的影响，与在工作时间内受伤对安全的影响实质上没有区别，因此对员工的教育就变成了7天24小时的要求。例如可以进行各种安全教育，旅游如何注意安全，运动如何注意安全，用煤气如何注意安

全等等。

1. 8小时以外的安全很重要

在我们日常的工作和生活中，员工因午餐喝酒，下午上班时仍会醉醺醺的，以至于在生产现场作业操作时，开错阀门，关错开关，造成重大事故的发生，这样的事故屡见不鲜。有的员工在休息旅游时不注意坐车安全，以至于在车祸中发生死亡或重伤，导致家庭破裂或大半年不能上班。

员工在日常生活中的行为似乎与企业的安全生产管理不怎么沾边，但究其内涵却息息相关，并且在一定程度上制约着企业的安全生产管理水平，必须引起我们的高度重视。也就是说，企业的安全管理必须延伸到员工的8小时工作时间以外。

企业安全生产管理工作延伸到8小时以外，首先要树立一种"大安全"的观念。就是说安全不仅是生产上的需要，在生活以至于生存领域都需要安全来作为保障。企业要教育员工充分认识到安全对于企业、社会、家庭、个人都是至高无上的，要让员工善于管理自己、经营人生，在任何时候、任何情况下都要保持清醒的头脑，不要因自我的失误给企业、社会、家庭、他人带来不必要的损失和痛苦。因此，企业应自觉引导员工培养良好的安全习惯，不管是在工作内还是工作外。

企业在生产现场直接作业环节施行的安全检查确认制，如化工生产中的动火作业监火制度、进入受限空间的监护制度等，对于在8小时以外的生活也具有借鉴作用，这些良好的安全习惯应用到生活和生存领域，同样可以起到减少事故、降低危害的效果。比如，日常的交通行车，家庭的水、电、暖、气维修，只要严格按照有关规章制度行事，一般来说是不会酿成事故的。同样，良好的生活习惯也与工作相辅相成，对企业实现安全生产是一种坚实的基础和有力的支撑。

回顾以往发生在生活中的许多事故，大多是发生在8小时以外、节假日里、业余生活中。这些事故的惨痛教训一再告诉我们，安全事故的发生是不分工作内和工作外的，是不分时间、地点和场合的。如果麻痹大意不在乎，没有树立牢固的八小时以外的安全意识，随时有可能发生不安全问题，甚至是重大安全事故。因此，在对待安全问题上，无论是工作内还是工作外，安全的这根弦永远不能松。

2. 把安全管理延伸到8小时之外

把安全管理延伸到8小时之外，采取多种形式开展"安全文化进家庭"活动，在员工家庭中营造"安全生产、关爱生命"的浓厚氛围，通过家属协管筑牢安全生产堤坝。用"安全家书"架起企业与家庭的连心桥。这是8小时之外安全文化的渗透作用。"一人安全、全家幸福，重情更要重安全"的"安全家书"

让员工心中油然增强了安全意识，进而在工作中想安全事，干安全活，使安全生产永驻心中。

（1）向员工家庭送"安全家书" 将企业安全文化理念、基本方针和指导思想告知家属，提示家属注意员工8小时之外的日常生活，使员工减少或杜绝过度饮酒、熬夜等不利于安全生产的行为。同时，企业公布单位的联系电话，及时与员工和家属进行沟通，提供帮助，为员工营造和谐的生活和工作环境。"安全家书"走进企业每一位生产员工家庭，在单位和员工家庭之间架起了一座座连心桥。

（2）家属联系沟通机制：加深理解保安全 "老公，昨天下午你们领导组织我们学习了公司下发的安全事故通报，那些事故基本都是由于工作人员不遵守安全规定造成的。今天你参加10千伏线带电作业，一定要检查好安全防护工具，按要求施工，我们等你平安回家！"清晨，员工出门前，妻子这样叮嘱他。

反违章保安全，不仅仅局限于安全管理的"前方"，更要让安全理念进入家庭，让员工家属协助单位做好安全管理工作，使每位员工时刻绷紧安全这根弦。

制订员工家属安全教育制度，分批组织家属到施工现场了解一线情况，定期举办安全知识讲座，学习各类事故通报，使"一人安全、全家幸福"的理念成为每一个家庭的共同心愿和目标。

（3）给力安全，用"亲情"关爱员工 举办"给力安全"员工子女绘画作品比赛。在食堂墙上展出数十幅员工子女利用暑期休息时间自行创作的，以反映企业安全生产为主题的绘画作品，在员工食堂形成一道亮丽风景。"为了幸福和睦的家庭"，聪明伶俐的孩子们用巧手绘制出了长鸣的"安全警钟"，让每一位员工家属都成为保安全的有心人、反违章的"好帮手。"

发动员工家属利用手机平台向亲人传递安全嘱托，走访"三违人员"家属，用员工家属的关爱为联系纽带，构建企业、家庭、员工"三位一体"的安全亲情防护体系。这些活动都属于企业安全文化现象，都能为企业的安全生产工作注入活力，提供支撑，不失为一种生动活泼的文化形式。

过去常听到有人说，"8小时以外是我的自由"，这似乎意味着下了班，8小时以外的活动谁也管不了，我愿意怎么玩怎么干是自己的事，哪还注意什么安全不安全。这种说法和行为是对自己的生命和安全工作不负责的一种表现，对安全生产的政治责任、社会责任、家庭责任和经济责任的重要意义认识不深，对全面、全方位、全过程地做好安全工作存在片面理解。认为安全工作只有上班和工作时讲安全要安全最重要，下班后和业余生活中就不讲安全不重视安全不那么重要。

上班时要注意安全，遵守操作规程，落实好"安全生产禁令"，下班后8小时以外我们同样要遵守企业的各项安全管理制度，严格要求自己，执行好"安全生产禁令"。我们的安全工作不论是在上班中还是下班后，不论在哪个环节、哪个时段都要保证安全。我们所说的8小时以外的安全，目的是提醒大家，我们要的不是一时一事、单纯工作中的安全，而是要从8小时以外发生的一些事故中吸取深刻教训，重视业余生活中的各类安全，树立一种工作中和下班后，时时刻刻、事事处处都注意安全的永久安全意识。

重视八小时以外的安全，就是落实杜邦公司"工作外的安全与工作内的安全同等重要"理念的具体体现，是社会必然关注的安全话题。重视8小时以外的安全必将为广大人民群众所接受，为企业的安全生产注入新的活力。

九、良好的安全创造良好的业绩

这是一种战略思想。如何看待安全投入？如果把安全投入放到与业务发展投入同样重要的位置考虑，就不会说这是成本，而是生意。这在理论上是一个概念，在实践中也是很重要的。抓好安全是帮助企业发展，创造良好环境、条件，实现企业发展目标。否则，企业每时每刻都在高风险下运作。

杜邦公司用自己的实践证明：安全不仅是安全管理部门的事，企业全体员工，从最高决策者到第一线的生产人员，都必须积极参与；安全不只是花钱，而是一项能给企业带来丰厚回报的战略投资。

防止员工在工作中甚至在工作时间之外受到伤害，避免伤亡的结果使公司的资源得到了更为有效的利用，员工的更替率有所下降，企业的运营更加顺畅，企业的收益也就会有所增长。所以，良好的安全管理意味着企业有一个良好的商业表现。也就是说杜邦公司将安全视为企业市场竞争的一个筹码，视为赚取利润的一个方法，视为企业生存的一项必不可少的条件。一流的安全业绩能促进商务发展，保护品牌在公众中的形象。

杜邦公司把安全的成本算得又精又细。他们把事故比喻成一座冰山，冰山露出水面的部分，是事故的直接支出（直接经济损失），冰山水下部分，是事故的潜在损失，是事故的附加支出，而冰山下面的部分是上面的5～10倍，也就是说，潜在的经济损失远远大于人们所能见到的直接支出。在杜邦人的概念中，安全事故不仅可以影响到员工、影响到股东、影响到客户，还要影响到企业在公众心目中的形象，最终影响到企业的经济效益。所以，避免事故的发生，就能降低成本。杜邦公司有60%以上的工厂实现了"零"伤害，因此，杜邦公司也减少了数百万美元的支出。

杜邦公司在安全管理上坚持"以人为本"进行管理。杜邦公司认为，多数人员的意外受伤及事故都是由不安全行为造成的。在杜邦的安全管理要素中有职责、目标、标准、培训、检查、鼓励、事故调查等，唯独没有"罚款"。杜邦公司介绍，安全生产是管理层的承诺，安全是最高总裁的责任。有安全专职人员是非常重要的，但是，如果有人说安全由安全部门的人员负责，那么将被视为不安全因素。在这些要素中，杜邦公司重鼓励，轻检查，他们需要的是安全成为员工的行动准则。对于惩罚，杜邦公司的做法是，如果有人出现事故，无论大小，无论是不是在工作时间内，这个公司全体员工的年终奖将被取消。因此，重视安全不仅被看成是个人的事，而是被看成集体团队的事。

　　由于杜邦公司把安全视为一项商业价值，作为衡量企业成功与否的标准，把安全视为先进的企业文化，所以，公司下属的绝大部分工厂的"零"事故才变为现实。因此，杜邦人敢说"一切事故都可以避免"。

十、员工的直接参与是关键

　　没有员工的参与，安全就是空想。因为安全是每一位员工的事，没有每一位员工的参与，公司的安全就不能落到实处。

1.员工参与管理的作用

　　员工参与安全管理能有效地提高生产力。首先，员工参与安全管理可以增强组织内的沟通与协调，这样就通过将不同的工作或部门整合起来为一个整体的任务目标服务从而提高生产力。其次，员工参与安全管理可以提高员工的工作动机，特别是当他们的一些重要的个人安全需要得到满足的时候。第三，员工在参与安全管理的实践中提高了能力，使得他们在安全生产工作中取得更好的成绩。组织在增强员工参与安全管理的过程中通常应加强对他们集体解决问题和沟通能力的训练。

2.员工参与管理的主要形式

　　员工参与安全管理有多种形式，最主要的几种形式是分享决策权、代表参与、质量圈和员工股份所有制方案等。

　　① 分享决策权是指下级在很大程度上分享其直接监管者的决策权。管理者与下级分享决策权的原因是，当工作变得越来越复杂时，他们常常无法了解员工所做的一切，所以选择了最了解工作的人来参与决策，其结果可能是更完善的决策。各个部门的员工在工作过程中的相互依赖的增强，也促使员工需要与其他部门的人共同商议。这就需要通过团队、委员会和集体会议来解决共同影响他们的问题。共同参与安全决策还可以增加对安全决策的承诺。如果员工参与了安全决策的过程，那么在安全决策的实施过程中他们就更不容易反对。

　　② 代表参与是指工人不是直接参与安全决策，而是一部分工人的代表进行参与。西方大多数国家都通过立法的形式要求公司实行代表参与。代表参与的目的是在组织内重新分配权力，把劳动者利益放在资方、股东的利益之上。代

表参与常采用工作委员会和董事会代表两种形式。工作委员会把员工和管理层联系起来，任命或选举出一些员工，当管理部门做出重大决策时必须与之商讨。董事会代表是指进入董事会并代表员工利益的员工代表。

③ 质量圈是由一组员工和监管者组成的共同承担责任的一个工作群体。他们定期会面，通常一周一次，讨论技术问题，探讨问题的原因，提出解决建议以及实施解决措施。他们承担着解决质量问题的责任，对工作进行反馈并对反馈进行评价，但管理层一般保留建议方案实施与否的最终决定权。员工并不一定具有分析和解决质量问题的能力，因此，质量圈还包含了为参与的员工进行质量测定与分析的策略和技巧、群体沟通的技巧等方面的培训。当然，这个质量圈包括安全管理质量和安全技术的质量。

④ 员工股份所有制方案是指员工拥有所在公司的一定数额的股份，使员工一方面将自己的利益与公司的利益联系在一起，另一方面员工在心理上体验做主人翁的感受。员工股份所有制方案能够提高员工工作的满意度，提高工作激励水平。员工除了拥有公司的股份，还需要定期被告知公司的经营状况并拥有对公司的经营施加影响的机会。当具备了这些条件后，员工会对工作更加满意。通过员工股份所有制把企业变成是自己的，自己的安全自己管，自己企业的安全工作自己必须操心，否则发生了事故受损的是自己。

员工参与管理的方式，在一定程度上提高了员工的工作满意度，提高了生产力。因此，参与管理在西方国家得到了广泛的应用，并且其具体形式也不断推陈出新。近年来，我国的企业也注重使用参与安全管理的方式，例如许多企业开始采用员工持股的形式。但是，参与安全管理并非适用于任何一种情况。在要求迅速做出安全决策的情况下，领导者还是应该有适当的权力集中；而且，参与安全管理要求员工具有实际的解决安全管理问题的技能，这对于员工来说并不是都能做到的。

第二节 学习落实杜邦十大安全理念

一、学习培训的方法

1.寻求最佳化的安全教育时机

寻求最佳化的安全教育时机是有效教育的先决条件。固定形式的说教方式，如班训、安全教育课，过于死板，容易引起员工的乏味，效果有限。所以，倡导安全教育随机化，绝不错失任何一个有利的教育时机。如企业当天发生的事，即时发生，立即结合事件进行现场教育，员工有体验，易于产生心理共鸣，形成深刻印象。车间发生的事，身边的事，不要过夜，这都是最好的教育时机。哪怕就是电视、报刊报道的一个新闻，这些都是最好的安全教育机会，安全教育者不要轻易放弃。用事故教训进行教育，这就是有效的时机，运用得当，比任何枯燥的说教都有效果。

2. 探索多样化的安全教育培训形式

教育形式要多样化。传统形式是教师讲，学生听。为达到最佳效果，教师可以采用专题会形式，把枯燥讲座变成员工互动参与，让安全的意识在活动中形成。可以结合典型事件，利用多媒体演示进行视频教育。可以分组，例如分男女、分性格进行安全教育培训，对象有针对性，效果更好。可以在室内，也可以在室外现场。如班组间的安全教育，可以把员工分布到生产现场进行教育。

3. 采用生动化的安全教育方法

教育方法应多样化，说教式教育最不利于员工接受。员工对直观形象的东西最感兴趣，形成的印象最深刻。

（1）讲授法　讲授安全注意事项，这是常用的方法，全面，系统。

（2）警示法　用员工熟悉的事件进行正面的警示教育，即用身边的事故教训进行教育，防患于未然。

（3）反思法　即对员工做过的事进行有针对性的反思教育，让员工意识到事故随时在我们的身边，安全处处要留意。

（4）经验法　安全教育者可以用自己的安全事例或假设的经验进行安全教育，员工常常比较有兴趣听，易于记忆、接受。

（5）交流法　在员工之间进行交流，交谈自己的故事、教训、体会，自己教育自己。

员工是企业的希望，企业安全工作涉及家庭，关系到整个社会的稳定与和谐。生命不保，何谈安全教育？何谈发展？何谈幸福？保护员工的安全，责任重于泰山。一个没有安全保障的企业，绝对是一个不合格的企业。一个不具备安全意识的企业领导和安全工作者，绝对是一个不称职的领导和安全工作者。确保员工安全是实施企业安全发展的重要内容和有力保障，是办好让员工满意企业的基本前提，是实现"中国梦"的必要要求和重要内涵。安全工作是企业的头等大事，是安全发展的基本前提。安全的责任重于泰山。

二、排除隐患的措施

1. 隐患排查工作方案

（1）职责　①公司安全员参与安全检查和隐患整改的管理，整理隐患整改报告,监督隐患整改落实情况。②财务部门负责隐患整改资金的保障。③各部门对有关的检查和隐患整改验收,并对检查和隐患整改结果负责。

(2)检查依据 ①有关标准、规程、规范和规定。②本公司制度、规范、规定等相关文件。③通过系统评价分析确定的危险部位及防范措施。

(3)综合检查(包括节假日检查) ①公司级安全检查每年不少于四次,由公司级领导负责组织实施。②车间级安全检查每月不少于一次,由部门负责人组织实施。

(4)专业检查 ①专业检查每年不少于两次,由公司级领导负责组织实施。②QC负责危险物品专业检查,工程部负责安全装置、电气装置等专业检查。③工程部负责消防、防尘噪声、安全、保卫等专业检查。

(5)季节性检查 ①工程部负责进行防汛防台风、防雷电、防火防爆等季节性检查。②各部门负责进行防暑降温、防风防冻及保暖检查。

(6)日常检查 ①岗位检查必须严格履行巡回检查职责,按照安全日常检查表上的内容检查,发现问题及时上报,并做好记录。②公司安全人员巡检是对各部门进行安全抽检。

(7)整改 ①各级检查组织和人员,对查出的隐患问题,要逐项分析研究并落实整改措施、整改时间和整改责任人。②对所有的隐患问题都必须立即整改,整改率达100%,不得无故拖延。有些限于物质技术条件及环境因素,当时不能解决的应有防范措施,并列出计划,按期执行,做到条条有着落,件件有交待。因拖延和拒绝整改而发生事故,要追究责任。③对重大隐患项目的整改,由安全管理人员开具《事故隐患整改通知单》,整改部门负责人必须办理签收手续,并负责处理。

(8)验收 ① 整改部门在规定的时间整改完毕后,由安全管理人员检查验收,并开具《事故隐患整改验收单》,由整改部门负责人签字确认。②对风险评价出的隐患项目,下达包括"四定"要求的隐患治理通知书、限期治理,并建立台账。③对重大隐患项目建立档案。④对无力解决的重大事故隐患除采取有效防范措施外,应书面报告公司直接主管部门和当地政府。⑤对不具备整改条件的重大事故隐患,应采取防范措施,并纳入计划,限期解决或停产。

2.杜邦隐患排查措施

(1)在检查方式上,杜邦公司更注重灵活性 杜邦公司主要采用观察、访谈、沟通的方式进行检查。在与人员访谈时,不轻易否定岗位人员的说法,而是探讨哪种工作方法更有效,强调管理的人性化,真正从心灵深处对员工产生影响。现场检查重在观察人的操作行为,通过被检查人员的表情变化判断人员是否清楚规定动作。如果员工看到检查人员后表情无变化，仍然重复不安全的动作，则判定为无知性违章；如果员工看到检查人员后会主动纠正自己的动作，则判定为故意违章。针对不同的现象会采取不同的解决方式。杜邦公司的检查方式则更程式化一些，审核人员结合检查表，按部就班地进行检查，灵活性不够，检查人员更多地关注现场隐患和违章，充当了基层安全检查员的角色，对各级员工的管理和操作行为关注程度相对较少。他们认为，事故的发生最终是各级人员的不作为、履职不到位造成的，所以，关注管理行为方法和人的操作行为，沟通和解决人的问题，才能真正实现主动避免违章、识别并积极整改隐患的目的。

（2）在对待检查发现的问题上，杜邦公司追求刨根问底，力求实现持续改进　杜邦公司检查人员和被检方不是就事论事的整改，而是追踪式管理，为什么问题不能及时被发现，是哪个环节出了问题，寻找管理方面存在的原因，从根本上解决。如果公司针对发现的问题和隐患，大多是就事论事的整改，受检查部门没有把它作为一次改进的机会，而是尽快改完交差，甚至不验收、不整改，那么整改也变成了完成某项任务，没有从思想上真正重视起来，导致隐患整改完了再出现。这种就事论事的整改只能解决表面现象，不能解决实质，每次检查都是从零开始，每次检查都发现同样的问题，屡查屡有，屡改屡犯，效果不理想。

三、深化杜邦十大安全理念的途径

杜邦的核心价值，第一是善待员工，第二是要求员工遵守职业道德，第三是把安全和环境作为核心价值。为什么杜邦公司生存了200多年，成为当前世界前500强之一，就是这些核心价值保证了企业的发展生存。

杜邦的安全表现和业绩，自从提出"一切事故都是可以防止的"理念之后，杜邦的安全表现，以200万人工时单位业绩来看，超过美国平均值很多，杜邦公司在全世界范围内的很多企业都是20年、30年以上没有事故，这种事故是休息1天以上的事故，2015年以来没有任何安全事故。举这个例子是想说明，国内很多人认为，中国和美国在安全业绩上的不同表现，是因为不同的文化背景，西方人文化素质比较高，东方人素质低，但是根据杜邦公司在全世界的经验来看，这个理论是不正确的。只要重视起来，只要采取有效行动，实际行动，不管怎样的文化背景，都可以实现零事故或很低的事故率。

1.目标学习法

掌握目标学习法是美国心理学家布卢姆所倡导的。布卢姆认为只要有最佳的教学，给学生以足够的时间，多数学习者都能取得优良的学习成绩。

教学内容是由许多知识点构成，由点形成线，由线完成相对独立的知识体系，构成彼此联系的知识网。因此，明确目标，就要在上新课时了解本课知识点在知识网中的位置，在复习时着重从宏观中把握微观，注重知识点的联系。另外，要明确知识点的难易程度，应该掌握的层次要求，即识记、理解、应用、分析、综合、评价等不同层次，最重要的就是明确学习重要目标，即知识重点。有了目标能增强我们学习的注意力与学习动机，即为了这个目标我必须好好学习。

安全学习目标与人生目标不同，它比较具体，可以在短时间内实现。它可以使我们比较容易地享受成功的欢乐，增加我们安全工作的信心。因此，目标学习法也是成功安全教育的主要策略之一，同时，实现学习目标也是实现人生目标的开始。只有使大小、远近目标有机地结合，才会避免一些无效劳动的发生。

2.问题学习法

带着问题去看书，有利于集中注意力，明确目的，这既是有意学习的要求，也是发现学习的必要条件。心理学家把注意分为无意注意与有意注意两种。有意注意要求预先有自觉的目的，必要时需经过意志努力，主动地对一定的事物发生注意。它表明人的心理活动具有主体性和积极性。问题学习法就是强调有意注意有关解决问题的信息，使学习有了明确的指向性，从而提高学习效率。

3.矛盾学习法

矛盾的观点是我们采用对比学习法的哲学依据。因为我们要进行对比，首先要看对比双方是否具有相似、相近或相对的属性，这就是可比性。对比法的最大优点在于以下三个方面：

① 对比记忆可以减轻我们的记忆负担，相同的时间内可识记更多的内容。

② 对比学习有利于区别易混淆的概念、原理，加深对知识的理解。

③ 对比学习要求我们把知识按不同的特点进行归类，形成容易检索的程序知识，有利于知识的再现与提取，也有利于知识的灵活运用。

4.联系学习法

唯物辩证法认为世界上任何事物都同周围的事物存在着相互影响、相互制约的关系。科学知识是对客观事物的正确反映，因此，知识之间同样存在着普遍的联系。我们把联系的观点运用到安全学习当中，会有助于对安全科学知识的理解，会起到事半功倍的效果。

根据心理学迁移理论，知识的相似性有利于迁移的产生。迁移是联系的一种表现，而联系学习法的实质不能理解为仅仅只是一种迁移。迁移从某种意义上说是自发的，而运用联系学习法的学习是自觉的，是发挥主观能动性的充分体现。它以坚信知识点必然存在联系为首要前提，从而有目的地去回忆、检索大脑中的信息，寻找出它们之间的内在联系。当然，原来对知识掌握的广度与深度直接影响到建立知识之间联系的数量的多少，但我们可以通过辩证思维，通过翻书、查阅、甚至是新的学习，去构建新的知识联系，并使之贮存在我们的大脑之中，使知识网日益扩大。这一点是迁移所不能做到的。

5.缩记学习法

所谓缩记法就是要尽可能地压缩记忆的信息量，同时基本上又能记住应记的内容。比如有要点记忆法、归纳记忆法、意义记忆法，都属于压缩记忆法。每段话有明确要点的自然用要点记忆法，如果没有就要经过归纳形成要点后进行记忆。而归纳的最主要方法是以意义为依据。可见，记忆以要点为基本单位，也可理解为以中心思想为单位。记住了要点并不是要放弃其他内容，而是以对其他内容的理解为前提，极大地增加记忆的信息量。

6.思考学习法

孔子提倡学习知识面要广泛，并且强调要在学习的基础上认真深入地进行思考，把学习与思考结合起来。他说："学而不思则罔，思而不学则殆。"如果只是读书记诵一些知识，而不通过思考加以消化，这只能是抽象的理解，抓不住事物要领，分不清是非。《中庸》中提出为学的五个阶段：博学、审问、慎思、明辨、笃行。慎思就是要把外在的知识和事件与自己切身经验结合起来进行认真思考，既用自己的经验来思考知识与事件，又用知识与事件来思考自己的经验，不断地交换位置和方向，达到理解和重新理解知识、事件和经验的目的，促进自己精神世界的成长。

7.合作学习法

同水平差不多的人一起学习，就有了一个学习伙伴，更何况每人都有自己的长处；同水平高于你的人一起学习，他就是你的老师，你自然可以学到许多东西；同水平低于你的人一起学习，你是他的老师，我们常说"教学相长"，你同样可以学到许多东西。当然，合作学习并不是几个人的简单相加。

美国明尼苏达大学"合作学习中心"的约翰逊兄弟认为，有5个要素是合作学习不可缺少的。这些要素是：①积极互赖，指的是学生们知道他们不仅要为自己的学习负责，而且要为其所在小组的其他同学的学习负责。②面对面的促进性相互作用。③个人责任，指的是每个学生都必须承担一定的学习任务。④社交技能。⑤小组自加工，小组必须定期地评价共同活动的情况，保持小组活动的有效性。合作学习有利于增进人与人之间的相互了解、温情与信任，学会处理人际关系的技能、技巧与策略，学会有效地表达自我。在学习交往中，可以培养、发展真正的责任意识和义务感。

8.循序渐进法

虽然量变的必然结果是质变，但并不能说任何量变都会引起质变。试想，在现实生活中，有的人花的时间不多、练习量不大，为何能有明显的进步呢？这就是效率问题。在经济学上我们常说企业要发展，必须要采用集约型增长方式。学习也是如此，不能盲目地投入精力。这首先要做到循序渐进。

9.持续发展法

可持续发展是我国经济建设的重要战略。要成为国家建设的有用人才，必须具备发展的观点，用发展的观点看待学习问题，也就是我们所提倡的持续发展法。

第三节 十大安全理念给我们的启示

一、思想认识是先导

1.对做好安全工作，要有坚定决心

做好企业的安全生产工作，是企业各单位的共同责任，方方面面都要完成好各自承担的任务。但一些部门或单位对安全生产工作缺乏足够的重视，主要领导无全局、无组织、无行动；一些部门对职责范围内的安全生产工作漠不关心，该掌握的情况不掌握、该研究的问题不研究、该指导的工作不指导、该督办的事项不督办，甚至揣着明白装糊涂，不去触及矛盾，没有发挥应有作用；一些领导干部仍然把安全生产当成一般性、常规性工作，停留在过去的思维方式和工作方式上，没有采取超常规举措；一些危险源、事故点长期存在，有的问题非常严重、职工多次反映，但属地相关职能部门麻木不仁，未采取任何整治措施等等。这些现象是对党的事业不负责任、对人民的期盼不负责任、对自己的岗位不负责任。

2.思想认识是行动落实的先导

思想认识不到位，就必然会导致基础工作、措施谋划、推动落实、综合保障、督查问责、宣传发动等各方面的不到位，而最终交出的成绩单就必然会"拖后腿""不好看"。

3.做好安全生产是民心工程、发展大计

"不畏浮云遮望眼，只缘身在最高层。"站位高了，"怎么看"解决了，"怎么办"自然就清晰起来：强化忧患，背水一战，正视问题，举一反三，真正从问题中强责任、强压力，从问题中找出路、找对策，在抓好问题整改中，坚决

打好安全生产攻坚战、翻身仗。

落实安全责任没有折扣，兑现员工需求没有退路，完成安全目标任务没有余地。坚决打好安全生产这场翻身仗，才是对党和人民负责、对安全发展负责、对子孙后代负责。

二、文化修养是内涵

① 将修身作为安全工作的基础性工程，中国传统文化继承性与发展框图见图2-7。

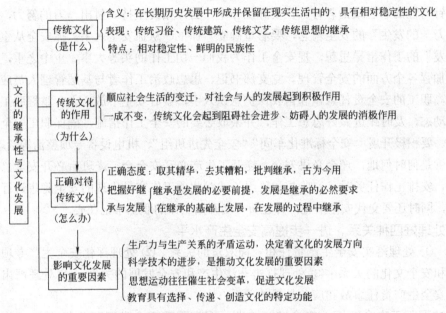

图2-7 中国传统文化继承性与发展框图

② 把对理想社会和理想人格的追求作为修养的核心内容。

③ 把行为规范作为修养的根本标尺。

④ 把自我修为作为提升自我的内在动力。今天，企业提高安全文化修养，同样要激发向上向善、永葆先进性的内在动力，提高安全思想认识，保持安全思想活力，滋养浩然之气。要自我警醒，慎独慎微慎初，防止温水煮青蛙，安全思想在不知不觉中发生蜕化。要自觉主动投入到严格安全生产活动中锻炼，尤其要把批评和自我批评作为防身治病的有力武器，既深刻剖析和检查自己，又开展诚恳的相互批评，触及思想和灵魂。要在实践中磨炼，深入基层、深入实际、深入员工，在安全发展的主战场、维护稳定的第一线、服务员工的最前沿砥砺品质、提高本领。归结到一点，就是安全认识提高，安全行动自觉，使安全要求内化为心，外化为行，落实到安全发展的事业上。

三、事故为零是目标

深化教育，零事故是根本。近年来，全国各企业坚持"以人为本"的理念，坚持"安全第一，预防为主，综合治理"的方针，通过开展各类隐患排查、隐患治理等一系列行动，安全工作水平和事故防范能力得到了全面提升，为实现安全责任事故为零的目标，保障企业安全生产奠定了坚实的基础。

1. 从思想政治教育入手，提境界，转观念，促安全

安全工作是事关企业、家庭、个人的大事，是组织赋予的重任。思想是行动的指南，思想政治工作是一切工作的生命线，抓安全应首先从抓思想着手，开展有针对性的思想政治教育。在实际工作中，必须始终坚持"付出一万的努力，防止万一的发生"的安全理念，要着重确立"抓生产从抓安全入手，抓安全从生产出发"的工作指导思想，视安全工作为我们一切工作的头等大事、重中之重，着重加强各个方面的安全管理。党支部书记、思想政治工作者与基层管理人员应从提高职工的安全责任意识和自我保护意识入手，紧盯安全不放心人，掌握职工思想动态，及时跟进做好思想工作，并采取必要的安全工作措施，确保职工安全生产。要积极开展"安全标准化车间""安全先进班组"、机电设备专项整治等活动、不管是何时何地，逢会必讲安全，逢开工生产必开安全会，逢班后必开安全总结会、安排工作任务时，安监员和班组长就对此项工作容易出现的安全隐患进行交底，同时还要交代安全措施，并让每一名开始工作的职工牢记在心。

2. 处理好四种关系，进一步提高安全生产水平

① 处理落实安全生产责任和一岗双责的关系；② 处理深化安全生产专项整治和安全文化的关系；③ 处理打击非法生产和安全发展的关系；④ 处理严肃查究安全生产责任事故和应急救援的关系。

3. 加强职工安全知识、安全技能培训，提高职工安全意识和业务能力

按照全员安全轮训实施方案，根据"强、严、提"全员安全培训要求，严抓安全培训整顿，突出安全操作规程、岗位安全风险辨识、应急处置等内容，持续开展全员安全轮训，严抓职工岗位必知必会知识抽查，严抓"三项"人员培训、取证工作和职工二、三级安全培训，加快提升干部职工素质和保安技能。

4. 加快设备设施升级换代，进行生产工艺流程再造，淘汰落后设备和工艺

加大安全资金投入，配足配齐安全设施，对不能满足生产安全要求的设备工艺，要制订更新计划，在资金允许的情况下，逐步淘汰更换，确保能满足生产安全要求。要加强生产工艺流程研究，对工艺流程设计不合理的车间，要重新进行设计改造，确保生产工艺流程合理、科学，努力创建本质安全型企业。

5. 以安全质量标准化建设为载体，实现车间动态安全达标

坚持"关口前移、重心下移、坚定不移"的基本方法，进一步完善安全生

产工作。抓安全工作难，抓好安全工作更难。要抓好安全生产工作，就必须坚持安全生产工作基本方法，以安全质量标准化建设为载体，关口前移、重心下移、坚定不移。关口前移抓防范，要有忧患意识。防范需置于安全生产工作之首，注重源头预防，防患于未然；重心下移抓基层，关键在于夯实基层基础工作。坚定不移抓严管。围绕控制目标这一中心，对标达标，进一步落实安全生产措施。安全生产工作要贯彻"安全第一、预防为主、综合治理"的方针。搞好安全生产工作，对安全生产形势要有正确的判断。围绕控制目标这一中心，把深入开展安全质量标准化建设和标准化车间建设作为全面推进安全生产各项工作的抓手和载体，坚持安全生产目标不动摇，切实把安全生产工作抓紧、抓实、抓细，实现安全生产状况稳定发展。

6.加大安全奖罚和安全责任追究力度，确保兑现及时、到位

安全管理必须发扬"三铁"精神和"三勤一硬"工作作风，紧盯重点工程、关键工序、危险场点和安全薄弱单位、薄弱环节、薄弱人员，超前排查分析各类苗头性、倾向性问题，严防安全监督检查盲区、死角，实行重大安全隐患治理挂牌督办制度。对于各类安全突出问题，一律按照"四不放过"原则和"九个一律"特别问责措施，严格奖惩兑现，从严分析、从严问责、从严警示。

7.强化车间班组日常安全管理，有重点、有检查、有落实

要根据隐患排查治理管理办法，定期组织隐患排查活动，每周车间班组要查找并申报一次安全隐患，做到小的隐患即查即改不过夜，大的隐患即时定人完成整改，以确保实现轻伤、非人身责任事故、火灾事故为零的目标。要结合自身的实际情况传达上级下达的各类相关文件及有关安全专题会议精神，提出在不同时期、不同阶段、不同任务条件下安全工作的具体要求和应注意事项。牢牢抓住职工队伍中仍然存在的"安全工作听天由命，安全工作是增加负担，安全工作越讲事故越多"的错误认识，开展安全理性教育，激发安全工作中人的主观能动性作用，提高职工的安全意识。要充分利用橱窗、板报、内部信息杂志、悬挂安全条幅，进行广泛宣传，营造良好的安全工作氛围。各车间班组在安全学习的同时，每次开展安全活动后都必须专门出一期相关内容的黑板报加以宣传和引导，使每一名职工都能知晓，并不定期组织专人检查，对未能知晓的采取一定的方式予以工资挂钩考核。要强化班前、班中、班后"三位一体和手指口述"安全确认，严禁怕麻烦、走形式、安全确认不到位现象的发生，进而促进安全生产。

"安全第一、预防为主、综合治理"的方针是新时期企业生产中永恒的主题，必须贯穿到生产经营的整个过程中。由于企业生产环节有一定的特殊性，如工作场所的特殊性和循环性、生产准备工作的繁重性以及生产系统、生产过

程的复杂性等，所以，既要做好宏观上的系统性管理，杜绝重大灾害隐患，又要抓好微观上影响安全生产隐患的基本环节管理，消除"三违"现象和减少工伤事故，从搞好安全、服务生产、降本增效、技术创新的角度进行定位，把工作方向和着力点放在提高企业本质安全水平，进一步解放生产力，从而确保企业安全生产，提高企业经济效益。

第三章 杜邦可持续运营管理

在杜邦看来,未来全球发展存在三大趋势:对可再生能源和材料的需求,对安全保障的更高要求,对提高全球粮食产量的需要。这三大趋势将长期存在不可逆转,并将继续发展。在这三大趋势之下,杜邦在环境、安全、能效和工程项目管理中形成了一个大的可持续发展的运营系统,从而将杜邦从单纯的化工公司转型成为科学公司,以坚持提供环境友好型的产品作为公司的使命。

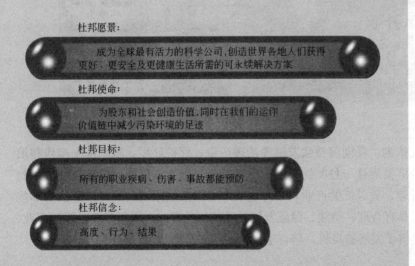

杜邦愿景:
成为全球最有活力的科学公司,创造世界各地人们获得更好、更安全及更健康生活所需的可永续解决方案

杜邦使命:
为股东和社会创造价值,同时在我们的运作价值链中减少污染环境的足迹

杜邦目标:
所有的职业疾病、伤害、事故都能预防

杜邦信念:
高度、行为、结果

第一节 可持续发展需要加强运营管理

一、可持续发展要点

1988年以前，可持续发展的定义或概念并未正式引入联合国的"发展业务领域"。1987年，布伦特兰夫人主持的世界环境与发展委员会对可持续发展给出了定义："可持续发展是指既满足当代人的需要，又不损害后代人满足需要的能力的发展。"可持续发展要点见图3-1。

图3-1 可持续发展要点

通常情况认为，贯彻可持续发展要治理污染、保护环境、限制乱采滥伐和浪费资源，对经济发展是一种制约、一种限制。而实际上，贯彻可持续发展所限制的是那些质量差、效益低的产业。在对这些产业做某些限制的同时，恰恰为那些质优、效高，具有合理、持续、健康发展条件的绿色产业、环保产业、保健产业、节能产业等提供了发展的良机，培育了大批新的经济增长点，见图3-2。

二、企业为什么需要加强运营管理

如今，企业面临着前所未有的复杂的运营环境，多数公司面临着日益激烈的全球竞争，社会和环境法规也日益严格，投资者希望公司可以利用现有原料生产出低成本而高价值的产品。大家都期望可以迅速且有效地适应市场需求变

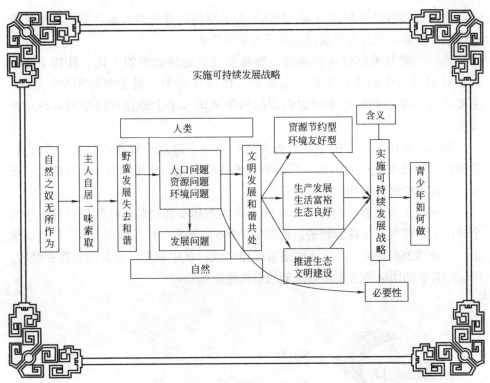

图3-2 可持续发展战略

化和竞争压力。企业如何从更少的资源中获取更多的收益？这就需要企业坚定不移、尽一切可能提高生产效率。这些外部驱动因素促使着各公司努力提升自身的整体运营绩效。因此，根据世界大型企业联合会进行的一份2013年度CEO挑战研究，如何实现卓越运营管理已成为当今全球CEO们最为关注的三大问题之一。在这一背景下，各企业纷纷加大生产力投入，优化企业运营管理，以谋求竞争优势，提升自身应对日新月异的市场状况的能力。

三、卓越运营管理带来的效益

生产力和质量方面的改进能够带来优质产品的增产潜力、释放产能以及减少废品。机械维护和可靠性的提升反映在停机时间的减少、可预见性的提升以及故障的减少。公司可以提升安全，减少环境足迹，这会帮助企业维护自身运营权利、减少工伤和事故、降低能源消耗、提升供应链效率，如改进采购流程、降低原材料、维修作业耗材以及成品的库存，并且减少转换损耗/浪费。

四、成功实施卓越运营管理的必备要素

凭借杜邦公司内实施卓越运营管理以及与领先国际企业客户合作的多年经

验,使得杜邦可持续解决方案(DSS)对于卓越运营管理具备深刻的见解和专业技能,能够识别并着手成功实施三大关键要素。

第一,需着重创建内部步调一致并且高效运转的组织文化。杜邦主要解决在转型过程中通常缺失的一些要素,即领导行为、员工参与和知识管理。主要关注领导层如何在不同的组织结构和承诺水平上创建可持续的卓越运营文化。

第二,实用且平衡的方法。如要成功实现卓越运营管理,必须取得人员、管理流程和技术层面的平衡,同时要着重策略实施。杜邦致力于发展能力,在公司现有管理流程的基础上进行提升。

第三,注重培养项目领导团队的专业能力和实践经验。杜邦拥有几十年的全球化工程和生产运营管理的内部经验。200多年来,杜邦作为自由工厂的运营者,在全球250多家工厂持续实施着最佳实践,从中积累了大量的实践和经验,可以为客户的团队带去实用且深刻的运营经验和知识。

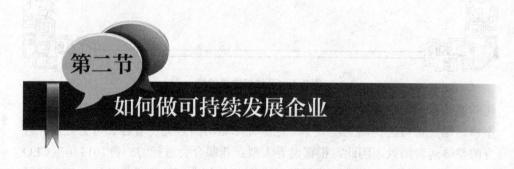

第二节 如何做可持续发展企业

可持续发展理论(Sustainable Development Theory)是指既满足当代人的需要,又不对后代人满足其需要的能力构成危害的发展,以公平性、持续性、共同性为三大基本原则。可持续发展理论的最终目的是达到共同、协调、公平、高效、多维的发展。

一、基本原则

1.公平性原则

所谓公平是指机会选择的平等性。可持续发展的公平性原则包括两个方面:一方面是本代人的公平,即代内之间的横向公平;另一方面是指代际公平性,即世代之间的纵向公平性。可持续发展要满足当代所有人的基本需求,给他们机会以满足他们要求过美好生活的愿望。可持续发展不仅要实现当代人之间的公平,而且也要实现当代人与未来各代人之间的公平,因为人类赖以生存与发展的自然资源是有限的。从伦理上讲,未来各代人应与当代人有同样的权利来提出他们对资源与环境的需求。可持续发展要求当代人在考虑自己的需求与消费的同时，也要对未来各代人的需求与消费负起历史的责任。因为同后代人相比，当代人在资源开发和利用方面处于一种无竞争的主宰地位。各代人之间的公平要求任何一代都不能处于支配的地位，即各代人都应有同样选择的机会空间。

2.持续性原则

这里的持续性是指生态系统受到某种干扰时能保持其生产力的能力。资源环境是人类生存与发展的基础和条件，资源的持续利用和生态系统的可持续性是保持人类社会可持续发展的首要条件。这就要求人们根据可持续性的条件调整自己的生活方式，在生态可能的范围内确定自己的消耗标准。要合理开发、合理利用自然资源，使再生性资源能保持其再生产能力，非再生性资源不至过度消耗并能得到替代资源的补充，环境自净能力能得以维持。可持续性原则从某一个侧面反映了可持续发展的公平性原则。

3.共同性原则

可持续发展关系到全球的发展。要实现可持续发展的总目标，必须争取全球共同的配合行动，这是由地球整体性和相互依存性所决定的。因此，致力于达成既尊重各方的利益，又保护全球环境与发展体系的国际协定至关重要。正如《我们共同的未来》中写的"今天我们最紧迫的任务也许是要说服各国，认识回到多边主义的必要性""进一步发展共同的认识和共同的责任感，是这个分裂的世界十分需要的。"这就是说，实现可持续发展就是人类要共同促进自身之间、自身与自然之间的协调，这是人类共同的道义和责任。

二、基本要素

可持续发展定义包含两个基本要素："需要"和对需要的"限制"。满足需要，首先是要满足贫困人民的基本需要。对需要的限制，主要是指对未来环境需要的能力构成危害的限制。这种能力一旦被突破，必将危及支持地球生命的自然系统中的大气、水体、土壤和生物。决定这两个基本要素的关键性因素包括以下方面。

① 收入再分配以保证不会为了短期生存需要而被迫耗尽自然资源；② 降低主要是穷人对遭受自然灾害和农产品价格暴跌等损害的脆弱性；③ 普遍提供可持续生存的基本条件，如卫生、教育、水和新鲜空气，保护和满足社会最脆弱人群的基本需要，为全体人民，特别是为贫困人民提供发展的平等机会和选择自由。

可持续发展要素见图3-3。

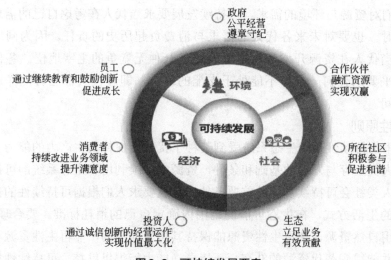

图 3-3　可持续发展要素

三、能力建设

1. 可持续发展的管理体系

实现可持续发展需要有一个非常有效的管理体系。历史与现实表明，环境与发展不协调的许多问题是由于决策与管理的不当造成的。因此，提高决策与管理能力就构成了可持续发展能力建设的重要内容。可持续发展管理体系要求培养高素质的决策人员与管理人员，综合运用规划、法制、行政、经济等手段，建立和完善可持续发展的组织结构，形成综合决策与协调管理的机制。

2. 可持续发展的法制体系

与可持续发展有关的立法是可持续发展战略具体化、法制化的途径，与可持续发展有关的立法的实施是可持续发展战略付诸实现的重要保障。因此，建立可持续发展的法制体系是可持续发展能力建设的重要方面。可持续发展要求通过法制体系的建立与实施，实现自然资源的合理利用，使生态破坏与环境污染得到控制，保障经济、社会、生态的可持续发展。

3. 可持续发展的科技系统

科学技术是可持续发展的主要基础之一。没有较高水平的科学技术支持，可持续发展的目标就不能实现。科学技术对可持续发展的作用是多方面的。它可以有效地为可持续发展的决策提供依据与手段，促进可持续发展管理水平的提高，加深人类对人与自然关系的理解，扩大自然资源的可供给范围，提高资源利用效率和经济效益，提供保护生态环境和控制环境污染的有效手段。

4. 可持续发展的教育系统

可持续发展要求人们有高度的知识水平，明白人的活动对自然和社会的长远影响与后果；要求人们有高度的道德水平，认识自己对子孙后代的崇高责任，自觉地为人类社会的长远利益而牺牲一些眼前利益和局部利益。这就需要在可持续发展的能力建设中大力发展符合可持续发展精神的教育事业。可持续发展的教育体系应该不仅使人们获得可持续发展的科学知识，也使人们具备可持续发展的道德水平。这种教育既包括学校教育这种主要形式，也包括广泛的潜移默化的社会教育。

5.可持续发展的公众参与

公众参与是实现可持续发展的必要保证，因此，也是可持续发展能力建设的主要方面。这是因为可持续发展的目标和行动，必须依靠社会公众和社会团体最大限度的认同、支持和参与。公众、团体和组织的参与方式和参与程度，将决定可持续发展目标实现的进程。公众对可持续发展的参与应该是全面的。公众和社会团体不但要参与有关环境与发展的决策，特别是那些可能影响到他们生活和工作的决策，而且更需要参与对决策执行过程的监督。

四、杜邦可持续运营的做法

对所有公司来说，最难的不是维持现有的市场，而是知道未来的市场在哪里。"开局看三张，下棋观三步"正是杜邦基业长青的秘诀。

在杜邦看来，未来全球发展存在三大趋势：对可再生能源和材料的需求，对安全保障的更高要求，对提高全球粮食产量的需要。这三大趋势将长期存在，不可逆转，并将继续发展。在这三大趋势之下，杜邦在环境、安全、能效和工程项目管理中形成了一个大的可持续发展的运营系统，从而将杜邦从单纯的化工公司转型成为科学公司，以坚持提供环境友好型的产品作为公司的使命。杜邦200余年里的发展轨迹就是不断地修正发展思路的历程，以史为鉴，可以给人们提供诸多可持续发展的思考。

1.主动应对环保危机

杜邦从不回避自己所承担的环保责任。当一个产品一旦证明对环境有害，杜邦就会选择缩短其生命周期并寻找替代品。20世纪80年代后期，杜邦对于环境问题的关注逐渐影响公司前沿业务。1988年，美国国家航空航天局（NASA）的科学家证实氯氟烃对臭氧层有破坏作用。当时杜邦生产的氯氟烃占全国销量的一半，占世界氯氟烃供应的25%。杜邦在NASA结果公布后的72小时就宣布停止生产该产品。杜邦一部分科学家对氯氟烃影响臭氧层的数据进行评估，另一部分科学家则开始着手寻找氯氟烃的替代品。1989年年底，杜邦为20多种不含氯氟烃的制冷剂申请了专利，并在1990年实现了相关替代品的商业生产。

从1990年开始，杜邦开始在企业内部落实企业环境计划管理流程。在生产链条中,通过减少生产过程中物料和能源的使用量来减少废弃物和有毒物质的排放,并对废弃物进行循环利用。将"循环经济三原则",即减量化原则(Reduce)、再使用原则(Reuse)和再循环原则(Recycle)创新地应用到生产制造过程中。

(1) 减量化原则(Reduce) 要求用较少的原料和能源投入来达到既定的生产和消费目的,从经济活动的源头节约资源和减少污染。杜邦色宾河工厂是杜邦能耗最高的工厂,为了降低能耗,工厂改造了关键的工艺设备,修复有跑冒滴漏问题的蒸汽阀门等,为工厂节约了5400亿Btu(1Btu=1054.35J)的能源。从生产源头节约能源,提升工厂的生产效率。

(2) 再使用原则(Reuse) 指多次或以多种方式使用物品或材料。对于那些未来具有发展前景的产品,杜邦则会想办法延长其寿命,不断开发它的多种应用方式。比如将应用在消防服领域的隔热防火材料改变结构后应用到飞机上,之后再应用到高速列车上。

(3) 再循环原则(Recycle) 即要求生产出来的物品在完成其使用功能后能重新变成可以利用的资源,而不是垃圾。杜邦创新的建筑可对全球范围杜邦15家工厂每年近4万吨的固体垃圾进行处理和提取,回收生产过程中产生的副产品可以为公司带来220万美元的营业收入。

"循环经济三原则"在生产流程中的应用使得杜邦在面对环保危机的时候从被动转为主动,有效地提升了生产效率并增加了营业收入。

2.发展绿色能源

杜邦从黑火药起家,进入化工领域,如今又在第三个百年开始向市场驱动的科学公司转型,从可持续发展的角度向生物质能源和生物基材料领域进军。

谈及生物燃料时,通常想到的农作物是生产乙醇用的玉米,但杜邦已经有技术通过利用玉米的穗轴、叶片和秸秆来生产乙醇,利用纤维素材料制备燃料,从而减少对食用农作物的使用。而当杜邦发现生物丁醇比乙醇更具发展前景时,2006年,杜邦计划与英国石油公司(BP)合作开发、生产和销售新一代生物燃料丁醇,用作可再生的运输燃料。两家公司于2007年年底在英国市场上推出了生物丁醇,用来逐渐替代汽油作为车用燃料。起先生物丁醇是从粮食作物中制取的,比如谷物、小麦、甜菜、甘蔗和高粱,而杜邦的长远规划则是以谷物秸秆这样的纤维素为原料来制取生物丁醇。

此外,杜邦在"建设可持续的粮食体系"的目标下承诺在全球范围内投入高达百亿美元的研发资金,以满足各地民众在增强营养、可持续发展和安全性方面的需求。对生物技术领域的投资是杜邦在中国农业改革战略的重要组成部分。2012年,杜邦在中国建立分子育种技术中心,该技术中心利用杜邦先锋称之为高产技术体系（AYTTM）的专有分子育种模型，在育种过程中比只用传统方法更早地发现高质量的基因组合，以此开发更加优质高产的农作物种子。

3.用管理支撑可持续发展

无论是应对环保危机，还是应对未来的发展，杜邦的可持续发展战略得益于三方面的支持。

首先是强有力的领导力。公司领导亲自推行组织变革，将可持续发展和环境保护放在与生产、质量、成本以及其他业务指标同等重要的地位。在杜邦，这被称为"有感领导"。科技能解决一部分问题，但更需要的是人的因素。

其次是组织架构。可持续发展是杜邦的一项直线责任，融入到每一个部门的绩效指标中。其中有代表性的就是杜邦的"能力中心"。以节能能力中心为例，这是一个虚拟的组织机构，它由一名高层领导作为企业节能文化的倡导者居中协调，与各企业的节能项目负责人以及公司内的能效专家建立明确的沟通渠道。能力中心是储备、沟通、分享全企业的经验和最佳实践的有效载体，可以帮助高层管理人员快速评估各工厂的行动的有效性。

第三是绩效评估。通过重点流程体现可持续发展的重要地位，通过沟通、培训、分享最佳实践以及审核和再评估等流程持续强化可持续发展的策略。比如，杜邦美国业务部门的总裁都会与公司的首席运营官及首席可持续发展官进行年度的可持续发展评估，这些评估将涉及新产品研发和产品运营对环境的影响。

利用全球资源，通过创新和协作，为社会的转型与发展提供可持续解决方案，这正是杜邦谋求可持续发展的原动力。杜邦发展愿景与信念如图3-4所示。

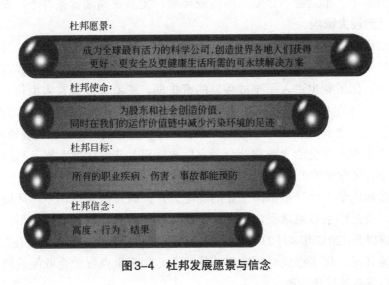

图3-4 杜邦发展愿景与信念

第三节 石油化工企业的可持续运营

石化行业是中国的支柱产业,生产线长、涉及面广,各种油田、采油厂、炼油厂、化工厂、油库、加油站、输油(气)管线遍及全国各个角落,石油化工产品达3000多种,与人们的衣、食、住、行密切相关,在国民经济发展中起着举足轻重的作用。

一、石油化工的重要地位

随着全球石化行业进入成熟期,行业景气周期将延长并趋向平缓。作为在相当长一段时期内世界经济发展的重要支柱,石油和化学工业在周期性波动中仍蕴含着长期的增长机会。中国的石油化工行业面临着来自国内国际巨大的机遇和挑战。对于炼油企业,世界原油品质重质化、高硫化和高酸化趋势明显,要求炼油厂具备强大的炼化处理能力以处理重质原油,炼厂与石化的整合一体已是大势所趋,同时为企业带来一系列成本压力、整合运营压力以及能源使用效率的压力。在化工行业,中国已进入重化工时代和微利时代,装备规模化,装置大型化,产成品都是基本化工原料,而国内采用的技术和管理模式还处于较落后的水平,不适应当今复杂的商业环境,尤其在高油价条件下,企业利润率普遍受到较大影响。

石化行业本身是一个高风险的行业,生产过程中涉及的物料危险性大,工艺技术复杂,运行条件苛刻,容易出现突发灾难性事故。在经历了高速发展之后,中国石化工业也进入了事故频发的密集期。随着企业装置大型化、生产规模化发展,自动化程度更高、连续性更强,个别化工事故就会牵一发而动全身,影响到全局。化工技术的快速发展也决定了设备安装成本高昂、装置资本密集,一起石化事故通常会给企业和社会带来巨大经济损失。因此,提升风险控制能力在当今石化行业的关键发展时期显得尤为重要。

石油和化学工业又是中国工业的耗能大户,碳排放居高不下,环境污染日益严重,资源约束日益增强,石化行业的传统能源管理模式亟待转型、能源利用率亟待提升。2012年8月21日,中国政府公布了《节能减排"十二五"规划》,要求原油开采、化工行业全面实施节能改造,加强重点行业企业能量梯级利用和能源系统整体优化改造。

在转型的关键时期，无论是炼化一体化、能源管理模式升级，还是风险控制能力提升，石化企业都需要找到系统综合的解决方案和途径，提高资产利用率和能源效率、控制成本、降低控制系统故障率、延长生命周期，从而有效平衡系统输入输出的关系，控制产出和得率，提高利润率和转化率，实现高效、安全、可持续的卓越运营。

二、杜邦在石油化工企业的持续运营

1.承诺预期成果

公司总部要想实现卓越运营，高层管理者需要理解和把握总体方向和商业机会，并对预期的成果作出承诺。我们可以从程序的角度和结果的角度理解卓越运营，从每个角度得出的结论不尽相同。卓越运营应该是在承诺提升运营业绩的驱动下，所得到的一种最终结果。

将卓越运营视为一个程序，或者公司总部的职能机构，然而从这个角度理解和实施卓越运营往往不会成功。因为，如果作为一个程序，总部设立卓越运营职能机构，专门负责制订操作手册、流程和规程，而工厂层面的管理者没有参与到这个过程中，那么卓越运营项目就成了来自公司总部CEO和COO想要提升运营业绩的单方面意愿，这些决策、流程和程序也成了强加给工厂的命令。与此同时，在组织内部造成了不必要的紧张气氛。所以，公司总部应该通过特殊的手段来实现提升运营业绩的目标。

最好的方式就是公司总部与工厂厂长基于适当的资源配备和项目支持共同制订目标。换句话说，就是判断预期成果，然后与工厂共同合作、实现预期目标。这样，卓越运营的职责内容就转为支持而非主导工厂管理层实现目标，同时，工厂的各级直线管理层都能够参与到整个过程中。

2.项目管理和监管

对于全球运营的大型企业来说，公司总部在项目管理方面起着重要作用，承担着总体部署和调度的责任，需要预估和确保所需的资源，这等同于管理一项商业项目。

与一般的项目管理不同的是，监管的责任必须由工厂厂长和直线管理层承担。厂长和直线经理需要联手合作，确保工厂实现已经达成共识的预期目标。他们还需要负责监督项目执行情况，从工厂实际出发判断应该进行哪些调整和改进。他们还要专门调配一些管理层帮助工厂充分理解转型的过程和任务。特别值得一提的是，总部高层与工厂管理层保持真实、透明的沟通也非常重要。单靠企业总部的高层下达命令给工厂厂长是无法实现卓越运营的。工厂厂长必须适时向总部高层反馈，哪些能做，哪些结果能够确保实现。积极有效的沟通能够确保项目进展协调一致，总部高层统一思路制定目标，工厂管理层自下而上向总部反馈可行的方案和现有资源。最终，总部高层将根据直线组织的月度和年度报告分析和把控预期成果。

交流分享最佳实践在卓越运营执行过程中也非常重要。成功的交流通常会应用一整套的沟通机制，确保每个工厂管理者能够被调配到其他工厂。比如，当工厂1将要实施一个新项目，工厂2的管理者就被调配到工厂1，当工厂2开始实施同一个项目时，原来管理层再回到工厂2，这时他们充分了解了此项目的预期目标和具体做法。而且这个过程中，工厂厂长也掌握了必要的经验和知识，在工厂之间调配期间，最佳实践也能够得到充分的交流和分享。

3.能力中心的运作

当总部高层承担整个项目管理，企业需要建立能力中心支持各种项目的执行。能力中心是公司内部的一个专家团队，拥有整套的维护标准和技术要素的知识和经验。也可以专门针对特别领域成立能力中心，包含的主题丰富多样，包括供应链、能效、维护维修和职责等。

能力中心并不是一个拥有优先权的团队，将自己的意愿强加给工厂，而像是总部延伸出的眼睛，监督审核各个工厂的执行情况。能力中心拥有技术标准和政策，并负责适时更新这些标准和政策。对于工厂来说，能力中心也是一种资源，工厂可以用来交流分享最佳实践和支持持续改进。在理想状态下，工厂人员日常工作时间都可以访问能力中心，中心的交流团队都由每个工厂选派的代表组成。

三、石化企业可持续运营的重要性

杜邦自1802年创立至今，从事化学品生产制造、化工工程管理以及化学技术创新已有200多年的历史，经历了各种严酷的生存考验，最终克服万难，炼就强大的生命力。当前，中国石化企业面临的问题和挑战，杜邦在200多年的化工历史中都曾经历过、见证过。人们不禁要问：杜邦是怎样应对挑战的？一切要归功于杜邦一整套科学严谨的综合资产管理体系。作为卓越运营的世界级标杆，杜邦更将综合资产管理体系输出给众多大型企业，尤其是在石油化工行业，效果尤为突出。

综合资产管理体系是把所有资产和流程整合到一个管理系统中，在整个企业内，从总部到各个工厂，对所有的优先管理要素进行管理，包括安全、生产效率和成本有效性。整体模型注重运营的卓越性，涵盖所有的业务组成部分，要求所有业务流程实现标准化，从技术能力到各种运营管理系统，甚至涉及制造范围之外的各种因素，如供应链等。

对石油和化工企业来说，做到业务流程标准化非常困难，因为每个业务领域都各不相同，如勘探、上游和下游生产、炼油等，因此，统一进行标准化看起来不可能实现，或不符合逻辑。但是，在深入了解成功的必要条件之后，尽管这些必要条件可能因工作地点或业务部门不同而存在差异，我们仍然能够制订出一套针对整体企业的具有普世价值的标准化核心能力。另一方面，很多企业认为自己已经采用了卓越运营的管理模式，实际上大多数只是通过开展运动的方式来进行综合资产管理，例如制订了以HSE为基础的行动计划，同时又有注重PSM的行动计划，随后又与提高生产的行动计划相结合等等。这种模式的问题在于，企业发现自身存在太多各自为政的行动计划，计划与计划之间不能有机结合，从而无法科学合理地分配各种资源，计划的实施效果也会大打折扣。

杜邦认为不需要对各种流程和程序进行单独管理，而是需要一个模型，把HSE和PSM管理中的技术流程与运营能力相结合，并把这些能力应用到企业资产管理上，实现持续提升资产的利用率，降低运营成本的目的。真正的卓越运营应该超越单个计划，如HSE、PSM或生产计划，对各种计划进行全面管理。要想成功地全面管理，同时解决由于业务领域的差异和复杂构成而造成的业务流程标准化难题，企业内部各个核心领域的专家们，包括运营专家、安全管理人员、维护和设备可靠性总监，以及管理人员等，必须共同参与管理模式设计，开发出一个适用于企业所有资产的广泛应用模型。为各种不同业务职能建立标准化管理方法，便于知识能力和管理监督的集中，同时又通过灵活实施，让不同运营环境下的各个业务部门能够应用相同的知识和标准。

石油和化工企业要实现卓越运营，需要在企业内部进行整体文化转型。态度决定结果。观念先行、文化先行，企业才能真正有决心和意愿开始改变现状，做到综合、全局、系统化的资产管理。有远见的企业领导者才能引领企业实施综合资产管理的短期计划，同时制订实现卓越运营的长期计划。

第四节 企业如何实现可持续运营

一、评估可行性方案

实现卓越运营是一个长期历程，开始这个历程的第一步就是要理解改进机会的价值所在，以及个人在执行团队中的价值所在。做到这一点，企业需要对运营现状进行评估诊断以确定达成预期目标的可行性方案。评估内容包括改进实效、成本降低程度、安全绩效、能源使用量等等,目的是对业务进行全面审核,充分了解什么是生产运营的理想状态。

评估的最大挑战在于如何真实准确地定义理想状态,人们通常认为这一点很难做到,针对近期的可行性方案也很难达成共识。问题在于,在现有资源、财务状况等条件下,在既定时间框架中,企业到底愿意做出哪些承诺来改变现状?很难让人们相信其实他们能够做得比现在更好。这时,企业可以考虑适当的物质奖励以激发改进的动力。潜在收益的价值分析显示,一个员工对管理层的认可会扩散到更广范围的员工,带来积极效应。

二、制订速赢方案

评估之后,很重要的一项工作就是确定速赢计划,主要针对那些企业能够很快释放价值的领域。制订速赢计划需要考虑短期计划以及未来两到三年的预期成果。确定了速赢计划,运营经理需要负责采取具体的方法进行跨部门合作,相关部门包括生产运营部、机械工程部。运营经理还要负责实施必要的技能培养以推动项目实施、展示项目价值。在这个过程中,相比持续改进的工具(6西格玛、Kaizen、杜邦价值催化法等),流程优化和全员参与显得更为重要。实施速赢计划,有利于工厂厂长促使跨部门合作,在实践中找到解决问题的可行办法。

能够通过提升运营效益获得财务收益,前提是企业需要投入资源培训员工、提升整体组织能力,而且需要改变观念,不再简单认为卓越运营是成本。换句话说,速赢计划获得的收益将会为未来长期的可持续成果提供资金支持。

杜邦价值催化法见图3-5。

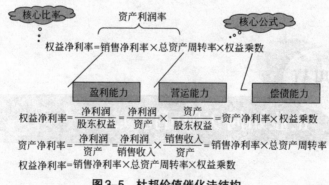

图3-5 杜邦价值催化法结构

为了说明这一点,这里以一个杜邦化工厂为例。某杜邦化工厂遇到一个问题,由于加压泵受到闪蒸蒸气的干扰而无法正常工作,从闪蒸罐排出的冷凝流无法流回到配电站。此外，由于其他一些原因，工厂管理人员认为这是个无法解决的永久性问题。于是，工厂成立了一个跨职能团队专门来解决这个问题。此团队分析了闪蒸罐、管道和回流系统等各方面细节后，发现如果让冷凝物绕过冷凝泵，再改装一些附加系统，冷凝物就可以回流到配电站了。于是，工厂决定重新安装一个旁路管线，只花了不到一周的时间，40000磅/时冷凝水回流到了配电站，每年减少了配电站对天然水的需求量，节省成本高达30万美元。

三、全面评估

制订速赢计划后，企业需要全面审视卓越运营的各个关键要素。这些要素都是基于最佳实践总结而成的，也说明了企业需要具备的各项能力。没有哪一个列表能够将卓越运营相关的所有要素都涵盖进去，但是，很多公司形成了自己的一套方法论，有些要素的最佳实践是相通的。在杜邦，总结出卓越运营的若干要素，这些要素是成功的关键。

战略运营系统的构建要从业务管理入手，即从销售市场的运营管理入手。这是为什么呢？

一个浅显的事实是一个企业只要业务体系不出问题，整个企业就不会出现太大的问题。销售和市场是企业的核心职能，重中之重，而"善治者，必择其要而治之"。销售好比是企业这台精密机器的中心枢纽，好比是企业列车的火车头和核心动力。抓住销售治理这一核心命题，就能够纲举目张、一通百顺。

另一个重要的原因是卓越企业的运营是横向而不是纵向的，其最简化的逻辑是"客户→销售→职能→生产→研发"，所以，运营体系的构建要从销售运营入手，以销售运营管理确保销售人员对客户的服务水平，促进市场增长，同时，以销售所反映的客户需求牵引和指导职能部门、生产部门和研发部门的重点活动，形成服务和争夺市场的整体合力，从而构建高效的市场导向、销售导向的企业运营体系。

企业运营的要素构成见图3-6。

这些要素的关系是互相平行而非从属。当开始执行这些要素时，重要的是要从长计议、预估成果，这就意味着需要评估各个要素的成熟度，优先从最具短期效应的工作开始做起。这就促使企业要采取谨慎的分阶段工作方法，才能获得预期成果。卓越运营的要素列举如下：①可见的管理层团队；②员工轮班交流；③同级或上下级员工间的交流反馈如何；④清洁标准；⑤变更记录；⑥培训和岗位资格。

这不是全部的要素。关键在于在实际工作中应用这些要素，需要思考以下几个问题。

管理层是否全程参与了整个系统的执行和落实？如何发动全员参与而不是

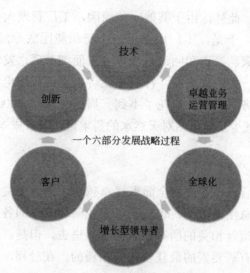

图3-6 企业运营的要素构成

将卓越运营单独作为某个职能部门或项目？是否确保各项流程落实到位并能够切实推动执行，而不是停留在书面上？

可见的管理层团队在工厂是非常常见的一种组织设置，也经常出现在很多公司的卓越运营要素列表中。可见的管理层团队被用来跟踪观察，在动态环境中总结重要信息，尤其针对风险危害方面。这些团队需要基于这些关键信息来管理日常运营，并促使公司内部开展公开讨论和沟通。然而，有些企业虽然建立了可见的管理层团队，但却形同虚设或者没有发挥应有的作用，这样大大降低了工厂执行卓越运营的效率和能力。或者有的管理层团队提供的信息过于繁多，对于总结和梳理其中的重要信息毫无价值。还有的管理层团队即便总结梳理了真实可行的数据和详细的日常运营信息，如果没有切实应用于管理日常运营的话，这同样不利于有效的沟通和运作。

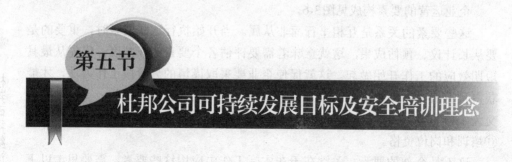

第五节　杜邦公司可持续发展目标及安全培训理念

一、可持续发展目标

杜邦公司的远景是成为世界上最具活力的科学公司，致力于创造可持续的解决方案，让全球各地的人们生活得更美好、更安全和更健康。

杜邦公司1802年成立至今，已经历了数次转型。他们始终都在问自己这样一个问题：为了把公司经营得更强大，为了协助解决世界上最严峻的挑战，为了我们所居住的星球有更加美好的未来，我们是不是在做正确的事情？

在向科学公司转型的进程中，追求可持续发展是企业的核心推动力——致力于运用科学技术开发可持续的、全球性的解决方案。从1811年建立第一套安全规范，到1938年首次发布环保责任宣言，杜邦公司的核心价值观一直引领着企业追寻可持续发展，虽然"可持续发展观"这一概念本身也在不断演进之中。

在20世纪70和80年代，杜邦公司关注提高公司内部的安全水平，以及满足各项环保法规的要求。到了20世纪80年代末和90年代，着重于自发性地"减少经营活动给环境留下的痕迹"，超越各种环保法规的要求，追求安全和环保事故上的"零目标"。力求在增加股东价值的同时，减少排放及对原材料和能源的消耗。现在，已经步入可持续发展的第三个阶段，其特点是将有关可持续发展的整体观念全面整合到经营模式中去。

在这一阶段，安全和环保成为全球价值链中驱动以市场为导向的业务发展的基础。通过与外界的各种合作，将实现可持续发展融入到产品及制造过程当中。可持续发展成为全面价值要素的核心，它不仅影响企业的经营，也影响企业在世界各地的每一个客户和消费者。

杜邦公司的可持续发展目标深入公司运营的各个环节——从研究开发到生产到市场营销。这些目标超出了传统的"减少经营活动给环境留下的痕迹"，而是将一些新的目标引入进来，把企业的业务增长与开发更加安全和更加环保的新产品更为紧密地联系起来。这些更加安全和更加环保的新产品将服务于众多的全球市场，例如交通运输、建筑、农业、通信等几个方面。

1. 环境、能源及气候

① 通过研发努力把握与环境适应性有关的市场机遇。

② 减少温室气体排放的产品。

③ 利用可再生资源所获收益。

2. 安全

（1）防护产品　杜邦公司更加重视为人们提供安全防护。增加研发投入，用于开发和推出保护人们免受伤害和威胁的新产品。

（2）通过科学与创新满足全球市场需要　1802年至今，杜邦公司已获得34000多项发明专利。这意味着，在过去的两个世纪里，平均每两天就有一项新发明。其中大部分科技发现产生于公司历史的后半部分，越到现代，创新的步伐越快。

这些发明创造为世界各地市场的安全和环境保护做出了有益贡献。例如，通过在生物方面的研究努力，杜邦公司可以帮助以石油为基础的经济向更多利用可再生资源的经济形态转变，并且大大提高整体资源的利用效率。

3.农业生产与食品安全

① 杜邦公司旗下的先锋种子公司，利用先进的植物基因技术，开发出产量更高、品质更好、更有营养和更适合特殊用途的粮食作物，从而大大提高和改善了世界粮食供给。

② 先锋品牌的低亚麻酸大豆，在制造大豆油的过程中可以省去氢化环节。氢化环节会产生可导致心脏病和其他健康问题的反式脂肪酸甘油酯。

③ 杜邦公司与邦基公司（Bunge Ltd.）的合资企业——Solae公司，进行大豆蛋白和其他成分的研究和应用工作，以满足人们对食物和饮料在口味和营养方面越来越高的要求。

④ 杜邦公司发明了磺酰脲类低毒农用除草剂。这种环保的除草剂通过破坏对杂草生长至关重要的酶而控制杂草生长。磺酰脲类物质在土壤中残留很少甚至没有残留，并且降解很快。

⑤ 杜邦Qualicon®BAX系统能够快速、准确地检测出食物成分和成品当中的细菌，包括沙门氏菌和E大肠杆菌0157：H7。

⑥ 杜邦公司清洁及消毒业务为客户提供产品与专业技能，帮助其保证食品供应安全。例如，世界领先的兽类消毒剂"卫可S"（Virkon®S），已经被联合国作为指定产品，并被证明对H_5N_1型禽流感病毒有效。

4.楼宇与建筑

① 杜邦特卫强®（Tyvek®）Weatherization系统在上千万户家庭中，用于防水、防潮和密封。杜邦特卫强®（Tyvek®）Home Wrap为房屋提供防雨防风的保护膜层。杜邦特卫强®（Tyvek®）Attic Wrap形成密封层，减少气体和能量从屋顶外泄。

② 杜邦有8种应用于太阳能光电板的产品。公司加大投入，继续发展这些产品，并且还致力于下一代解决方案的研究创新工作，以改善太阳能模板的寿命和效率。

③ 采用杜邦Kelvar®纤维制造的Sentry Glas® Plus和杜邦Storm Room®为抵御飓风和风中碎片的袭击提供防护。

④ 杜邦公司和英国Tate & Lyle公司在美国田纳西州合资兴建世界上最大的生物材料工厂。该设施将把玉米糖分转化为Bio-PDO™丙二醇。Bio-PDO™是制造杜邦Sorona®聚合物的关键可再生成分。Sorona®可以应用于地毯等多种产品中，赋予产品长久的抗污能力。

⑤ 杜邦的技术和产品也应用在空气过滤器、水过滤产品、烟雾报警器和一氧化碳报警器中，从而使商业和民用楼宇更加健康和安全。

5.通信

① 杜邦成像技术提供杜邦Cyrel® FAST、Cromaprint™柔版印刷和Artistril™数码印刷系统。这些产品非常环保,无需处理、贮藏或回收印刷溶剂。相对于传统印刷系统,这些产品大幅度减少了对水、油墨和能源的消耗。

② 杜邦技术运用在消费品类电子产品的小型燃料电池上,从而用更少的能量为笔记本电脑和移动电话提供持续的电源支持。

③ 经过杜邦认证的有限可燃电缆中含有绝缘隔热材料。这种工艺特殊的电缆在燃烧时可以减少烟雾的产生以及火焰的蔓延。相对于一般电线和隔热绝缘电缆材料,其环保优势还在于它不含重金属、酞酸酯、PBB和PBDE。

④ 杜邦公司废弃电缆处理服务业务,帮助拆除和回收废弃的铜制通信电缆。铜制通信电缆一般来说是可燃的,并且在很多商务办公大楼中经废弃后普遍未作任何处理。

⑤ 展望未来,杜邦公司积极与环境防护组织进行合作,为"下一代"通信设备的关键材料——纳米材料的合理开发、生产、应用和处理建立整体的发展框架。

6.运输

① 通过与BP的合作,杜邦公司致力于开发新一代生物燃料,采用含糖的农业副产品制造生物燃料,并同时促进农业的可持续发展。杜邦公司也在研发可以提高可替代燃料生产和汽车燃油效率的植物种子。

② 杜邦科技推动着燃料电池车辆的开发和商业化。如今,靠燃料电池驱动的大客车和轿车在各种展示中纷纷亮相,为其最终的大规模商业化生产拉开了序幕。

③ 杜邦公司在推出新一代以可再生资源为原料的杜邦Hytrel®热塑性弹性材料,用于生产各种汽车零配件。

④ 杜邦Spallshield®被用于生产汽车天窗。这种汽车天窗可以在发生事故时更有效地保护乘客,同时将车辆的重量减轻了30%。

⑤ 杜邦高性能涂料部门提供低有机物气体挥发性的汽车涂料,并在研发采用可再生原料涂料产品。

⑥ 杜邦公司已经发现并且在测试新型制冷剂,以减少未来汽车空调的温室气体排放量。

⑦ 杜邦Kevlar®纤维可以增强汽车轮胎的耐用性,为士兵们和战斗车辆提供更好的保护。增强汽车和飞机的强度,减轻其重量,使其燃油效率更优。

⑧ 杜邦公司承诺一项为期三年、投资1亿美元的杜邦Nomex®全球拓展计划。杜邦Nomex®是一种阻隔火焰的纤维。作为对轻型结构的支持,Nomex®为多数商用飞机的表现和安全性的提高做出实质贡献。

⑨ 杜邦安全咨询部门是一个世界级的咨询机构,帮助1600多家客户降低了

工作场所的伤害事故发生率。其客户涉及航空航天、运输、能源和医疗健康等很多行业。

二、安全培训理念

1.培训从"走形"到"走心"

在知识经济和工业化时代，每天有海量的知识和技术出现。目前世界上大约有700万种化学物质，每年还有1000多种新的化学物质问世。这些知识和技术正在以超常的速度改变我们的生活和环境，同时也在快速增加不确定性风险的量级和种类，而不幸的是，与生产技术发展速度相比，人类控制风险的能力往往相对滞后。纵观近代工业发展史，全球工业领域的安全管理水平总是在重大工业事故后才会发生质的改变。所幸的是，如今，人们开始意识到风险控制的技术和知识需要跟上生产工艺的发展速度，甚至还要超前。安全管理学科的研究已经开始从关注事后应急转向事前预防，而预防的重要途径之一就是培养"人"的安全意识、训练各种安全技能。美国《管理新闻简报》发布的一项调查显示：由于企业对员工培训不够，导致低水平技能正在破坏企业的市场竞争力。毫不夸张地说，现代企业竞争已经残酷到要么学习发展要么死亡的地步，知识的滞后侵蚀竞争力如同温水煮青蛙，还是渐进的过程，而安全知识的滞后带来的就是血的教训，企业的消亡可能就发生在分秒之间。据报道，天津"8·12"爆炸中一名幸存的员工就表示，自己没有接受过危险化学品知识培训。

杜邦安全培训的演进过程见图3-7。

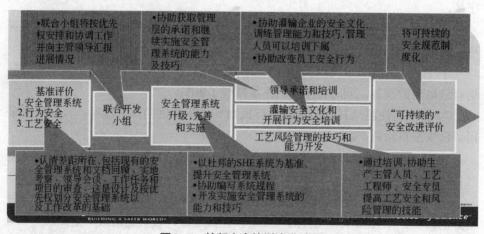

图3-7　杜邦安全培训演进过程

事实上，对于企业而言，人的能力不仅能预防事故、确保稳定运营，而且它本身就是一种生产力。美国经济学家、诺贝尔经济学奖得主舒尔茨发现，单纯从自然资源、实物资本和劳动力的角度，不能解释生产力提高的全部原因。作为资本和财富的转换形态，人的知识和能力是社会进步的决定性原因。从这种意义上讲，培训就是一种投资。很多世界知名公司都将人才视为企业的第一生产力，如松下幸之助所说"我们最大的产品就是人"，丰田公司的企业精神中有"我们造人，顺便造车"。美国的卡内基也说过，只要留下我的人，四年以后，我还是钢铁大王。美国杜邦公司将"安全与健康""尊重他人"作为核心价值观。

关于人才，成长中的企业靠招聘，成熟的企业靠培训。杜邦、微软、IBM等公司都专门投资建立了员工能力培养中心、培训学院或大学。据统计，在西方发达国家，企业要将总收入的1.5%～3%用于员工培训，而中国企业则是把员工工资总额的1.5%用于培训。投入不足、不重视，是中国企业的通病。这种现象的背后存在对培训的认识误区，有的管理者认为下属懂得多了，自己的饭碗会被抢，殊不知如果手下是一帮庸才，团队做不出业绩，经理饭碗会丢得更快。也有很多人抱怨"我手头事太多，哪有时间培训？"还有人抱持"优则毋训论"，认为现在绩效好就不需要培训，其实培训是一种对未来的投资和准备，是使员工完成经营目标所必须具备的工作条件，而不是可有可无的员工福利。有的企业认为"员工培训是为他人作嫁衣"，却没看清员工跳槽背后的根本原因。有数据显示，在很多国际跨国公司，中层管理人员工龄在5年以上的占企业管理人员的70%以上，高品质、高数量、低流动率的中高层管理团队，均得益于科学有效的企业人才培养机制。在中国，企业培训行业经过十几年的快速发展，已经进入了一个完全竞争时期，各种理论、工具和方法不断涌现，可谓是百家争鸣、百花齐放，但现实是80%的企业培训被证明是无效或者低效的。有的企业急于求成或流于形式，有的企业老板很重视、也亲自做培训，但更多情况是，老板在"训"、员工在听，老板很过瘾，员工却"没长进"。

2.安全培训理念

所谓"培训"，"培"在先，"训"其后。先培养内在的观念和意识，内化于心，再强化训练外在的专业和技能，外化于行。如果只注重"训"而忽视"培"的话，企业培训就会流于形式，只做足表面功课，舍本逐末，失去了内在本质意义。其实，企业建立一个培训体系并不难，难就难在怎样使这个体系按照设定的方向和轨道持续运行，而执行体系的主体就在于"人"。据统计，在已经建立培训体系的企业里，成功运行的概率不到50%。根据杜邦安全咨询为中国企业提供咨询服务的经验，很多中国企业的安全管理系统文件不可谓不多，各种体系认证不可谓不全，培训课程不可谓不丰富，可是日常工作中，仍然存在故意违章的现象，安全事故还是时有发生。这其中蕴含的就是"培"和"训"的辩证关系。

意识是心理发展到高级阶段的结果，它反过来又支配、主宰人的一切心理与行为，是人的行为的指挥和控制中心，激发人的自觉性与自主性。有效的培训需要从"意识"入手，这是一切行为的出发点。就像临战前，优秀的士兵受到动员令的鼓舞，个人意识被激发，便能够舍身一搏、战无不胜。研究发现，企业的成熟度与个人心智成熟度惊人地相似。"企业即人，人即企业"，企业就是一个被放大的自我，很多关于人生的重大课题同样适用于企业，比如，企业小的时候讲求"做事"，但是做大了以后就更重视"做人"，做企业公民。企业一生面对的问题：我们为什么存在？我们如何生存？我们未来要发展到哪里？三个问题统领着也支撑着企业的发展战略和愿景、组织结构、人力资源、企业品牌等企业经营管理的方向，使其创造出独特的价值、彰显独有的个性。

1995年，杜邦公司博蒙特工厂的工程总监布莱德利先生研读了史蒂芬·柯维的《高效人士的七个习惯》，结合人的个体心智成熟所需要经历的三个阶段，布莱德利和他的团队成员将这一概念扩展到组织发展，提出了著名的杜邦布莱德利曲线模型，阐释了企业成熟度是个人及公司的核心价值、态度、认识、能力、行为模式的总和，具有独特的发展规律。基于200多年杜邦安全管理的实践经验和数据统计，布莱德利曲线将企业成熟度的发展规律总结为四个阶段，直观量化地揭示了安全文化与事故率之间的反比关系，以及和其他风险预期、生产率、质量和利润率等主要指标间的对应关系，并全面总结了每个发展阶段的组织和个人的思想与行为特征。如同从孩子成长到成人，心智越成熟，对自身和周围环境的认知越清晰、就越具备自我保护能力而免于受到伤害，对应企业发展，越成熟对风险的控制能力越强、事故率也就越低，同时，生产效率和工作质量也得到提升，从而企业竞争力得到增强。自1995年以来，杜邦布莱德利曲线已被广泛使用于杜邦内部，也被全球许多行业和国家的企业广泛借鉴。该曲线已经通过许多企业的实践，发展成为一种思维模式来帮助理解组织当前文化的成熟度，如何设计组织架构和流程，如何授权、管理和决策，并帮助企业规划未来。

根据对中国企业案例的研究，绝大多数中国企业处于杜邦布莱德利曲线的第二阶段"严格监督"，如同一个青少年，已经具备自我意识，但是，大多数时候需要被家长监督才能采取正确的行为。这也解释了为什么很多中国企业的规章制度繁多而复杂，自上而下的权威式"家长式"管理方式处于主流地位，但也有少数中国企业显示了从第二阶段发展到更高阶段"自主管理"的潜力。然而，很多案例证明，布莱德利曲线的四个阶段中，从"严格监督"上升到"自主管理"是难度最大的。就像在青少年的叛逆期，成长需要强大的意志力，充满挣扎和动摇，意志不坚定者往往会走上歧途。在这个过渡过程中，"意识"的正确引导和培养就显得格外重要，培训就需要以"培"为主导、为驱动。

日本制造企业之所以能获得举世瞩目的成功，其秘诀就在于"育人育心"，日本企业的培训理念摒弃了以知识灌输和技能培训为中心的培养方式，本着"先心后技"的原则，注重培养员工的"诚心、热心与定心"。1970年，壳牌石油只是世界七大石油公司中最弱的一个，被福布斯杂志称为"七姐妹"中的"丑丫头"，而到了1979年，它却成为最强的一个，而且在70年代和80年代成功渡过了两次石油大危机。壳牌的培训方式就是通过激发员工转换心智模式促进组织学习，建构了持续的竞争优势。

作为全球安全标杆，杜邦公司的安全培训是著名的。杜邦公司认为：企业的安全文化是企业组织和个人的特性及态度的集中表现。杜邦公司在安全培训中首先认清安全工作的重要性，即安全拥有高于一切的优先权。杜邦公司的观点是：在一个安全文化已经建立起来的企业，从高级管理者到生产线上的各级管理层，需对安全责任做出承诺，并表现出无处不在的安全工作领导感。而员工也需要树立起正确的安全态度与安全行为。不能容忍任何偏离安全制度和规范的行为。这是对各级管理者和员工的共同要求，甚至对非工作期间的安全与健康也列入管理范畴，杜邦公司认为，工作外的不守纪律的态度同样会体现在工作中。杜邦公司的工作外安全方法如"铅笔尖不得朝上插放，以防伤人；工作场所不得大声喧哗，以防引起别人紧张；过马路必须走斑马线，否则医药费不予报销；骑车开车时不得听随身听"等。

在安全培训过程，杜邦公司所有管理层每天下午两点都花半小时到工厂做一次安全检查。足以证明对安全的重视和认识到安全工作的重要性。从杜邦这样行动中，我们可以清晰地认识到"安全就是效益"、"安全工作是其他工作的保障"，牢牢树立"安全第一"的思想，将安全生产工作放到尊重生存权、尊重人权的高度，本着对社会，对公众负责任的态度，明确责任，狠抓落实。时刻做到居安思危，警钟长鸣，防患于未然。

杜邦的安全培训是全员参与的安全知识的学习。杜邦公司确保每名员工在每个月都参加一次安全培训，并且有明确的计划和明确培训主题。如杜邦深圳公司目前一共成立了8个安全委员会，每个安全委员会负责不同内容，这是公司安全的一个重要保障和支持；安全委员会由中层管理人员或技术骨干担任委员长，委员则直接由员工担任。枪口活动（Life of fire，LOF）是杜邦鼓励员工参与的一种方法，这里所述的枪口是所有的不安全行为、不安全状态等，有这样的行为或存在这样的不安全状态就像用枪口对着你；枪口活动则是鼓励员工发现和寻找不安全行为、不安全状态并提出改善，鼓励员工参与并给予一定的奖励。事故无情，如果能利用枪口活动的方式采取有效的措施，就可以让自己的安全命运由"被动"转化为"主动"，为生命赢得更多的"生机"。

杜邦安全培训另一个鲜明的特点是安全意识和理念落实到基层。他们把安全培训带到生产现场进行参观学习，到达杜邦公司车间后的第一感觉就是到处都是与安全相关的宣传，目视化管理做得非常好；再者就是杜邦员工的劳保用品穿戴非常到位，他们的安全意识是非常高的而且是发自于内心的；第三感觉就是杜邦公司的安全意识和理念已深入到每位员工当中。

杜邦公司的人力资源培训架构是以核心价值观为基础的，其中，安全位列四大核心价值观之首。因此，安全是杜邦培训基础的基础。杜邦的四大核心价值观包括安全与健康、环境保护、尊重他人与平等待人、最高标准的职业操守。每一条都是围绕"人"的价值展开的，并且与跟人的价值观和愿景密切相关，从精神意识层面将个人与企业紧密联系在一起。安全生产将提高企业的竞争地位。在杜邦公司的十大信条里，确信"安全运作产生经营效益"，经验表明，安全的工作是最经济的工作方式。从长远来看，安全投入的成本不会增加，因为预先把事故损失、带来的赔偿投入到生产上，既挽救了生命，又提高了本质安全水平，并给公司带来良好的声誉，员工和消费者对公司更有信心，反而带来效益增长。

3. 杜邦安全培训基于以下要素

（1）员工的行为安全教育管理　要发现、杜绝不安全行为，了解这种行为，进行安全检查，告诉员工这么作有什么危险。为此，要教育员工掌握几个要素：一是显而易见的管理层承诺，领导不承诺去做，是没有人去管理这种行为的，这些行为永远可能发生。二是切实可行的政策，杜邦有十大基本理论给予保证。三是要有综合性的安全组织，要从员工到各级管理层参与。四是要有挑战性的安全目标。五是直线管理责任，各级管理层对各自安全负责。六是要有严格的标准，激励计划，鼓励计划，很多情况下对员工给予鼓励，七是要有有效的双向沟通。六是要有持续性的培训。八是要有有效的检查。九是有能力的专业安全人员，很快提供解决方案，有助解决问题。十是事故调查，企业都不希望发生事故，但一旦发生事故，就要进行调查，目的是防止事故再次发生。事故是要承担责任，但如果出系统除问题，就要改进系统。如果不找到真正原因，下一次事故的原因可能就是上一次事故没有找到原因。有人受到教训，就会在意识上高度重视，吸取教训。十一是要有推成出新的标准。

（2）人员安全素质教育　首先要进行培训，要掌握培训的效果，确信员工已经知道怎么去做。要受承包商管理，很多设备是承包商负责的，要对承包商安全负责，要认为承包商的安全事故就是我的安全事故，因为他在我的管辖范围工作。不但我的安全事故目标是零，要避免安全事故的发生，也要避免承包商发生事故，他的安全也是我责任的一部分。老工人工作那么多年，不容易发生事故，临时工就可能发生事故。所以我们在每个岗位上都要考虑一定比例的替代人员，一旦人员短缺就可以替代了。要有应急事故计划与响应。每个工作要进行安全分析，一旦发生事故该怎样控制，怎么管理。小的事故、小的原因，得到响应不会酿成大事故的，不确当的反应会造成大的事故，很多都是安全反应的问题。所以每个岗位都要有分析，这个应急预案不仅是公司的事，也是每个岗位的事。杜邦公司的安全培训使员工从提高安全意识、增强安全，素质、优化安全技能、规范安全行为、养成安全习惯、俗成安全自觉上做到尽善尽美。它给我们的启示是：安全培训是整个安全工作的基础和前提，安全培训做好了，安全工作才有基础，安全培训到位了，生产才能安全。对此，杜邦给我们树起了标杆。

① 应急响应计划培训。杜邦公司开发了一套杜邦应急响应方法（DuPont Emergency Response Solutions TM），提高学员应急响应的能力，培训应急响应方法，以及检查现有的应急响应计划是否合适。这是一种灵活、客户化的培训，配有装备全新仪器的培训车，并且开发了一个桌面培训模型（"Response City"），用于模拟研究事故情况，讨论事故情况下的合适应急响应。

② STOP（Safety Training Observation Program）培训。STOP 是 DuPont TM 工厂安全系统的一个部分，主要培训现场安全观察和现场交流的能力。STOP 共分五个模块：STOP for Supervision TM、Advanced STOP TM、STOP for Employees TM、STOP for Each Other TM 和 STOP for Ergonomics TM。其中 STOP for Supervision TM 是基础，其他模块都是在此基础上建立的。通过 STOP 培训，使高层管理者、高级安全技术员、基层管理者成为有技能的安全观察员，具有辨识风险的能力，能够提出有力的预防和整改措施。杜邦的研究发现，引起损失工作日事件的原因有 96% 是由于不安全行为，只有 4% 是其他原因，只要通过 STOP 培训，就可以在工作区域内评估出所有不安全行为，理论上讲，伤害率可以下降 96%。STOP 培训非常注重对实际工作中遇到的问题的讨论，通过讨论和实践达到相互交流、相互学习的目的。

除此以外，杜邦还非常重视对过程/危险物质的培训，主要内容包括过程危险分析、过程安全和风险管理、HSE 人员的资质培训等。

杜邦成立了杜邦国际安全管理资源中心，专门从事安全运营和培训业务，现已发展成集咨询、培训、解决方案于一体的专门服务机构。杜邦在北京、上海、深圳都建立了杜邦分部，2004年又在深圳成立了国内首家外商独资的安全评价公司。该公司主要推广杜邦的安全理念和经验，为客户提供"一站式"服务，对产品设计、生产、应用的全过程进行安全评估，提供解决方案，涉及工作场所安全、应急响应、人机工程学、承包商安全等方面，帮助客户配备"安全阀门"。

（2）学习建议

① 安全理念的提升。俗话说"熟悉的环境没有风景，熟悉的环境没有危险"。建议学习杜邦安全文化与安全理念，将"引入杜邦安全管理体系"列上日程。具体有三种方式：

a. 由杜邦公司专业的咨询机构做全面辅导，投入1300万元左右，3年建立体系正常运行；

b. 由国内机构和杜邦离职安全管理人员做辅导，投入500万元左右，约2年时间完成；

c. 自己边学边做，请杜邦培训师做"内训"，一步一步做，费用会较低，但时间会较长，效果不宜达到预期。

综合考虑建议：长远规划：将杜邦咨询机构全面辅导建立体系提上企业大事日程；近期计划：如果条件不成熟，则分批让生产单位主要负责人外出培训，或请杜邦老师做"内训"，逐步改进。

② 安全培训进一步科学化、系统化。加强全员安全培训基础建设。一是建立企业安全生产信息数据库。各企业明确责任部门，安排专人，全面收集有关安全生产法律法规、政策文件、操作规程、国家标准、行业标准和涉及的工艺、设备安全要求等各方面的安全生产信息，建立数据库，制订安全生产信息管理制度，进行分类管理，确保及时更新，并根据各类安全生产信息编制安全培训教材、手册，建立和完善安全管理制度、操作规程等，将各项安全要求纳入自身安全管理中。二是加强培训机构建设。各企业和安全培训机构要不断加大投入，改善安全培训条件，建设具有仿真、体感、实操等特色的安全培训基地、教室，提高安全培训教学的吸引力和感染力，增强培训效果。三是加强培训教材和师资建设。要根据安全生产工作发展需要和企业安全生产实际，不断规范安全培训内容，选用和编写针对性、实效性强的优秀教材。企业要加强专职安全培训师培养，并选聘一线安全管理、技术人员担任兼职教师，同时建立领导干部上讲台制度。安全培训机构要保证专职教师定期参加继续教育，积极组织教师参加学术交流和现场调研，不断提高教学水平和专业能力。

第六节 杜邦可持续运营的启示

今天，我们在学习杜邦公司可持续运营管理的同时，掌握和学习可持续发展理论，用以指导我们企业安全生产的实践，是有重大的历史意义和现实意义的。其实，企业的安全生产就是为了企业的可持续运营，而企业的可持续运营就会产生永续的发展后劲,就能推动企业向安全、稳定、长周期、满负荷、优质安全发展。因此,随着社会知识化、科技信息化和经济全球化的不断推进,人类世界将进入可持续发展综合国力激烈竞争的时代。谁在可持续发展综合国力上占据优势,谁便能为自身的生存与发展奠定更为牢靠的基础与保障,创造更大的时空与机遇。可持续发展综合国力将成为争取未来国际地位的重要基础和为人类发展做出重要贡献的主要标志之一。在这样的重要历史时刻,我们需要把握决定可持续发展综合国力竞争的关键,需要清楚自身的地位和处境、优势和不足,需要检验已有的同时制订新的竞争和发展战略,以实现可持续发展综合国力的迅速提升的总体战略目标。

一、企业可持续发展的关键因素

1. 企业核心竞争力是企业可持续发展的重要支撑

企业核心竞争力是指企业在设计、研发、生产、管理、营销、服务等某一两个或几个环节上明显优于竞争对手并且不易被其模仿和超越的能够满足客户需要的独特能力。就其本质来说,企业核心竞争力是一种超越竞争对手的独特能力。它表现为不断创新的能力、独特的企业文化、持续的学习能力以及较强的实践能力。拥有强大核心竞争力的企业不易在竞争中失败,不易被社会淘汰,实现了自身的可持续发展。

2. 创新力和控制力的统一是企业可持续发展的有效保证

创新力是指企业在面对各种市场竞争压力和市场机会时,实际表现出来的适时地对内外生产经营要素进行重新整合以达到优化状态,实现价值追加的能力。控制力是指在国家法律法规、社会伦理、道德和文化的规范下,企业使对其生存与发展有影响的相关因素有序地处于期望状态的能力。伴随着知识经济时代的迅猛发展,创新已然成为企业可持续发展的动力。拥有较高创新力的企业只有在不断的创新活动中才有可能真正实现可持续发展的目标。但企业的创新活动必须在有效控制下进行,否则企业将出现短期行为,影响长期战略的实施和可持续发展的顺利进行。只有实现创新力和控制力的统一,企业才能达到可持续发展的目标。

3. 开拓新的主导业务领域对企业可持续发展起着重要作用

每一个企业都有自己的主导业务范围。在此范围内,企业不断扩大生产规模,提高盈利水平,满足企业生存和发展的需要。但在不同时期,环境和条件的变化会使不同产业的平均盈利水平发生变化。这种变化会对企业的主导业务产生不利影响,从而导致企业的盈利水平降低,对企业的生存和发展产生影响。在可持续发展思想的指导下,企业应及早预见可能发生的不良情况,根据实际条件积极主动地开拓新的主导业务领域,保证企业总体盈利水平的稳步提升,保证企业的不断发展。

4.企业的发展与自然环境的改善、社会的发展和谐统一是企业可持续发展的重要环节

企业的可持续发展是与自然环境的改善、社会的发展互为依托的。企业只有在自然环境优越的时期才能长期地发展。在一个遭受严重污染、资源耗竭的环境中，企业已经失去了生存和发展的基础。企业可持续发展与社会发展的关系也是如此。企业只有充分重视社会效益，才会使自己的品牌效益得到提高，无形资产得到增值。

二、企业可持续发展的对策

1.建设好学习型组织

学习使企业的创新力和控制力达到了统一，对企业的可持续发展有着重要的意义，任何一个企业都应重视学习的重要作用。企业的学习应该是一种全方位的学习，有益的知识和技能应尽可能多地学习；企业的学习还应该是一种全体成员的学习，从决策者到普通员工都应该学习。为了达到这些目标，企业应做好学习型组织的建设工作。首先，要寻觅一位学习型的企业家，其次，要建设好强有力的学习型控制系统，另外，还要完善学习型组织结构。只有这样才能充分发挥学习的作用，实现企业可持续发展。

2.塑造优秀的企业文化

优秀的企业文化指的是对企业有价值的、企业特有的、难以被模仿的、具有巨大凝聚力的企业文化。优秀的企业文化能够增强企业的凝聚力，激发员工的聪明才智，从而提升企业的核心竞争力，推动企业可持续发展。因而，企业应继承以往的优良传统，吸收其他企业优秀文化的内核，塑造优秀的本企业文化。

3.开拓企业新的主导业务领域

开拓企业新的主导业务领域对企业的可持续发展有着重要的意义。为此，要做好以下工作。首先，构建好企业的信息系统，寻觅新的主导业务领域；其次，完善对企业自身实力和能力的评定，探索新的主导业务的发展方向；再次，积极引进复合型人才，为企业的发展打下坚实的人力资源基础；最后，还要提供开拓新的主导业务领域的物质基础。

4.促进企业发展与自然环境的改善和社会发展和谐统一

要实现这个目标应做好以下几方面的工作：完善生产管理，降低生产中自然资源和能源的消耗；注重环境保护，减少生产污染；不断提高产品和服务的质量，满足顾客和社会的需要；遵循客观条件，循序渐进地发展企业。

第四章 杜邦过程安全管理

过程安全管理就是在制造或化工过程中，应用管理体系和控制（计划、程序、审计、评估）的方式，使过程危害得到辨识、了解和控制。在杜邦公司，过程安全管理最初被用来预防严重的、与化工过程相关的事故，它的目的是建立一个框架，以帮助将管理力量集中于这一复杂的课题。一旦定义了愿景，杜邦公司所有的商业和地区实体就必须实施这样的计划，包括如下主要措施：高层领导应作为过程安全管理的带头人，敦促商业或地区实体落实责任；确保体系和管理矩阵到位，帮助各级人员有效理解什么是"过程安全管理"，了解当前的过程安全管理绩效；通过具体的目标和指标，创建"实现零过程事件"的价值观和认识。

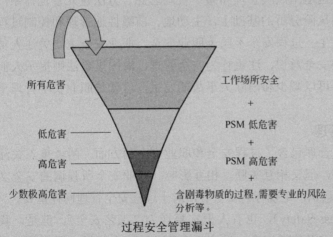

所有危害

低危害

高危害

少数极高危害

工作场所安全
+
PSM 低危害
+
PSM 高危害
+
含剧毒物质的过程，需要专业的风险分析等。

过程安全管理漏斗

第一节 概述

一、概念

过程安全(Process Safety)和过程安全管理(Process Safety Management)是美国首先提出和使用的两个概念。为了预防和控制危险化学品重大事故,美国于1992年专门针对高危险化学品企业制定了一部过程安全管理的行政法规《高危化学品过程安全管理》(Process Safety Management of Highly Hazardous Chemicals)。

1. 过程安全

过程安全是指在危险化学品的生产、储存、使用、处置和转移等生产经营活动中,如何预防装置和设施可能发生的危险化学品意外泄漏及可能引发的火灾和爆炸事故,造成对企业员工和社区居民的伤害以及环境的破坏和财产的损失。过程安全主要关注的是承载危险化学品生产、储存、使用、处置和转移等活动的装置和设施的安全。即装置和设施本身是否存在影响安全的设计缺陷,如何预防可能发生的意外泄漏事故。

2. 过程安全管理

过程安全管理就是运用风险管理和系统管理思想、方法建立管理体系,在对过程系统进行全面风险分析的基础上,主动地、前瞻性地管理和控制过程风险,预防重大事故发生。过程安全不同于职业安全。职业安全主要关注人员的安全,强调增强人的安全意识,注重行为安全管理。海因里希法则提示人们控制和减少小的事故,可以减少和消除大事故的发生,这就是职业安全管理重要的指导思想。

3. 我国的过程安全管理

我国的过程安全管理包含了过程安全和职业安全两方面。两者重点关注的对象和管理方法不同,但又相互关联,相互影响。职业安全所强调的安全文化建设,增强人的安全意识,重视行为安全等,对于过程安全管理同样重要。

过程安全(Process Safety),也有人把它翻译为"工艺安全"。但是,我们所说的过程安全不仅涉及物料安全、反应安全等工艺安全问题,还必须考虑设施设备、电气仪表、自动控制等可能引发的安全问题。过程安全目标的实现,需要工艺、机械、电气、自控等各专业工程师的共同努力。因此，把"Process Safety"翻译为过程安全，更能准确对应原意。

还有人把过程的概念等同于传统意义上的化工过程，即化工产品加工制造的过程。由此，把过程安全管理的范围理解为仅适用于化工产品的生产过程，这是不全面的。前已述及，过程安全管理的范围包括危险化学品生产、储存、使用、处置和转移等在厂区内的各种生产经营活动，包括承载这些活动的装置和设施以及运行所需要的设备、建筑物、管道、机械、卸载码头、防波堤、仓库等。我国划定为危险化学品重大危险源的所有装置、设施和场所，如石油库等，均适用于过程安全管理。20世纪80年代，欧美国家从许多惨痛的事故教训中逐步认识到过程安全的重要性，认识到良好的职业安全绩效并不意味着过程安全风险得到了有效控制，开始研究制定相关的法律法规。一些行业的社团组织，如美国化学工程师协会、英国化学工程师协会等，积极组织开展和促进了一系列有关过程安全管理方法和技术的研究。美国化学工程师协会于1985年专门成立化工过程安全中心（CCPS），通过与设计者、施工者、操作人员、安全专家和学术界的紧密联系，组织召开了与过程安全有关的各类专题讨论会、研讨会，编写了一系列用于指导实施过程安全管理的指南性书籍。

二、发展历程

1. 欧盟

欧盟于1982年6月颁布了《工业活动中重大事故危险法令》（82/501/EEC），为铭记发生在意大利塞维索地区的毒物泄漏事故，该法令也被称为《塞维索指令》。1996年、2003年和2012年经历了三次修订，形成了现行版本的《塞维索指令Ⅲ》。

《塞维索指令Ⅲ》吸取了欧美企业在全球范围内发生的重大危险化学品事故经验教训，衔接了有关国际公约的规定，经历了三次重大修订，是一部比较全面、综合、完善的预防和控制危险化学品重大事故的法规文件，提出的管理思路和措施的整体架构，值得我们研究和借鉴。比如，规定企业应向主管当局提交全面情况报告，以书面形式制定并提交重大事故预防制度，要列明企业预防重大事故的总体目标和实施原则、管理层的作用和责任，建立安全管理体系，致力于管理和控制重大事故危害，确保实施高水平的安全防护。企业经营者必须在正式文件上签字，声明并承诺确保重大事故预防政策得到正确实施。企业还必须提交安全报告和应急预案，详细描述可能发生的重大事故剧情（也称事故场景）及发生的概率和条件，包括简述可能引发每一个重大事故剧情的各种事件，要确定是装置内部原因，还是外部原因，或是地震、洪水这样的自然原因等。

这样的详细程度和深度，企业必须通过系统的风险分析才可能做到。该法规把查明企业存在的所有安全风险、风险大小、应当采取哪些具有针对性的预防措施，这些预防和控制危险化学品重大事故最重要的工作，全部由企业去完成，并要求企业负责人承诺确保预防重大事故的各项措施得到正确实施。这样的管理思路，显然有利于落实企业的主体责任。

2. 美国

美国职业安全健康管理局于1992年颁布了联邦法规《高危化学品过程安全管理》（PSM）。根据有关法律要求，美国环境保护署于1996年，在PSM的基础上颁布了《化学品事故预防规定》，也称为《风险管理计划》（RMP）。

PSM重点规定了企业应做好的一系列重要的过程安全管理要素，侧重于对企业内部管理的要求；RMP增加了对环境释放风险的管理要求，规定企业必须制定和提交风险管理计划，体现了对企业外部环境的关注。这两部法规在法律框架下协调配合，构成了美国对高危险化学品企业全方位监管的法规措施。

对欧盟的《塞维索指令Ⅲ》和美国的PSM加上RMP构成的管理体系进行比较，两者的管理思路基本相同，管理规定有所不同。《塞维索指令Ⅲ》更全面、严密和完善。据介绍，2013年，根据美国总统的要求，美国的PSM和RMP法规已开始修订。由美国提出的过程安全管理的理念、思想和方法，在全球危险化学品企业得到了普遍认可和应用，并得到不断发展。需要提及的是，欧盟的《塞维索指令Ⅲ》和美国的PSM及RMP，都是针对具有高风险的危险化学品企业制定的，并不要求其他危险化学品企业必须遵守，并给出了明确的划分标准。

3. 我国

国家安全监管总局于2010年发布了AQ/T 3034—2010《化工企业工艺安全管理实施导则》，并于2013年发布了《关于加强化工过程安全管理的指导意见》（安监总管三〔2013〕88号），见图4-1。

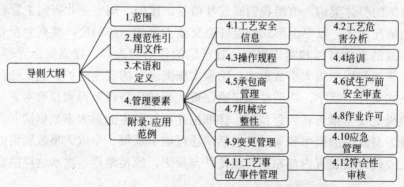

图4-1 化工企业工艺安全管理实施导则内容

随着化学工业的迅猛发展，化工生产规模越来越大，工业过程日益复杂，自动化程度越来越高，大型化工企业资产集中、能量集中、危险性高，极大地增加了事故发生的可能性及事故后果的严重性，因此，大型企业在引进、消化吸收国外先进技术装备或进行化工产品生产自我创新的同时，要引进和消化吸收国外安全生产先进技术、方法和理念。这其中，很重要的就是要完完整整地去认识、去掌握、去执行。工艺全过程分析管理见图4-2。

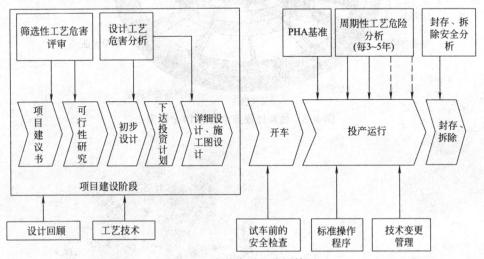

图4-2 工艺全过程分析管理

国外通过过程安全管理使化工生产事故率和伤害率大幅下降。我国危化品安全形势依然严峻，各类事故多发，已成为制约我国化学工业健康发展的重要问题。事故调查表明，绝大部分事故与安全管理不善有关。因此，要学习和借鉴国外先进的安全生产技术和方法，加快过程安全管理推广与实施的步伐，提高企业工艺、设备、装置的本质化安全水平。

三、杜邦过程安全管理

30多年来，杜邦在自己的机构以及全球的客户工厂内，杜邦可持续解决方案（DSS）已实施了工艺安全管理（PSM）和运营风险管理（ORM）标准，以避免与工艺有关的事故并降低运营风险。他们在这方面拥有丰富的经验，并且在自身运营和客户实践中被公认为是可复制、可付诸实践的完善的工艺安全管理方法。

通过使用各种成熟的工具来定制综合的PSM操作纪律和绩效管理体系。根据企业或组织的特定需求，他们的专家可以调整其工艺安全管理程序标准和方法，从而帮助转变企业或组织的安全文化、培养员工技能、提高质量和生产率、提升效率、遵守规范并保留企业的运营权，这一切都有助于减少事故并提高安全业绩。杜邦过程安全管理（工艺安全管理）见图4-3和图4-4。

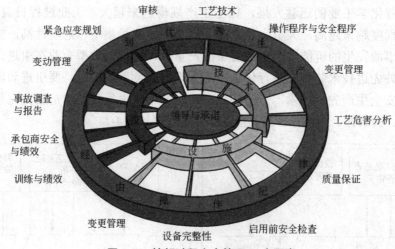

图4-3 杜邦过程安全管理14个要素

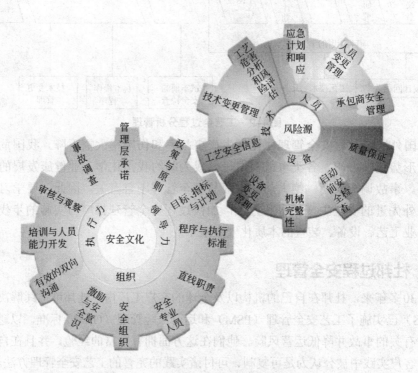

图4-4 杜邦PSM和ORM的22个要素

四、过程安全管理要素

虽然都是基于风险管理的理念,但是我国、欧洲和美国工艺安全管理法规的范围和要求不尽相同;一些重要的跨国化工企业和国内外机构也提出自己的管理体系框架。一般这些管理体系都是由若干个管理要素组成的系统管理模型，见表4-1所示。

表4-1 我国、欧洲、杜邦工艺安全管理要素列表

标准名称或来源	AQ/T 3034—2010	OSHA 29CFR1910.119	知安中心	杜邦公司
要素名称	工艺安全信息	工艺安全信息	工艺安全信息	工艺安全信息
	工艺危害分析	工艺危害分析	工艺危害分析	工艺危害分析
	操作规程	变更管理	操作规程	操作程序和安全惯例
	培训	开工前安全检查	安全工作实践	技术变更管理
	承包商管理	操作规程	能力	质量保证
	试生产前安全审查	培训	变更管理	承包商管理
	机械完整性	机械完整性	开车前安全评审	启动前安全评审
	作业许可	动火作业许可证	机械完整性	设备完整性
	变更管理	承包商管理	事件调查	设备变更的管理
	应急管理	应急准备和响应	承包商管理	培训及表现
	工艺事故/事件管理	事件调查	应急响应	事故调查
	符合性审核	商业机密	符合性审核	人员变更管理
		符合性审核		应急计划及响应
		员工参与		审核
备注	共12个要素	共14个要素	共12个要素	共14个要素

由表4-1可发现，在过程安全管理中，我国的标准是12个要素，欧洲是14个要素，知安中心是12个要素，杜邦公司是14个要素，虽然不完全一样，但是核心要素基本相同，也就是说，在过程安全管理中，各国或各个企业的做法是基本相同的。通过安全管理的实践，作者就过程安全管理的主要要素作一阐述，对于"设备完整性（机械完整性）"将在第五章进行详细阐述。

第二节 工艺安全信息

一、概述

工艺安全信息（PSI）是过程安全管理系统（PSM）的重要组成部分。它产生于生产周期中的各个阶段，是识别与控制危害，实施工艺安全管理的重

要依据。同时，作为工艺安全管理系统的第一个要素，是过程安全管理系统（PSM）其他要素的重要基础。工艺安全信息是化学品、工艺安全技术和工艺设备完整准确的信息资料。工艺安全信息产生于工厂生命周期的各个阶段，是识别和控制危害的依据，也是落实工艺安全管理系统其他要素的基础，通过工艺安全信息，能够了解化学品具有的危害和工艺处理过程带来的危害，工艺安全管理的好坏很大程度上取决于工艺安全信息的管理程度。例如，开展工艺设备设施的设计、工艺系统的危害分析、工艺系统变更的审查、操作规程及培训材料的编制、投运前的安全审查、设备的测试、应急预案的编制、事故调查、帮助承包商认识工艺过程中潜在的危害等工作都需要参考相关的工艺安全信息。

工艺安全信息必须实施完整的统一管理，实现信息共享：工艺安全信息不全、版本的不统一将直接造成员工对风险认识的不完整和不统一，增加风险不受控的概率。工艺安全信息必须实施全过程管理，得到及时的更新：工艺装置的整个生命周期（设计、制造、安装、验收、操作、维修、改造、封存、报废）都伴随着工艺安全信息的变化和更新，只有实施全过程的管理，才能保证其实时性和准确性，为PSM提供准确的信息。

信息安全管理体系（Information Security Management System，ISMS）是1998年前后从英国发展起来的信息安全领域中的一个新概念，是管理体系（Management System，MS）思想和方法在信息安全领域的应用。近年来，伴随着ISMS国际标准的制修订，ISMS迅速被全球接受和认可，成为世界各国、各种类型、各种规模的组织解决信息安全问题的一个有效方法。ISMS认证随之成为组织向社会及其相关方证明其信息安全水平和能力的一种有效途径。

信息安全管理体系是组织机构单位按照信息安全管理体系相关标准的要求，制定信息安全管理方针和策略，采用风险管理的方法进行信息安全管理计划、实施、评审检查、改进的信息安全管理执行的工作体系。信息安全管理体系是按照ISO/IEC 27001标准《信息技术 安全技术 信息安全管理体系要求》的要求进行建立的，ISO/IEC 27001标准是由BS 7799-2标准发展而来的。

信息安全管理体系ISMS是建立和维持信息安全管理体系的标准，标准要求组织通过确定信息安全管理体系范围、制定信息安全方针、明确管理职责、以风险评估为基础选择控制目标与控制方式等活动建立信息安全管理体系；体系一旦建立组织应按体系规定的要求进行运作，保持体系运作的有效性；信息安全管理体系应形成一定的文件，即组织应建立并保持一个文件化的信息安全管理体系，其中应阐述被保护的资产、组织风险管理的方法、控制目标及控制方式和需要的保证程度。

二、主要内容

1.PSI

一般包括化学品危害信息、工艺技术信息和工艺设备信息。化学品危害信息至少应包括：

（1）毒性；

（2）允许暴露限值；

（3）物理参数，如沸点、蒸气压、密度、溶解度、闪点、爆炸极限；

（4）反应特性，如分解反应、聚合反应；

（5）腐蚀性数据，腐蚀性以及材质的不相容性；

（6）热稳定性和化学稳定性，如受热是否分解、暴露于空气中或被撞击时是否稳定；与其他物质混合时的不良后果，混合后是否发生反应；

（7）对于泄漏化学品的处置方法。

一般来讲，纯净物的危害信息可以从该化学品的安全技术说明书（Material Safety Data Sheet，MSDS）中查询得到。我国《危险化学品安全管理条例》也规定：危险化学品生产企业应当提供与其生产的危险化学品相符的MSDS。但是，混合物的危害信息需要实验测量或者利用化学品安全的有关研究成果进行理论预测。

2.工艺技术信息

如图4-5所示，工艺系统的危害通常来自两个方面：所涉及的化学品本身的危害和工艺处理过程（工艺技术和工艺设备）所带来的危害。工艺安全信息是关于化学品、工艺技术和工艺设备的完整、准确的书面信息资料，可以帮助我们理解工厂的工艺系统如何运行，以及为什么要以这样的方式运行。它是开展工艺危害分析的依据，也是落实工艺安全管理系统其它要素的基础。

图4-5 工艺安全信息内容

通常包含在技术手册、操作规程或操作法中，至少应包括如下内容。

（1）工艺流程简图；

（2）工艺化学原理资料；

（3）设计的物料最大存储量；

（4）安全操作范围（温度、压力、流量、液位或浓度等）；

（5）偏离正常工况后果的评估，包括对员工的安全和健康的影响。

3.工艺设备信息

（1）材质；

（2）管道仪表流程图（PID）；

（3）电气设备危险等级区域划分图；

（4）泄压系统设计和设计基础；

（5）通风系统的设计图；

（6）设计标准或规范；

（7）物料平衡表、能量平衡表；

（8）基本过程控制系统（BPCS）功能说明；

（9）安全系统（如：安全仪表系统SIS；自动消防喷淋系统；防爆墙等）功能说明。

三、杜邦工艺安全信息的运用

按照杜邦公司的工艺安全信息管理要求，他们主要有以下的做法。第一是建立工艺设计基础台账。第二是建立设备设计基础台账。第三是配合目视化管理，在现场设置危险物质告知卡。

1.建立工艺设计基础台账

工艺设计基础是对工艺的描述，包括工艺的物理或化学反应，物料及能量平衡，工艺步骤及每步的工艺参数，工艺参数的范围（例如：最大值、最小值及设定值）及偏离工艺范围的后果。主要包括：

① 工艺原理。工艺的物理或化学反应，可能存在的有不良后果的反应；有无限物质的最大库存量。

② 工艺流程图。标明流程中主要设备的连接情况，简单的工艺描述，包括：物料能量平衡，主要设备的作用，基本的安全系统。

③ 工艺运行条件。各工序的工艺运行条件（SOC）。如：温度、压力、流量、液位、组分等参数；包括最大值、最小值、设定值（理想值）。在工艺运行条件中详细定义安全关键参数的安全运行极限（SOL），如：超出安全运行极限对安全、健康和环境的危害；安全运行极限设定的理由及其控制措施。

2.建立设备设计基础台账

指设备的设计所依据的假设条件和逻辑，主要包括：设备的技术规格；设备制造标准；供货商资料和设备蓝图；管道和仪表图（PID图）；质量保证检验报告；PSM关键设备清单。设备档案与设备台账管理主要从独立完整性、动态准确性和明晰责任等三方面进行。

（1）确保设备档案与设备台账的独立完整性是实施设备档案与设备台账管理的前提条件。由于设备的设计、制造、安装、验收、档案管理、财务核算和职能管理可能分属不同的部门或单位。而设备管理职能部门（通常是设备使用单位的职能管理机构）应充分搜集来自各方的资料在设备投入使用的同时建立起完整的设备档案与台账。不能以分存于其他部门的形式作为设备档案与设备台账的形态，否则会影响进一步完善和管理的可行性。

（2）建立起设备档案与设备台账后，追求设备档案与设备台账的动态准确性就贯穿于全过程。设备档案与设备台账应随着设备使用过程中的变化不断充实或修改。如果设备档案与设备台账遗漏了某方面的动态资料，将产生误导应用设备档案与设备台账的后果，失去了设备档案与设备台账的作用。

（3）明晰责任就是把技术资料档案填写人员，修改或审核人员，保管人员等在资料档案中得到确认，以便追溯。

3. 配合目视化管理

在作业场所明显的地方告示相关的工艺安全信息等主要内容。如我国安全管理要求设立的"危险化学品安全警示标志"。

杜邦认为对现场的标识标准进行图解，便于各级管理者和操作者利用形象直观的图表，将现场管理的标准和规范目视出来，能快速而且正确地、一目了然地发现异常状态及问题点，便于工作人员执行和遵守相关规章制度，实现"用目视来管理现场"，促进企业的现场管理水平再上一个新的台阶。见图4-6。

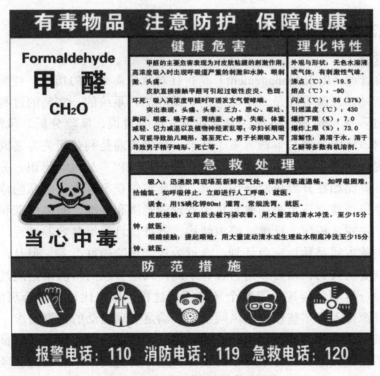

图4-6 危险化学品安全警示标志

第三节　工艺危害分析

工艺危害分析（Process Hazard Analysis，PHA）事实上就是针对化工过程的风险评估，是有组织地、系统地对工艺装置或设施进行危害辨识、分析和评价，为消除或减少工艺过程中的危害、降低事故风险提供必要的决策依据。PHA关注设备、仪表、公用工程、人为因素及外部因素对工艺过程的影响，着重分析火灾、爆炸、有毒有害物质泄漏的原因和后果。工艺安全分析是PSM的核心要素之一，因为只有通过PHA，才能识别出风险，进而才能控制风险。事故/事件管理可以有效补充和提高工艺安全分析质量。工艺技术、化学品或设备发生变更时，需要PHA辨识出变更带来的新的风险，PHA的结果可应用于应急管理、操作规程及检维修规程的持续改进和完善。事故管理可以为PHA提供以往同类事故信息，有助于提高工艺危害分析结果的质量。

一、工艺危害分析方法

1.风险管理

风险管理（Risk Management）是指针对风险而采取的指挥、控制和组织的协调活动。风险管理是一个动态的、循环的、系统的、完整的过程。风险管理的过程包括沟通与咨询、建立环境、风险辨识、风险分析、风险评价、风险应对、风险监测与审核等多个环节。风险沟通是利益相关方之间的一个不断地提供信息、共享信息和获取信息的动态过程，是风险辨识、分析与评价的基础。比如在开展风险辨识之前，都要首先获得有关化学品的危险性信息。这里所谓建立环境是指确定风险管理的范围和标准，明确内部和外部有关法律、法规、程序、标准、组织结构、方针、目标等参数的过程。风险管理和控制的本质是预设应急计划，永远为极端风险做好准备。但是，各项工作活动需要的人力、物力和财力各有不同，风险管理的精髓就是通过风险辨识、风险分析和风险评价等整个风险评估过程，做出比较科学合理的决策，将更多资源投入到那些较大的风险上，以满足各项活动的预期需求。风险监督与审核是风险管理过程不可缺少的一部分，包括日常的检查或监督，其目的是为了保证风险管理各个环节的设计和运行实施的效率和效力。风险评估流程见图4-7。

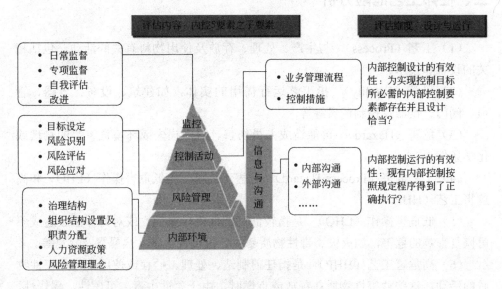

图4-7 风险评估流程

2. 工艺危害分析的内容

工艺危害分析（PHA）是工艺管理的核心要素，指通过一系列有组织的、系统性的和彻底的分析活动来发现、估计或评价一个工艺过程的潜在危害。工艺危害分析的内容见图4-8。

图4-8 工艺危害分析内容示意图

PHA可以为企业的管理者和决策者提供有价值的信息用以提高工艺装置的安全水平和减少可能出现的危害性后果造成的损失。

二、杜邦工艺危险分析

1.术语与定义

（1）工艺（Process） 与生产、处理、存放及使用物料有关的活动，包括相关的设备和技术。

（2）设施（Facility） 指工艺运行需用的实体，如建筑、设备、容器、管道、阀门、仪器及控制逻辑等等。

（3）危害（Hazard） 可能造成人员伤害、财产损失或环境危害等的物理或化学条件。

（4）工艺危害（Process Hazard） 危害工艺可分为低危害操作（LHO）和高危害工艺（HHP）。

（5）低危害操作（LHO） 是指较低可能性将导致死亡或对身体健康造成不可恢复影响的危害，如火灾、毒性物质暴露、机械性危害、热暴露及窒息等。

（6）高危害工艺（HHP） 是指任何制造、处理、贮存或使用某些危害性物质的活动，这些危害性物质在释放或点燃时，由于急性中毒、可燃性、爆炸性、腐蚀性、热不稳定性或压缩，可能造成死亡、不可康复的人员健康影响、重大的财产损失、环境损害或厂外影响。

（7）有害物质（Hazard substance） 指在泄放时或释放能量时会造成严重的人员伤害、重大的财产损失或严重的环境危害的化学物质或材料。

（8）工艺危害分析（PHA） 由"工艺危害评审（PHR）"和"后果分析（CA）"两部分组成。它采用有组织的系统化的研究方法，以寻求控制危害的各方面的一致性意见，并将结果归档，用于将来的跟进、应急计划以及与该工艺过程有关的操作、维护人员的培训。

（9）工艺危害评审（PHR） 运用公认的评价方法全面而系统地评价工艺设施，以识别和控制危害。

（10）后果分析（CA） 用于评估在工艺过程失去工程控制或管理控制时可能发生的危害事件所导致的直接的不良影响。

（11）过程安全管理（PSM） 旨在通过对化学物质和生产工艺中的各种危害进行识别、了解和控制，防止出现严重的工艺事故，避免对工厂、社区造成重大的生命或财产损失，以及对环境造成破坏。

（12）共因失效（CCF） 在一个系统中，由于某种共同原因引起两个或两个以上单元同时失效。

2.杜邦工艺危险分析的应用范围

（1）识别已知与未知的危险事件；

（2）识别危害性物料与危险的工艺过程；

（3）为理解危险事件及如何对其作出响应提供背景框架；

(4) 识别、消除或减少危险源的风险水平;

(5) 识别危险事件的后果及其对 PSM 要素的影响;

(6) 在危险控制方面,寻求实现多学科的一致性;

(7) 将分析结果归档,供今后使用。

3. 杜邦 PHA 实施步骤

杜邦 PHA 实施步骤分为:计划与准备、危害识别、工艺危害评估、后果分析、其他需要考虑的因素、风险评估、建议措施与报告、记录归档、管理层审核等 9 个步骤。为了全面系统地了解和掌握杜邦工艺危害分析的方法与技术,在下面较为系统地介绍这些步骤。

(1) 计划与准备

① 选择工艺单元/区块　将整个设施分解为不同的单元或区块,各单元或区块能在 4 个月或更短的时间内分析完。根据危害程度,将单元或区块进行优先排序。根据单元或区块中危害的程度,确定工艺安全分析的频率。

② 选择与培训小组成员　组长加上 3~6 名全职成员组成分析小组。组长的能力要求:良好的组织能力,在工艺安全分析方面,受过专门的培训并有经验。小组成员的能力要求:工艺所涉及各专业的结合,在工艺的操作和维护方面有实际经验;熟悉以下各方面技能的人员:操作/生产、维护/机械、工程/技术、操作过该工艺的人员,对工艺安全分析方法熟悉的人员。

③ 小组成员的职责　a.组长。组织整个分析活动,指导分析工作,保持分析的完整性与一致性,引导分析达到深入透彻,保证分析工作的进度,与管理层沟通进展,发表会议记录,依计划完成最终报告。b.成员。积极参与分析,优先完成 PHA 工作,定期巡检设备,识别主要危害,给出明确的建议措施,如果工艺流程经研究确认可安全地操作,形成表格并存档。

④ 举行启动会议　a.讨论章程。管理层或 PHA 管理小组编写一份章程,明确分析的范围、时间安排以及期望。b.向组员描述 PHA 的过程。c.确定分析进度安排。d.分配职责,如书记员。e.收集最新版的工艺安全信息,并在进行 PHA 之前发给小组成员。

⑤ 最新版的工艺安全信息　a.物料的危险性;b.工艺的设计基础;c.设备的设计基础;d.PID 图;e.操作程序;f.标准操作条件;g.变更管理的记录;h.相关事故调查报告;i.该工艺以前的 PHA 报告;j.类似工艺的 PHA 报告。

(2) 危害辨识

① 危害识别方法　a.审阅危害清单;b.建立化学反应矩阵;c.建立化学危害分类;d.回顾重大/未遂事故报告;e.审阅之前的工艺安全分析及报告;f.识别并罗列工艺潜在能量;g.召开故障建设"讨论会"(头脑风暴)。

② 危害识别所用的信息　a.分析对象的相关资料,重大工艺事故的报告,

以往的PHA、变更管理记录，MSDS化学反应矩阵，有经验的顾问；b.对分析对象进行现场考察，识别潜在的危害。

③ 现场考察的作用 对分析对象进行考察、识别或评估。a.最严重事故情形；b.设施布置问题；c.相关人员的素质。

与相关的直线管理者、操作工、机械工、电工、工程师等进行交流，收集他们关注的问题和有用信息。各自独立将有发现项写成报告，与其他组员讨论发现项。确定PHA所要用到的最严重事故情形。

④ 危险源 a.化学性；b.热力性；c.压力/体积性；d.热能/位置性；e.动力性。

一种化学品与物料不兼容性矩阵，可以预见性地识别不同材料之间意外混合所产生的危害影响，矩阵内的资料定性或半定性地描述了预料中或意外的化学反应所带来的化学反应危害。见表4-2。

表4-2 化学相互作用矩阵

Y轴＼X轴	化学品A	化学品B	化学品C	化学品D
化学品A				
化学品B				
化学品C				
化学品D				

（3）工艺危害评估 工艺危害评估是针对工艺上可能发生的危害事件进行的系统而全面的分析，由多种专业人员组成的小组完成。小组成员运用特定的方法，评估每个危险事件可能造成的有害影响，判断系统中现有的控制是否足够，是否需要增加防护措施，就需要增加的防护措施给出建议。

方法包括定性与定量分析，根据每个PHA的情况，可单独使用或组合使用，可能需要专家顾问或分析师。

① 定性方法 a.故障假设/检查表（What If）；b.故障类型与影响（FMEA）；c.危险与可操作性研究。

如现在的大型企业都能主动地开展HAZOP分析，但在运行阶段，要求化工现役装置每3～5年进行一次HAZOP分析的要求基本还没有到位。另外，一个全厂级别的HAZOP分析需要一个掌握HAZOP精髓的主席（Leader）来带领团队，而这位"主席"需要既有理论知识又有现场经验，这种人才目前比较缺乏，导致现在大部分HAZOP分析的质量不高。HAZOP分析见图4-9和图4-10。

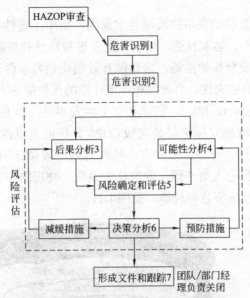

图4-9 HAZOP风险评估与管理流程图

图4-10 HAZOP审查与管理流程图

② 定量方法 a.保护层分析（LOPA）；b.故障树分析（FTA）。

保护层分析LOPA是由事件树分析发展而来的一种风险分析技术，作为辨识和评估风险的半定量工具，是沟通定性分析和定量分析的重要桥梁与纽带。LOPA耗费的时间比定量分析少，能够集中研究后果严重或高频率事件，善于识别、揭示事故场景的始发事件及深层次原因，集中了定性和定量分析的优点，易于理解，便于操作，客观性强，用于较复杂事故场景效果甚佳。

保护层是一类安全保护措施，它是能有效阻止始发事件演变为事故的设备、系统或者动作。兼具独立性、有效性和可审计性的保护层称为独立保护层（Independent Protection Layer，IPL），它既独立于始发事件，也独立于其他独立保护层。正确识别和选取独立保护层是完成LOPA分析的重点内容之一。典型化工装置的独立保护层呈"洋葱"形分布，从内到外一般设计为：过程设计、基本过程控制系统、警报与人员干预、安全仪表系统、物理防护、释放后物理防护、工厂紧急响应以及社区应急响应等。见图4-11。

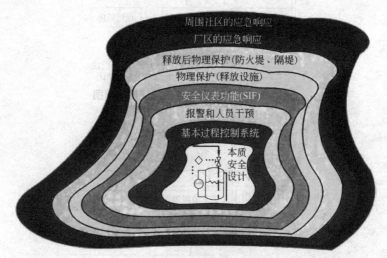

图4-11　化工过程的各类保护层

（4）后果分析（CA）　后果分析是为了确定事故的直接后果而进行的分析，并分析这些直接后果对现场人员、厂外社区和环境所造成的影响（包括可能的商业影响），有时可以为多个分析单元进行一个独立的后果分析，分析结果可以作为多个PHA报告的一部分。

AICHE-ccps对后果分析用途的建议：应急预案与相应；法律法规符合性；设计方案比较；选址方案的确定；判定PHA建议。

进行后果分析的目的是帮助PHA分析小组了解厂区内和厂区外可能产生的，人员伤害情况（类型、严重程度以及伤害人数）、财产损失情况，以及严重的环境影响情况。

后果分析不能：a.估计一个事故或泄漏事件发生的可能性；b.确定需要怎样的预防或控制措施；c.在风险水平方面给出结论和建议。

后果分析能做到的和不能做到的见图4-12。

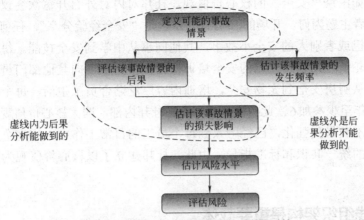

图4-12 后果分析能做到的和不能做到的

第四节 安全培训

杜邦认为：要求员工工作安全，要求员工安全操作，就要进行严格的安全培训，要确保人员受到工作的相关训练，且能在工作上充分应用所学，同时要确保处理危害或危险性物质的人员能胜任所担负之工作，不会受到酒精或药物等外在的影响。其实不管是杜邦还是国内的企业都充分认识到安全教育培训的重要性。

一、以核心价值观培训为基础

杜邦的人力资源培训架构是以核心价值观培训为基础的，其中，安全位列四大核心价值观之首，因此也是杜邦培训基础的基础。杜邦的四大核心价值观包括安全与健康、保护环境、尊重他人与平等待人、最高标准的职业操守，每一条都是围绕"人"的普世价值，并且与个人的价值观和愿景密切相关，从精神意识层面将个人与企业联系在一起。杜邦的入职培训中很重要的一部分就是核心价值观培训，只有认同杜邦价值观的员工，才具备被雇用的前提条件。而且，被雇用后，每个杜邦员工每年都要由部门主管牵头接受核心价值观培训考核。比如围绕"安全"的核心价值观，杜邦对内对外召开每次会议，不论规模大小或者主题为何，开场的10分钟，永远是"安全经验分享"，任何员工都可以讲述自己或者别人的安全小故事，其他同事从中学到安全技能。每周杜邦的各个部门轮流开发各种主题的安全培训课件并作为主讲向其他部门员工宣讲安全知识，从厨房安全到宠物安全，培训内容广泛贴合员工生活，每个杜邦员工被要求每年至少参加6次此类安全培训。在杜邦内部，四大核心价值观被经常谈及，而且不断得到强化，已经融入到每个员工的日常工作中，成为个体和组织行为方式的统一共识和标准指导，由此，杜邦建立了以核心价值观为导向的企业文化。

二、直线组织架构是重要载体

杜邦的直线组织架构是实现培训落地、落实到"人"的重要载体。杜邦的组织设计强调扁平化的直线责任体系，在执行培训系统时，每个直线团队的经理扮演的角色如同其下属的心灵导师，担当下属团队的能力模型和职业发展设计的职责，鼓励个人的自由意志与责任担当，把握不同年龄阶段员工的职业发展心理，及时了解一线员工的想法及实际困难，密切关注员工的身心状况。杜邦中层管理者对下属的安全所表现出来的体贴入微常常令外界惊叹，管理者为正在操作的员工扣牢安全帽带保证安全等行为，在杜邦工厂已经是司空见惯。这种基于中层直线管理者为纽带的培训组织架构，企业上下紧密联结为一个整体。各种正式的和非正式、有形和无形、在线的和面对面的"心灵"培训，在杜邦内部形成了一种氛围，人人都有"自我实现"的可能性与现实性，员工的自主意识被唤醒，为更有效地实施培训与开发计划提供了一个坚实的心理"软环境"，在这种环境下，员工真切感受到自己的意见被尊重、自己的安全与发展被关心，认为这样的企业值得他们定下心来努力工作，从而焕发出巨大的创造力。

三、安全培训方法

1.建立并执行安全教育培训制度

企业要建立厂、车间、班组三级安全教育培训体系，制定安全教育培训制度，明确教育培训的具体要求，建立教育培训档案；要制定并落实教育培训计划，定期评估教育培训内容、方式和效果。从业人员应经考核合格后方可上岗，特种作业人员必须持证上岗。

2.从业人员安全教育培训

要按照国家和企业要求，定期开展从业人员安全培训，使从业人员掌握安全生产基本常识及本岗位操作要点、操作规程、危险因素和控制措施，掌握异常工况识别判定、应急处置、避险避灾、自救互救等技能与方法,熟练使用个体防护用品。当工艺技术、设备设施等发生改变时,要及时对操作人员进行再培训。要重视开展从业人员安全教育,使从业人员不断强化安全意识,充分认识化工安全生产的特殊性和极端重要性,自觉遵守企业安全管理规定和操作规程。企业要采取有效的监督检查评估措施,保证安全教育培训工作质量和效果。安全教育培训主要包括如下内容:①人员要求;②讲师资格;③基本技能;④工作任务;⑤紧急反应和控制;⑥复习和补充培训。

3.新装置投用前的安全操作培训

新建企业应规定从业人员文化素质要求,变招工为招生,加强从业人员专业技能培养。工厂开工建设后,企业就应招录操作人员,使操作人员在上岗前先接受规范的基础知识和专业理论培训。装置试生产前,企业要完成全体管理人员和操作人员岗位技能培训,确保全体管理人员和操作人员考核合格后参加全过程的生产准备。

四、杜邦安全培训值得借鉴

作为全球安全标杆,杜邦的安全培训,是从"心"入手的。杜邦自1811年建立的全球首个安全准则就体现了管理学的"人本精神"和人文关怀,为确保员工的安全,当时杜邦CEO规定"在高层管理团队的成员亲自示范之之前,任何员工都不要开始一个新的操作方式,或者改变之前的方式"。20世纪以来,杜邦的安全管理理念基于行为学理论发展出通过"行为安全"的培训控制员工行为、降低违章率和失误率从而最终降低事故率,进入21世纪,杜邦开始引入心理学分析法,开发的安全培训课程综合融入了行为学、心理学和社会学等理论,将安全管理学科的培训重点从关注行为安全发展到关注心理安全,深入分析人的不安全行为背后的心理诱因和潜意识作用,帮助打开人的"心智",树立正确的安全价值观,从而,自主自觉地转变观念、改变行为、养成习惯、营造氛围,从而最终从个体的良性改变波及整个组织形成长效稳健的安全文化。

(1)杜邦员工或管理者安全违章累计12分开除,违反杜邦"安全保命"条例高压线的1次即辞退。杜邦公司认为:宁可损失、多赔钱,也坚决要辞退不尊重生命的员工,意味着"不可容忍"。这种管理值得我们借鉴。

(2)近乎苛刻的安全指南:从修一把锁到换一个灯泡,都有极其严格的程序和控制;在走廊上,没有紧急情况不允许奔跑;上下楼梯必须扶扶手;打开的抽屉必须及时关闭,以防人员碰伤。

(3)叉车驾驶员"双证上岗",特殊工种证件+杜邦准驾证;叉车安装"限速器"和超速报警装置;车辆的细小剐蹭被视为"不可容忍",必须追究原因,以防更大的事故发生;对驾驶员考评更为严格:上车方向不对即为"不合格",上车后不系安全带、不带安全帽即摸钥匙即为"不合格"。

(4) 安全生产将提高企业的竞争地位。在杜邦公司坚信的十大安全理念里,确信"良好的安全创造良好的业绩",经验表明,安全地工作是最经济的工作方式。安全培训等投入从长远来看,成本不会增加,因为预先把事故损失、带来的赔偿投入到生产上,既挽救了生命,又提高了本质安全水平,并给企业带来良好的声誉,员工和消费者对企业更有信心,反而带来效益增长。

杜邦公司拥有丰富专业的职业健康和安全培训课程库,能够有效提高员工安全意识、改善安全行为、养成安全习惯,帮助企业减少安全事故、规范员工合规行为从而转变企业的安全文化。例如,STOP卡是杜邦公司在HSE管理中提出的管理方式。STOP是由Safety、Training、Observation、Programme四个单词所组成,即安全、培训、观察、程序。在过去30年中,通过将安全的行为和安全的工作场所融入工作文化,STOP卡已帮助了数以千计的企业减少了事故率(详见本书第七章第二节)。杜邦公司的员工安全培训主题包括:行为安全培训、安全态度培训、主管人员培训、相互的STOP卡培训、面向人体工程学的STOP卡 培训、主管的STOP卡培训、受限空间培训、驾驶员培训、化学品安全培训、电气安全培训、人体工程学/背部安全培训、坠落保护培训、火灾/应急培训、急救培训、建筑培训、叉车/吊车培训、工艺安全培训、危险物品标识培训、危险材料培训、上锁/挂牌安全培训、个人防护设备培训、呼吸系统保护培训等。

第五节 承包商管理

随着社会分工的专业化和精细化,化工企业越来越倾向于将各式各样的服务(例如设计、施工、维护、检查、运输、安保、测试和培训等)委托给很多承包商执行。然而,使用承包商意味着需要将一个外部企业纳入本企业风险管理工作范围内。使用承包商可能会将不熟悉工厂的工艺安全信息、风险源和保护系统的员工置于较高风险的工作环境中。这样的承包商如果开始工作后,可能引起事故,甚至会给企业带来致命性的影响。

企业在选择承包商时，要获取并评估承包商目前和以往的安全表现和安全管理方面的信息。企业需要告知承包商与他们作业有关的潜在的火灾、爆炸或有毒有害方面的信息，并给承包商进行相关的培训，全过程跟承包商一起进行风险辨识、风险分析和风险评价，并采取必要的风险控制措施，做好应急准备。企业还应定期评估承包商的表现，保存承包商在工作过程中的伤亡、职业病记录。承包商应该确保自己的工人接受了与工作有关的过程安全培训，确保工人知道与他们作业有关的风险和应急预案，确保工人了解设备安全手册及安全作业规程。

一、承包商具备的素质

（1）有事业心和勇于进取的魄力，知人善任，精心挑选和组织领导班子，善于团结人，调动全体职工的积极性，发扬敬业精神，形成强大的凝聚力。

（2）作为企业家，要懂得理财的重要性，精通理财之道，并且能够取得往来银行和担保公司的信用和支持。

（3）通晓工程施工技术、施工组织和估价业务知识以及投标策略，针对不同工程的具体条件，能不失时机地作出争取中标的报价决策；中标后能迅速组成精干高效的现场管理班子。

（4）懂的建立准确详尽的成本核算制度和工程质量管理制度以及信息管理系统的重要性，通过信息管理系统，随时掌握工程进度、工程质量、工程成本和资源利用的动态，并能够做出必要调查。

（5）熟悉各种保险程序和税法，以利于保护工程、企业财产以及职工的合法权益。

（6）熟悉劳工关系和公共关系，把这些事物交给有才干和责任心强的人去掌管，以利于职工队伍的稳定和积极性的发挥，并为企业树立良好的社会形象。

二、承包商管理的内容

（1）保证承包的工程项目或设备制造在进度与质量上达到委托合同规定的要求。承包商按委托合同在规定的时间内完成工程施工或设备制造工作，并符合各项质量指标的要求，这是合同中规定的承包商的主要义务。

（2）追求自身收益的最大化。在完成委托合同规定的工作，并达到合同规定的要求后，承包商有权取得相应的报酬。业主支付费用的具体方式与合同的形式有很大关系。不同的合同形式使承包商的利益与项目成本的联系程度有所不同。对于总价合同和单价合同以及成本酬金合同，承包商会采取完全不同的态度来对待项目的成本费用，但其根本目的都是为了保证其整体收益最大。

（3）进入企业作业的承包商，必须具备安全资质，有健全的安全组织网络、

安全管理制度和安全操作规程；主要负责人、安全管理人员和特种作业人员要经过安全培训，并取得安全资质证书。

（4）承包商应根据招标要求，编制含有安全生产保证措施的招标书，企业安全管理部门负责对其安全保证措施进行审核。

（5）中标后的承包商应编制专门的项目安全计划，对所有员工进行安全培训教育，并自觉接受企业安全管理部门的安全教育培训。

（6）企业应对承包商的作业现场进行安全监管，监督检查有关安全措施的落实情况，承包商必须严格执行安全操作规程。

（7）承包商员工、车辆必须服从企业有关管理制度的要求，并自觉接受企业相关部门的监督检查。

（8）承包商施工作业前，应与企业签订安全管理协议书。

（9）发现承包商员工违反安全管理制度或安全措施不落实的，企业相关管理部门有权责令其改正或进行处理。

三、杜邦承包商安全管理

杜邦承包商安全管理解决方案提出"有效承包商管理的六个步骤"，这是从杜邦自身项目管理实践经验中总结提炼出的成熟智慧成果，同时结合"12个关于卓越工作场所安全基本要素"的最佳实践，来评估和改进企业安全管理文化机制的基准，通过将承包商管理六步法融入到企业管理系统中，帮助企业实现在预算内安全、及时地完成资本项目建设和运行。

1."六步承包商安全管理流程"

杜邦将多年的承包商管理经验总结为一个包含六个步骤的评估和实施流程，该流程可成功有效地帮助企业对承包商进行安全管理。有了这个体系，企业便可以理解和应用有效的承包商安全管理方法，以控制并构建成功的承包商安全管理环境。

（1）承包商选择　编制合格投标人列表，此表中的投标人都经过预先筛选，各项指标都符合业主组织运营的安全原则。

（2）合同准备　提供大量的经验参考、最佳实践和相关政策，从而编制对安全预期进行有效说明的具有约束力的合同文件，从而尽可能获得理想的承包成果。

（3）合同签订　在此步骤中，客户可以在决标前的沟通会议中对安全规范进行充分有效的交流，以便让各参标单位事先对项目的安全预期有非常清晰的了解。

（4）入场教育和相关培训　通过培训，让承包商员工理解并融入进项目单位的安全文化，培养他们的技能和知识，并促使其满足安全要求。

(5)承包商现场管理　基于杜邦成功管理承包商的12项基本要素，杜邦针对合同执行过程中的现场工作提供可持续的改进体系政策、程序和各项最佳安全管理实践的支持。

(6)合同执行评估　杜邦提供相应的工具和方法来定期或在项目结束后对承包商的表现状况进行评估，这些评估结果将直接用于后续的承包商选择以提升承包商管理的绩效。杜邦承包商管理六步流程见图4-13。

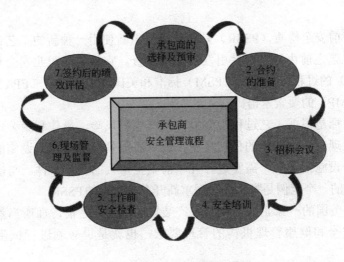

图4-13　杜邦承包商管理六步流程

2.12项工作场所安全基本要素

在杜邦自身的项目管理实践中，早已发现成功的安全流程中有一些共同的要素。多年以来，杜邦一直在运用"12项工作场所安全基本要素"来营造自己的安全文化。在六步承包商安全管理的第五步中，杜邦将运用上述12项基本要素的最佳实践作为基准来评估并提升承包商安全管理的有效性。使用这12项要素可以帮助协调企业业主与承包商之间的关系、改善企业的安全文化和组织中各级员工的安全状况。

(1)领导要素　通过将工作重点放在以下几个方面：①可见的管理层承诺；②政策和原则；③目标、目的和计划；④程序和绩效标准。

(2)组织架构要素　通过将工作重点放在以下几个方面，可以帮助管理层引领员工走向卓越的安全之路：①直线管理责任；②安全专业人员；③整合的安全组织架构；④激励和奖励。

(3)流程和行动要素　通过将工作重点放在以下几个方面，可以确保定期采取措施，以改善安全业绩：①有效的沟通；②培训和发展；③事故调查；④审核和观察。

第六节 试生产前安全审查

试生产前安全检查（PSSR）是在使用或重新使用一种新的工艺或某些方面修改过的工艺之前由触发事件引发的最终检查。它是美国职业安全和健康管理局（OSHA）的过程安全管理（PSM）标准和美国环境保护署（EPA）的风险管理计划（RMP）的要素术语。

它的目标是根据工艺过程中触发事件产生的风险，最佳利用公司资源。触发事件是对现有流程所作的任何变更，或者添加到一个流程或设施的任何新设施，或一个设施指定的、需要进行开车前安全审查的其他事件。与非变更相关的触发事件的一个范例是紧急停车后重新开车前进行的PSSR。

杜邦是美国的一家企业，在其生产装置的试生产之前，理所当然地要执行美国职业安全和健康管理机构的管理要求，也就是说必须进行试生产前的安全检查。

一、试生产前安全检查的作用

（1）变更更有可能按意图实施。

（2）建设、安装或计划工艺变更所要进行的施工、维护或计划编制工作符合愿意图。

（3）开车前的工作已完成，开车后的工作已作了进度安排并进行跟踪，有助于确保设备的设计、制造、采购、安装、操作和维护适合其预定的应用。

（4）理解工艺中采用的新的化学品或材料在安全、健康、环境和性能方面的问题。

（5）对工艺设备进行检查、测试、维护、采购、制造、安装或试运行的人员已作了适当培训，了解了目前的和新的程序以及工艺安全信息。

（6）在出现事故的情况下，强有力的试生产前安全审查计划就是公司的运营纪律和社会责任的记录。

（7）确认安全系统按设计意图操作。

（8）设计和安装的工程计算和假设内容与反映了现行规范和标准的那些已被普遍认同且接受的良好工程实践相一致。

（9）满足了变更管理的法律法规要求。

(10)质量管理体系要求也得到阐述。

(11)PSSR提供了把所有权从工程或项目管理人员移交给操作人员的机会。

二、试生产前安全检查的一般规定

(1)试生产前生产装置及现场环境必须具备的条件:

① 已通过化工建设项目设立安全审查和安全设施设计审查;

② 试车范围内的工程已按设计文件规定的内容和标准完成;

③ 试车范围内的设备和管道系统的内部处理及耐压试验、严密性试验合格;

④ 试车范围内的电器系统和仪表装置的检测、自动控制系统、联锁及报警系统等必须符合设计文件的规定;

⑤ 试生产所需的水、电、汽、气及各种原辅材物料满足试生产的需要;

⑥ 试车现场已清理干净,道路、照明等满足试生产的需要。

(2)建设单位必须建立试生产安全管理机构,明确安全管理人员,建立健全各级、各部门岗位安全生产责任制和安全管理制度、操作规程;参加试生产人员必须进行专门的安全教育和技术培训,考核合格持证上岗。

(3)试生产前,建设单位必须做好试生产的各项准备工作,对设备、设施进行全面检查,做到隐患不消除不试车、条件不具备不试车、事故处理方案不落实不试车。

(4)试生产总体方案中的试车计划可根据现场实际情况加以调整,内容可以逐步深化,但主要试车程序不得任意改变。前一阶段不合格,不得进行下一阶段的试车。

(5)与试车相关的各生产装置、辅助系统必须统筹兼顾,首尾衔接,同步试车。

(6)所有安全设施应与主体生产装置同步试车。

(7)严格执行各项安全管理制度和操作规程,加强巡回检查,及时发现问题;出现异常情况,项目负责人应组织相关人员研究提出解决方案,难以及时消除并对安全有影响的,应中止运行。

(8)阶段性的试生产工作完成后,必须按规范进行交接。交接资料归入技术档案。

(9)化工投料试生产方案应报当地安全生产监督管理部门备案。

(10)试生产期一般不超过6个月,特殊情况需要延期的,由建设单位向建设项目安全许可实施部门申请延期,经批准方可延长试生产期。申请延期应书面报告延期原因,并重新编制试生产方案。

(11)试生产结束后,中间产品、副产品、产品属于危险化学品的,应及时申请或变更安全生产许可证。

三、试生产前的准备工作

1. 单机试车

驱动装置、机器或机组，安装后必须进行单机试车，其中确因受介质限制而不能进行试车的，必须经现场技术负责人批准后，留待投料试车时一并进行。

（1）单机试车时，必须设置盲板，使试车系统与其他系统隔离；

（2）单机试车必须包括保护性联锁和报警等自控装置。

2. 联动试车

在试车范围内的机器，除必须留待投料试车阶段进行试车的以外，单机试车已经全部合格并经中间交接后，进行联动试车。

（1）试车范围内的工程已按设计文件规定的内容和施工及验收规范的标准全部完成；

（2）试车前，试车方案中规定的工艺指标、报警及联锁整定值已确认并下达；

（3）不受工艺条件影响的仪表、保护性联锁、报警皆应参与试车，并应逐步投用自动控制系统；

（4）联动试车应达到试车的系统首尾衔接稳定运行；参加试车人员掌握开车、停车、事故处理和调整工艺条件的技术。

3. 编制试生产方案

化工投料试生产前由建设单位组织生产、技术部门和设计、施工单位及技术转让方共同编制试生产方案，经建设单位负责人审批报经当地安全生产监督管理部门备案后执行。建议试生产方案编制以下内容。

（1）建设项目施工完成情况；

（2）试车目的；

（3）生产、储存的危险化学品品种和设计能力；

（4）试车组织、试车负责人及参加试车的人员；

（5）试车必须具备的条件；

（6）试车所需准备工作及检查内容的目录；

（7）试车所需外部协作条件及临时设施的方案；

（8）试车所需原料、燃料，化学药品和水、电、汽、气、备品备件等物资清单；

（9）试车程序和进度表；

（10）开、停车及紧急事故处理的程序与要求；

（11）试生产（使用）过程中可能出现的安全问题和对策及采取的安全

措施；

（12）试生产过程中的事故应急救援预案；

（13）试生产（使用）起止日期。

4.物质及技术准备工作

（1）投料试车前，工艺规程、安全规程、检修规程、分析规程及岗位操作法等下发实施；

（2）盲板已按批准的带盲板工艺流程图安装或拆除，并经检查无误，质量合格；

（3）投料试车装置的安全设施、应急救援器材配置到位；

（4）安全设施已委托有资质的检测检验机构进行检验、检测合格；

（5）投料试车装置的消防设施已经消防主管部门验收合格；

（6）投料试车装置的环境保护和监测设施已经环保主管部门验收合格。

四、开车前安全条件确认

（1）装置内主要交通干道应畅通无阻，临时建筑、临时供电设施、施工机具、材料工棚全部拆除，装置内外地面平整、清洁。

（2）消除缺陷完毕，影响试车的设计修改项目已经完成。所有设备、管道、容器均已进行严格试压、试漏。设备封闭前，经专人严格检查确认。设备位号、管道介质、名称、流向标志齐全。

（3）设备机组经过单机试车、联动试车，各项技术性能指标符合设计要求。

（4）锅炉、压力容器和放射线源已根据国家规定取得使用许可证。

（5）根据规定建立各类专业档案（包括各种技术资料、合格证、质量证明书等），图纸、技术资料齐全。

（6）所有HSE设施齐全、灵敏、可靠，并经校验符合设计要求，证件资料齐全。

（7）防雷、防静电系统完好，接地测试符合要求。

（8）消防设备和器材符合设计规定，道路畅通、水量充足、水压正常、满足灭火要求。消防人员按规定配备齐全，消防车能按规定时间到达生产现场。

（9）厂内通讯系统投入使用，生产指挥系统，消防指挥系统畅通。

（10）仪表联锁、火灾自动报警系统、可燃（有毒）气体检测仪表和其他各种检测仪表已联校调试完毕并已投入使用。

（11）关键设备防护措施，易燃、易爆、有毒物品的保管、使用及气体防护措施均已落实。

（12）有毒有害岗位防护用品和急救器材配备齐全，并随时投入使用。现场人员防护用品穿戴符合要求，急救站、医院昼夜值班，救护车能随时到达现场。

（13）岗位职工已进行身体健康检查，并建立健康档案，职业禁忌人员已安排到合适的岗位。

（14）岗位工人已进行安全技术规程及岗位操作知识培训，并经考试合格。特殊工种作业人员已经地方劳动部门考试合格，持证作业。有毒有害岗位人员，已经防毒防害及救护等专业培训，并经考试合格。

（15）各项规章制度、操作规程及应急处理预案已建立、健全，配备发放到相关人员。

（16）装置（设施）投料试车总体开工方案已经审查通过，并交由管理人员和岗位人员学习掌握。

五、试生产安全管理要求

1. 基本要求

（1）PSSR应作为各级单位针对新、改、扩建项目（包括租借）和工艺设备变更、停车检修安全验收的一个必要条件。

（2）根据项目管理权限，应成立相应的PSSR小组，按照事先编制好的检查清单进行PSSR。

（3）根据项目规模和任务进度安排，可分阶段、分专项多次实施PSSR。

（4）启动前的工艺设备应具备以下条件：① 工艺设备符合设计规格和安装标准；② 所有保证工艺设备安全运行的程序准备就绪；③ 操作与维护工艺设备的人员得到充分的培训；④ 所有工艺危害分析提出的改进建议得到落实和合理的解决；⑤ 所有工艺安全管理的相关要求已得到满足。

2. PSSR小组组成

（1）为确保启动前安全检查的质量，应根据项目的进度安排，提前组建PSSR小组，也可根据项目的实际情况分阶段实施检查。

（2）PSSR组长由企业相关领导或其指定的人员担任，成员由组长确认并明确每个组员的任务分工。

（3）根据项目实际情况，PSSR小组成员可由工艺技术、设备、电气仪表、检维修、主要操作和安全环保等专业人员组成。必要时，可包括承包商、装置制造商、具有特定知识和经验的外部专家。

3. 安全职责

（1）项目负责人

① 为项目启动前的各项安全措施提供足够的资源；② 与PSSR小组审议并确认所有必改项完成整改，批准职责范围内的项目启动。

（2）PSSR组长

① 负责制定和实施PSSR计划；② 组织PSSR计划和审议会；③ 安排PSSR

相关人员的任务与进度；④ 跟踪所有需解决项目的完成情况；⑤ 必要时向上级申请专业人员支持。

（3）PSSR成员

① 参加PSSR计划和审议会议；② 参与制定检查清单，并对照检查清单进行审核；③ 确认所有启动前必改项和遗留项的解决方案；④ 确认所有必改项已整改完成。

（4）HSE专业人员

① 参与制定PSSR清单；② 协助对员工进行PSSR培训；③ 参与对HSE专项设施和HSE基本要求落实情况的检查。

4.主要检查内容

PSSR小组应针对工艺设备的特点，参考标准附录A或B制定PSSR清单。主要包括以下内容。

（1）工艺技术

① 所有工艺技术安全信息（如危险化学品安全技术说明书、工艺设备设计依据等）已归档；② 工艺危害分析建议措施已完成；③ 操作规程和相关安全要求符合工艺技术要求并经过批准确认；④ 工艺技术变更经过批准并记录在案，包括更新工艺或仪表图纸。

（2）人员

① 所有相关员工已接受有关HSE危害、操作规程、应急知识等的培训；② 承包商员工得到相应的HSE培训，包括工作场所或周围潜在危害及应急知识；③ 新上岗或转岗员工了解新岗位可能存在的危险并具备胜任本岗位的能力。

（3）设备

① 设备已按设计要求制造和安装；② 设备运行、检维修、维护的记录已按要求建立；③ 设备变更引起的风险已得到分析，操作规程、应急预案已得到更新。

（4）事故调查及应急响应

① 针对事故教训制定的改进措施已得到落实；② 确认应急预案与工艺技术安全信息相一致，相关人员已接受培训。

5.PSSR计划会

PSSR组长应召集所有组员召开计划会议。主要内容如下。

（1）介绍整个项目概况；

（2）审查并完善PSSR检查清单内容；

（3）明确组员任务分工；

（4）明确进度计划；

（5）确认其他相关方的资源支持。

6. 实施检查

检查分为文件审查和现场检查。PSSR组员应根据任务分工，依据检查清单对工艺设备进行检查，将发现的问题形成书面记录并明确检查内容、检查地点、检查人。

7. 审议会

（1）完成PSSR检查清单的所有项目后，各组员汇报检查过程中发现的问题，审议并将其分类为必改项、遗留项，形成PSSR综合报告，确认启动前或启动后应完成的整改项、整改时间和责任人。

（2）分阶段、分专项多次实施的PSSR，在项目整体PSSR审议会上，应整理、回顾和确认历次PSSR结果，编制PSSR综合报告。

（3）所有必改项已经整改完成及所有遗留项已经落实监控措施和整改计划后，方可批准实施启动。

8. 批准和跟踪

（1）所有必改项完成整改确认后，PSSR组长将检查报告移交给项目负责人。根据项目管理权限，由相应责任人审查并批准工艺设备启动。

（2）PSSR组长和项目负责人跟踪PSSR遗留项，并检查其整改结果。

9. 文件整理

对于涉及变更的整改项，应将相关图纸、设计文件等进行更新并归档。遗留项整改完成后，应形成书面记录，与PSSR清单、综合报告一并归档。

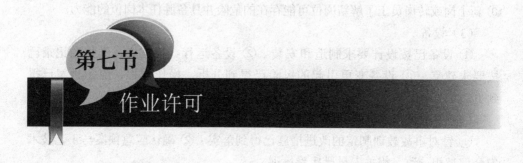

第七节 作业许可

"作业许可"在杜邦的工艺安全管理中没有这个要素。但是AQ/T3034《化工企业工艺安全管理实施导则》和美国职业健康局OSHA29CFR1910.119《高危化学品工艺安全管理》的要素中都规定有"作业许可"这一要素，因此，笔者认为，在化工过程安全管理中，很有必要介绍一下作业许可的安全管理。

一、作业许可管理职责

（1）直线管理部门组织推行、培训、监督和审核。

（2）安全部门对程序的执行提供咨询、支持和审核。

（3）员工接受作业许可培训，执行作业许可程序，参与作业许可审核，并提出改进建议。

（4）属地主管职责

① 在授权范围内，对属地内的人员、活动、设备，按标准和要求进行组织、协调、指导、指挥和控制，包括承包商和临时来访人员；

② 运用工作前安全分析，对作业危害因素实施排除、隔离，对作业现场进行整理、整顿、清理和清洁；

③ 负责属地内设备、设施的使用、维护和维修，对属地内发生的事故、事件及时处置和报告，主动配合调查；

④ 通过召开安全会议、进行安全检查、安全观察与沟通和安全审核，对作业全过程进行监督，纠正属地内的违章行为；

⑤ 负责对新入场人员进行入场培训。

二、作业许可管理范围

1. 非常规作业范围

①非计划性维修工作；②承包商作业（承包商完成的非常规作业）；③偏离安全标准、规则、程序要求的工作（变更程序、规程的作业）；④交叉作业；⑤在承包商区域进行的工作；⑥缺乏安全程序的工作。

2. 高危作业范围

①进入受限空间；②破土作业；③高处作业；④断路作业；⑤临时用电；⑥动火作业；⑦盲板抽堵；⑧吊装作业。

三、作业流程

用一张图来形象地说明作业安全许可的工艺流程。见图4-14。

四、作业许可实例

以化工检修的安全许可为例，来说明在化工生产作业过程中安全管理的重要性。这种管理就是典型的"过程安全管理"（PSM）。化工检修涉及诸多个作业许可类型，对作业许可的安全管理很有代表意义。

1. 检修前的准备

主要工作包括：设置检修指挥部；制定检修方案；检修前进行安全教育；检修前检查。

停车方案一经确定，应严格按照停车方案确定的停车时间、步骤、工艺变化幅度，以及确认的停车操作顺序表，有组织、有秩序地进行。装置停车阶段

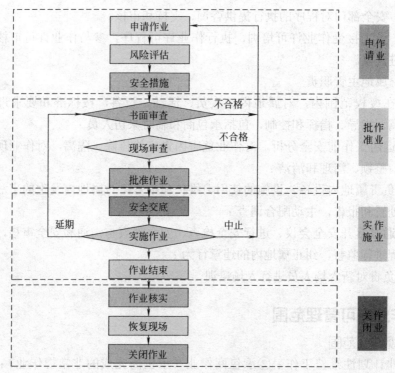

图4-14 作业许可流程图

进行得顺利与否,一方面影响安全生产,另一方面将影响装置检修作业能否如期安全进行以及安全检修的质量。装置停车的主要安全技术处理如下。

(1)严格按照预定的停车方案停车 按照检修计划、并与上下工序及有关工段(如锅炉房、配电间等)保持密切联系,严格按照停车方案规定的程序停止设备的运转。

(2)泄压要缓慢适中 泄压操作应缓慢进行,在压力泄尽之前,不得拆动设备。

(3)装置内物料务必排空、处理 在排放残留物料前,必须察看排放口情况,不能使易燃、易爆、有毒、有腐蚀性的物料任意排入下水道或排到地面上,而应向指定的安全地点或贮罐中排放设备或管道中的残留物料,以免发生事故或造成污染。同时,设备、管道内的物料应尽可能倒空、抽净,排出的可燃、有毒气体如无法收集利用应排至火炬烧掉或进行其他处理。

(4)控制适宜的降温、降量速度 降温、降量速度应按工艺的要求进行,以防高温设备发生变形、损坏等事故。如高温设备的降温,不能立即用冷水等直接降温,而应在切断热源之后,以适量通风或自然降温为宜。降温、降量的速度不宜过快,尤其在高温条件下,温度、物料量急剧变化会造成设备和管道变形、破裂,引起易燃易爆、有毒介质泄漏或导致发生火灾爆炸或中毒事故。

（5）开启阀门的速度不宜过快　开启阀门时，打开阀门头两扣后要停片刻，使物料少量通过，观察物料畅通情况，然后再逐渐开大阀门，直至达到要求为止。开启蒸汽阀门时要注意管线的预热、排凝和防水击等。

（6）高温真空设备停车步骤　高温真空设备的停车，必须先消除真空状态，待设备内介质的温度降到自燃点以下时，才可与大气相通，以防空气进入引发燃烧、燃爆事故。

（7）停炉作业严格依照工艺规程规定　停炉操作应严格依照工艺规程规定的降温曲线进行，注意各部位火嘴熄火对炉膛降温均匀性的影响。火嘴未全部熄灭或炉膛温度较高时，不得进行排空和低点排凝，以免可燃气体进入炉膛引发事故。

同时，装置停车时，操作人员要在较短的时间内开关很多阀门和仪表，为了避免出现差错，必须密切注意各部位温度、压力、流量、液位等参数的变化。

2. 装置停车及停车后的安全处理

停车后的安全处理主要步骤有：隔绝、置换、吹扫与清洗、拆卸人孔、穿戴防护用品，以及检修前生产部门与检修部门应严格办理检修交接手续等。

（1）隔绝：完全切断该设备内的介质来源。进入化工设备内部作业，必须对该设备停产，在对单体设备停产时要保障所有介质不能发生内漏。由于设备长时间使用，许多与该设备连接的管道阀门开关不到位，会出现内漏现象，尤其是气体阀门。检修人员进入设备作业后，如对管道检查不仔细，一旦发生漏气、漏液现象，特别是煤气、氨气、酸气、高压气、粗苯等易燃、易爆、高温、高压物质发生内漏，将造成着火、爆炸、烧伤、中毒等严重事故，后果不堪设想。

由于隔绝不可靠致使有毒、易燃易爆、有腐蚀、令人窒息和高温介质进入检修设备而造成重大事故时有发生。因此，检修设备必须进行可靠隔绝，最安全可靠的隔绝方法是拆除管线或抽堵盲板。工艺人员一定要认真确认与设备连接的所有管道，对一些易燃、易爆、易中毒、高温、高压介质的管道要在阀后（近塔端）加盲板。抽堵盲板属于危险作业，应办理"抽堵盲板作业许可证"，并落实各项安全措施。

① 应绘制抽插盲板作业图，按图进行抽插作业。
② 盲板必须符合安全要求并进行编号。
③ 抽插盲板现场安全措施：确认系统物料排尽，压力、温度降至规定要求；凡在禁火区抽插易燃易爆介质设备或管道盲板时，应使用防爆工具，应有专人检查和监护；在室内抽插盲板时，必须打开窗户或用通风设备强制通风；抽插有毒介质管道盲板时，作业人员应按规定佩戴合适的个体防护用品，防止

中毒；在高处抽插盲板时，应同时满足高处作业安全要求，并佩戴安全帽、安全带；危险性特别大的作业，应有抢救后备措施及气防站、医务人员、救护车在场。操作人员在抽插盲板连续作业中，时间不宜过长，应轮换休息。

（2）置换、吹扫与清洗

① 置换。为保证检修动火和进入设备内作业的安全，在检修范围内的所有设备和管线中的易燃易爆、有毒有害气体应进行置换。一般用于置换的气体有氮气、蒸汽，要优先考虑用氮气置换。因为蒸汽温度较高，置换完毕后，还要凉塔，使设备内温度降至常温。对易燃、有毒气体的置换，大多采用蒸汽、氮气等惰性气体作为置换介质，也可采用注水排气法，将易燃、有毒气体排出。对于一些高温液体的设备，首先应考虑放空，再采用打冷料或加冷水的方式将设备降至常温。对有压力的设备要采用泄压的方法，使设备内气体压力降至常压。设备经置换后，若需要进入其内部工作还必须再用新鲜空气置换惰性气体，以防发生缺氧窒息。

② 吹扫。对设备和管道内没有排净的易燃、有毒液体，一般采用以蒸汽或惰性气体进行吹扫的方法清除。

③ 清洗和铲除。对置换和吹扫都无法清除的黏附在设备内壁的易燃、有毒物质的沉积物及结垢等，还必须采用清洗和铲除的办法进行处理。

清洗一般有蒸煮和化学清洗两种。

（3）正确拆卸人孔　在对检修设备进行介质隔断、置换、降温、降压等工序后，要进行严格的确认、检测，在确保安全的情况再拆卸人孔，对于有液体的设备，拆人孔时，要拆对角螺栓，拆到最后四条对角螺栓时，要缓慢拆卸，并尽量避开人孔侧面，防止液体喷出伤人。对于易燃、易爆物质的设备，绝对禁止用气焊割螺栓。对于锈蚀严重的螺栓要用手锯切割。对于粗苯油罐等装置上设新人孔或开新手孔的情况，绝对禁止用气焊或砂轮片切割，要采用一定配比浓度的硫酸，周围用蜡封的手段开设新的人孔、手孔。

（4）正确使用防护用品　劳动防护并不是简单地穿上工作服即可，在进入化工设备内部作业时；防护用品必须起防护作用，有一定的防护要求。

在易燃、易爆的设备内，应穿防静电工作服，要穿着整齐，扣子要扣紧，防止起静电火花或有腐蚀性物质接触皮肤，工作服的兜内不能携带尖角或金属工具，一些小的工具，如角度尺等应装入专用的工具袋。

安全帽必须保证帽带扣索紧，帽子与头佩戴合适，由于在设备内部作业施工空间不足，很可能出现碰头现象，还要保证帽芯与帽壳间留有一定缝隙，防止坠物打击帽子后帽芯不能将帽壳与头隔开，帽壳直接压在头上造成伤害。因此，帽芯内部要留有够的缓冲距离。

正确穿戴劳保手套,在一些酸、碱等腐蚀性较强的设备内作业要穿戴防酸、碱等防腐手套,手套坏了要及时更换,尤其是夏季作业手出汗多,会降低手套的绝缘性能和出现打滑现象,所以应最好多备几副手套。

劳保鞋要采用抗静电和防砸专用鞋。所穿的大头皮鞋,鞋底应采用缝制,不要用钉制,同时要考虑防滑性能,鞋带要系紧,保证行走方便。在有条件的塔内工作时,尽量在作业范围的塔底铺设一些石棉板或胶皮,这样既防滑又隔断了人与设备的直接接触。

3.检修阶段的安全要求

检修阶段常常涉及电工作业、拆除作业、动火作业、动土作业、高处作业、焊接作业、吊装作业、进入设备内作业等,应严格执行各有关规定,以保证检修工作顺利进行。

(1)动火作业。动火作业分特殊动火、一级动火和二级动火3类。

① 固定动火区与禁火区。应根据工作需要,经使用单位提出申请,厂安全、防火部门登记审批,划定"固定动火区",固定动火区以外一律为禁火区。

② 动火作业及分类。在禁火区进行焊接与切割作业及在易燃易爆场所使用喷灯、电钻、砂轮等可能产生火焰、火花或赤热表面的临时性作业均属动火作业。

(2)动火安全作业证制度。

① 在禁火区进行动火作业应办理"动火安全作业证",严格履行申请、审核和批准手续。

"动火安全作业证"应清楚标明动火等级、动火有效日期、动火详细位置、工作内容、安全防火、动火监护人措施以及动火分析结果,审批签发动火证负责人必须确认无误方可签字。

② 动火作业人员要详细核对各项内容,如发现不符合安全规定,有权拒绝动火,并向单位防火部门报告。

③ 动火前,动火作业人员应将动火证交现场负责人检查,确认安全措施已落实无误后,方可按规定时间、地点、内容进行动火作业。

④ 动火地点或内容变更时,应重新办理审证手续;否则不得动火。

⑤ 高处进行动火作业和设备内动火作业时,同时还必须办理"高处安全作业证"和"设备内安全作业证"。

(3)动火分析及标准。

① 取样要有代表性。

② 取样时间与动火作业的时间不得超过30分钟。

③ 动火分析标准:若使用测爆仪,被测气体或蒸气的浓度应小于或等于爆

炸下限体积比的20%，若使用其他化学分析法，当被测气体或蒸气的爆炸下限大于或等于10%时，其浓度应小于1%；当爆炸下限小于10%而大于或等于4%时，其浓度应小于0.5%；当爆炸下限小于4%时，其浓度应小于0.2%。

④ 进入设备内动火，同时还须分析测定空气中有毒有害气体和氧含量，有毒有害气体含量不得超过最高容许浓度，氧含量应为18%～22%。

4.设备内受限空间作业

（1）设备内作业及其危险性。凡进入石油及化工生产区域的罐、塔、釜、槽、球、炉膛、锅筒、管道、容器等以及地下室、阴井、地坑、下水道或其他封闭场所内进行的作业称为受限空间作业。

（2）受限空间内作业安全要点：

① 设备内作业必须办理"受限空间作业证"，并要严格履行审批手续。

② 进设备内作业前，必须将该设备与其他设备进行安全隔离（加盲板或拆除一段管线），并清洗、置换干净。

③ 在进入设备前30分钟必须取样分析，严格控制可燃气体、有毒气体浓度及氧含量在安全指标范围内，分析合格后才允许进入设备内作业。如在设备内作业时间长，至少每隔2小时各分析一次。

④ 采取适当的通风措施，确保设备内空气良好流通。

⑤ 应有足够的照明，设备内照明电压应不大于36伏，在潮湿、狭小容器内作业应小于等于12伏，灯具及电动工具应符合防潮、防爆等安全要求。

⑥ 进入有腐蚀、窒息、易燃易爆、有毒物料的设备内作业时，必须按规定佩戴合适的个体防护用品、器具。

⑦ 在设备内动火，必须按规定办理动火证和履行规定的手续。

⑧ 设备内作业必须有专人监护，并与设备内作业人员保持有效的联系。

⑨ 在检修作业条件发生变化，并有可能危及作业人员安全时，必须立即撤出人员；若需要继续作业，必须重新办理进入设备内作业审批手续。

⑩ 作业完工后，经检修人、监护人与使用部门负责人共同检查设备内部，确认设备内无人员和工具、杂物后，方可封闭设备孔。

5.检修完工后处理

检修完工后应认真进行检查，确认无误后对设备等进行试压、试漏、调校安全阀、调校仪表和连锁装置等，对检修的设备进行单体和联动试车，验收交接。

化工设备在检修前进行以上安全技术处理即可为化工设备检修作业的顺利进行提供良好的作业环境，为确保检修作业的安全以及检修后设备的正常运转提供可靠保证。

第八节 变更管理

一、变更管理的意义

变更管理（Management of change，MOC）是美国职业安全健康局工艺安全管理体系的一个核心要素，1992年开始以法规的形式要求企业加强对变更的管理。美国职业安全健康局认为，对工艺安全管理体系进行变更时，应该全面评估所提出的变更对于员工安全和健康的影响，并明确需要对操作程序进行哪些修改。同时，变更管理与工艺安全管理中的其他要素联系十分紧密，需要综合考虑。

有变更的需求就要有变更的控制和管理。它的主要任务包括：①分析变更的必要性和合理性，确定是否实施变更；②记录变更信息，填写变更控制单；③做出更改，并交上级审批；④修改相应的软件配置项（基线），确立新的版本；⑤评审后发布新版本。

一个项目，从开始就处于不停的变化中。用户需求变了需要调整计划或者设计；测试发现了问题需要对错误代码进行变更；甚至人员流失了，也需要项目进行一定的调整以适应这种情况。Bug管理、需求管理、风险控制等本质上都是项目变更的一种。它们都是为了保证项目在变化过程中始终处于可控状态，并随时可跟踪回溯到某个历史状态。

孤立地看单个变更（CR）的生命周期，它是比较简单的，大致就是提出-审核-修改一个过程。但变更管理并不是单纯的一个数据库记录，做个备忘而已。在这么一个简单的流程中，变更管理要能体现出它的两个重要用途，一个是控制变更，保证项目可控；另一个是变更度量分析，帮助组织提供自己的开发能力。

为了保证项目可控，项目管理者要充分了解变更的信息，衡量变更实施对项目的冲击，才能决定是否要修改。比如问题是否严重必须马上得到修改，问题的修改是否很复杂，是否会牵扯到很多方面。这些信息，大致可以归为两类，一类是变更的自身信息，比如复现步骤等；另一类是关联信息，比如某个功能变更实施后，对项目其他模块的影响分析，这类信息通常不可能由变更提出人来提供，而需要变更审核者结合多方面信息进行分析。

实施变更管理的一个更重要且更有意义的作用就是对变更进行度量分析。在项目进行过程中,对变更进行分析,可以很好地了解项目当前质量状态(如果你承认统计学有它的科学性,那么你就会承认,项目各阶段的合理变更发展情况是有确定的分布形态的);定时进行项目复盘,分析组织中变更的产生原因和解决方法,及时了解组织中常见错误并有针对性地改正,才能促使组织的开发能力不断得到提高。

二、变更管理的实施

1.建立变更管理制度

企业在工艺、设备、仪表、电气、公用工程、备件、材料、化学品、生产组织方式和人员等方面发生的所有变化,都要纳入变更管理。变更管理制度至少包含以下内容:变更的事项、起始时间,变更的技术基础、可能带来的安全风险,消除和控制安全风险的措施,是否修改操作规程,变更审批权限,变更实施后的安全验收等。实施变更前,企业要组织专业人员进行检查,确保变更具备安全条件;明确受变更影响的本企业人员和承包商作业人员,并对其进行相应的培训。变更完成后,企业要及时更新相应的安全生产信息,建立变更管理档案。

2.严格变更管理

工艺技术变更。主要包括生产能力,原辅材料(包括助剂、添加剂、催化剂等)和介质(包括成分比例的变化),工艺路线、流程及操作条件,工艺操作规程或操作方法,工艺控制参数,仪表控制系统(包括安全报警和联锁整定值的改变),水、电、汽、风等公用工程方面的改变等。

(1)设备设施变更。主要包括设备设施的更新改造、非同类型替换(包括型号、材质、安全设施的变更)、布局改变,备件、材料的改变,监控、测量仪表的变更,计算机及软件的变更,电气设备的变更,增加临时的电气设备等。

(2)管理变更。主要包括人员、供应商和承包商、管理机构、管理职责、管理制度和标准发生变化等。

(3)变更管理程序(见图4-15)。

①申请。按要求填写变更申请表,由专人进行管理。

②审批。变更申请表应逐级上报企业主管部门,并按管理权限报主管负责人审批。

③实施。变更批准后,由企业主管部门负责实施。没有经过审查和批准,任何临时性变更都不得超过原批准范围和期限。

④验收。变更结束后,企业主管部门应对变更实施情况进行验收并形成报告,及时通知相关部门和有关人员。相关部门收到变更验收报告后,要及时更

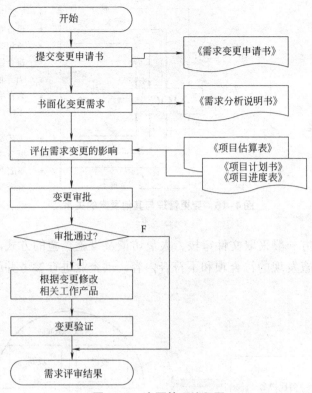

图4-15 变更管理流程图

新安全生产信息,载入变更管理档案。

3.变更管理的要求

美国职业安全健康局在工艺安全管理标准中要求,应在工艺或部分相关流程开工前,对该工艺涉及的生产操作人员、维修人员及承包商进行告知及培训。同时,变更管理程序应确保在任何变更实施前均已考虑:拟进行变更的技术基础,如所需的变更目的、任务、设计细节和工艺安全信息;变更对安全和健康产生的影响,如是否需要进行工艺危害分析;操作程序的修改,如是否需要进行标准操作规程、机械完整性程序、开车前安全审核检查表更新及培训;变更的必要时间期限,如是否属于永久、临时或紧急变更;拟进行变更的授权要求,如参与者是谁。

4.与其他要素的关系(见图4-16)

变更管理与工艺安全管理中的其他要素联系十分紧密。针对任何要素的变化,均需要对其进行判定是否属于变更,然后落实相应的变更管理程序。

变更管理程序建立后,企业应邀请独立第三方对变更管理及工艺安全管理其他要素的规划、实施、核查和改进等具体执行情况进行审核和验证,以保证程序的持续改进并长期发挥有效作用。

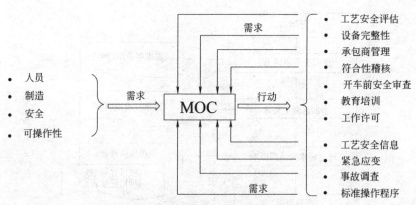

图4-16 变更管理与其他要素的关系

独立第三方一般采取文件审核、人员访谈及设施查验的方式，记录审核和验证过程中抽查发现的符合项和不符合内容，供企业进行参考并酌情改善，如图4-17所示。

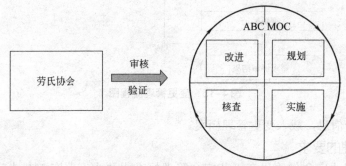

图4-17 变更管理的评估程序

作为美国职业安全健康局过程安全管理要素的重要环节之一，变更管理贯穿于工艺流程全生命周期，并通过与其他要素的相互作用，共同保障工艺流程安全。执行变更管理的意义、方法和评估形成了变更管理的主要内容。变更管理的持续改进，也进一步保障了企业的安全生产。

三、杜邦变更管理

杜邦的变更申请程序提供一个变更提案的文件格式，每一件变更申请案件由一协调人负责准备和协调使其获得授权（核准）、执行及完成。审查人及核准人由制程变更的分类来决定；依照变更的复杂性，由管制检查表来勾选决定一个变更案需要哪些文件及相关的评估报告或其他的活动来配合。核准人或审查人可以决定是否在执行变更前需要执行制程危害分析或设计评估。所有的变更申请案必须撰写结案通知，此结案通知分成两个部分：第一部分用以记载变更执行的结果;第二部分则确认所有文件的更订及后续工作是否完成。

对于发生在夜间、节假日的特殊状况或日班之制程的不寻常状况,为了符合特定的需要,必须更改制程以维持正常之运转时,紧急制程变更程序允许口头授权(核准),此项变更必须填写紧急制程变更申请表以记录制程变更,并且在两个工作日内完成正常的制程变更申请之审查与核准程序。

1.情况介绍

在制程安全管理系统上,变更管理是非常重要的一环;制程为了改善操作、降低成本、改善品质,常需更改。这些更改,不论是硬件的(设备、原物料)更改或是软件的(操作条件)更改,都可能会对制程原先的安全防护或制程危害评估产生影响,甚至使之完全失效而发生危害事故,因此所有制程的变更都需给予适当的审查、评估、管制。

现场细微的变更有可能会,也曾经导致突发性的严重事故,因此,除了同型设备的更换,在制程技术范围内的修改或变更之前都必须经过适当的审核。

制程安全管理要求所有的变更必须用格式化的文件来记录并管理变更执行过程的每个细节,包括:提案申请、审查核准、执行变更、结案报告、文件更新、员工训练及启用前检查等。

2.制程变更的分类

(1)制程技术的变更(Process Technology Change):与现有技术相关的变更,例如:①改变建构制程设备的材质;②改变反应槽搅拌器的叶片;③改变冷却水流动的路径;④改变过程控制;⑤改变产品配方,取样和测试方法与频率等等。

(2)非显著性变更(Subtle Change):在现有制程技术范围内的变更,但不是同类替代。例如:①不同厂商的阀门,但在原设计规格内;②在联锁限制条件内变更制程控制之警报设定;③变更仪表校正的范围。

(3)细微变更(Minor Change):此类变更在任何情况下,不会造成制程操作在操作条件下(Standard Operating Condition,SOC)及操作程序(Standard Operating Procedure,SOP)既定的范围之外,且不会对安全、环境、品质或生产造成影响,通常这类变更都属控制软件的变更。例如:①控制器参数的变更;②增加或修改分散控控系统(Distributed Control System,DCS)趋势图、报告或表格;③定时器上升速率变更。

(4)一般设施变更(General Facility Change):指非制程设施的办公大楼、防火墙及道路等的变更。

(5)试生产之授权(Trail Manufacturing Authorization):指改变产品配方;改变不同于现有的原物料;为了改善产品品质或成本而做的生产测试(Test Authorization TA)。

（6）操作或维修准则或分析方法的变更。

（7）外包工程及项目。

3.制程变更流程

制程变更提案人要使用标准的变更申请表格来提出申请，并根据表格内的审查项目逐一加以审查或评估：

（1）书面提案填写申请书表：①说明变更的内容；②说明现有问题、变更原因及预期的效果；③依照变更的特性，勾选应变更的类别；④说明背景、细节、变更范围及期限。

a.背景：叙述问题或机会所在，说明为何提议变更或试验及预期之成果。叙述先前试验成果及其他相关资料及最终产品性质的可能影响，如果是制造新产品。说明它与现有产品主要的相似性或差异性。

b.细节：说明变更计划并提供成功或失败的判定标准；指出变更的制程条件，所牵涉的设备，仪器及特殊的分析，检附详细的说明，现场记录及取样计划；如要做生产试验，则需提供制程关键变量的值，以及试验条件的范围。用变更申请之检查表来勾选，并确认受此变更影响的文件及程序，并注明这些文件或提供的其他文件附在变更申请书上，以便传阅审查。

c.变更范围及期限：说明此变更或试验需时多久及何时完成；若牵涉产品生产测试，则需给予在测试条件下所欲制造的大约数量，生产测试之操作条件的标准值，上限及下限值等。

d.安全健康和环保。说明变更所带来的安全问题及解决方法。如涉及新化学品（对工厂而言是新引进的），必须经工厂核准后方可使用，并备妥物质安全资料表以利训练、沟通之用。考虑新化学品之各种效应及在新状况下产能的变化及设备的适应性，例如：泄压装置、热传能力等，必须强调变更后的状况及对安全所造成的影响。说明可能产生更多的污染物或需要使用更多的化学品来防治污染，必要时咨商环保工程师或提供简单的质能平衡之计算书。决定是否要制程危害分析（Process Hazard Analysis，PHA）报告，若是要，则将已完成的PHA之总结报告附于变更申请书内，以利传阅审查。

e.生产及维修的影响。是否需要特别的生产技术员的照料；制程操作的变化，对半成品的影响及产能的影响。设备的耐用性是否发生变化；维修备品库存的变化，若造成库存备品的废弃，说明其数量及新增加的成本；预防保养计划的变化；维修人员的训练等问题。

（2）技术管理

① 制程技术数据（Process Technology，PT） 制程安全数据是了解制程危害的基础，也是安全管理的第一步。它包括了物质危害数据、制程设计基础及设备设计基础三个部分，可帮助辨识了解制程上有哪些危害。实施方式如下：

a.所有数据必须是书面的,并且要随时更新;b.数据的收集要超越物质安全资料的范围;c.制程要依技术规范来设计;d.设备要依照设计规范来设计;e.包括制程中主要及可能的化学反应。

② 制程危害分析(Process Hazards Analysis,PHA) 制程危害分析是以有系统的方式来辨识评估,进而控制危害的一种工具,主要包含影响分析及制程危害评估。本单元强调每一项新的设施或每一个重要项目,在其设计和施工阶段及设备启用一段时间以后,都应该作制程危害分析。制程危害分析的实施应包括生产技术员、维护技术员、生产单位主管、维护单位主管及制程工程师。实施方式如下:

a.将制程分成小的区域,再对各区域轮流作危害分析;b.进行分析之前,要确认制程危害资料是最新的;c.搜集其他有关资料,如意外事件调查报告、变更纪录、操作程序等;d.找出最差及最可能发生的几种模拟状况,并评估其可能后果;e.以有系统的方式做危害评估;f.提出建议事项并跟踪;g.依各区危害的高低决定重复作危害分析的频率。

③ 技术变更管理(Management of Change,MOC-Tech.) 任何制程上的变更都可能带来新的危害,是在规范制程上所使用的物质、原制程设计及设备设计基础所作的任何变更,都必须经过相关人员的审查与核准,必要时并应作制程危害分析。它包括:临时性或永久性变更的书面申请及审查程序。变更后数据的实时更新,相关作业人员的训练与沟通。实施方式如下。a.制程变更请求应详细记载:变更目的、技术基础、变更内容、工安卫生环保、操作步骤的改变、人员训练及沟通、变更期限、试验结束等。b.由变更申请人提交申请,经有关人员审查核准。c.有必要应做危害分析。d.紧急变更的做法。

④ 作业程序与安全工作步骤(Operating Procedure and Safe Practice) 作业程序是用来规范作业人员按照一定的步骤去操作,以维持运转安全。安全工作步骤是一套现行最有效的检查及许可步骤,以确保工作的安全进行。它包括:作业程序应与实际作业相符并应定期审查与更新,遵守一定的工作步骤,以维持操作纪律与工作安全。实施方式:a.将制程划分成小的区域及操作事项,再针对各项拟出操作步骤;b.步骤应包含开停车、正常操作、紧急状况下的操作、操作条件的范围及偏离的后果;c.定期审查并更新;d.注意如何避免泄漏或人员伤害,制程的主要危害及控制方法;e.一定要依书面的步骤或程序来进行工作,保持高度的操作纪律;f.警报及联锁的规定。

(3) 设备管理(Facility)

① 设备质量保证(Quality Assurance,QA) 本单元主要是在强调所有的设备及零组件均需依照原设计规范制作、组装及安装。设备质量保证的内容包括:制定品保计划,作好供货商的选择,制造、组装、运输及初次安装时的监督,

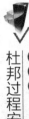

验收与测试。实施方式如下：a.采用较高标准的设计规范；b.必须是合格的检查人员；c.使用检查表来制定品保计划及实行验收检查。

② 启用前安全检查（Pre-Start up Safety Review，PSSR）　本单元的目的是在规范所有的新设备或修改过的设备，在启用前均应作一次全面性的检查，以确保设备能安全运转。它包括：是否依设计施工，测试及检查是否完整，操作程序是否齐全，制程危害评估是否完成，紧急应变计划是否完备等。实施方式如下：a.使用检查表；b.跨部门小组进行检查；c.现场勘查；d.建议事项的跟踪及完成；e.定期稽核启用前安全检查的绩效。

③ 机械维修质量（Mechanical Integrity，MI）　本单元是要确保设备从初次安装到使用寿命极限期间之维修保养均能符合原有的设计。它包括：标准维护程序，材料及零组件的品管，设备的检查与测试，预防保养及可靠性分析。实施方式如下：a.选定设备；b.采用高标准的设计规范；c.设备及零件的质量保证；d.建立设备的历史数据及制程的操作条件纪录，并作分析；e.依规范、经验或法规、制度和维修标准；f.人员训练及资格检定。

④ 设备变更管理（Management of Change，MOC Fac.）　本单元是要确保，在制程技术原来规范内，对设备所做的"类似原件汰换"式的修改，亦经过相关人员的审查与核准。它包括：书面申请及审查程序，任何临时性或永久性的更改，均应在变更前取得核准。变更后的资料应实时更新，并对相关作业人员加以训练与沟通。

（4）人员管理

① 训练与绩效（Training & Performance）　本单元是要确保人员受到工作相关的训练，且能在工作上充分应用所学。同时要确保处理危害或危险性物质的人员能胜任所担负的工作，不会受到酒精或药物等外在的影响。它包括：职前训练，资格认可，复习训练及在职训练。确保人员工作时的精神状态能胜任所交付的任务。实施方式如下：a.制定书面训练计划；b.制定技能标准；c.讲师标准的要求；d.妥善保存训练纪录。

② 意外事件调查与沟通（Incident Investigation & Communication）　调查的目的是要防止意外事件的再发生，除非能找出意外发生的真正原因并立即加以改正，意外事件都可能重复地发生。实施方式如下：a.定义"意外事件"；b.进行初期报告；c.调查小组找出主要原因；d.建议对事件的跟踪；e.找出系统上的缺失以求改进；f.分享调查结果。

③ 安全稽核（Auditing）　本单元要根据各单元所订的标准，评核其执行绩效。就实际观察到的优缺点，给予正面的回馈并指出有待改进之处。实施方式如下：a.订定稽核计划；b.稽核程序表及检查表；c.好坏都要记录；d.设定矫正

措施的完成期限及责任归属。

（5）审查与评估　提案人填写变更申请书并在规定的审查项目内加以必要的说明、解释、评估之后，在申请表格所附的检查表上勾选能满足执行变更需要的文件，以及必须更改的文件与图表等资料。完成了提案申请，将案件交给协调人。协调人将所勾选的资料收齐附在变更申请书上，送给指定的审查人传递审查。

各审查人以其专业知识与经验也在规定的审查项目内，提供为达成此预期的结果可能预见的问题与对策或其他意见。通常一件变更案，在提案前的协调会议中就认定此变更案的协调人及审查人（或用 E-Mail 协调并指定审查人），协调人要负责传递文件给所有的审查人，并在预定时间内完成审查。

（6）核准　核准人最后收到变更申请书表，他要审阅各审查人所提的建议，并决定此变更申请书表是否要重写，如需重写，通常是各审查人的意见分歧没有交集时，指定核准人会退回要求重写。提案人收回原稿并召集各审查人开会协调重写，重写后的建议与原封面页以及原来审查的意见，以及依照检查表所勾选的文件、图表等一并交给核准人核准，原审查意见在变更结案时一并归档存查。

在交与核准前，变更案协调人要仔细过滤所有的审查建议及文件、图表等是否能够满足执行变更的需要。

（7）执行　核准的变更申请文件交由变更协调人开出请购单或工作单，开始执行变更的工作。协调人要协调可用的资源去达成预期的结果，同时要保留执行过程所有的观察、测试、记录及结果，以便评估此变更的成功与否。

（8）第一部分的结案　变更协调人在获得变更的结果后发出第一部分结案通知给原审查人与核准人，以及原来在检查表，勾选必须更新的文件时所指定的文件更新负责人，及项目档案中心，同时附上此勾选的管制页以供核对。所有审查此变更案的人员必须回复表示同意或不同意该项结案，在所有人皆同意该变更申请案时，项目秘书将第一部分结案。

这项审核结案通常以两周为限，若因任何原因，在两周内未能结案，协调人会催办以便结案。如果期限内不能提出第一部分结案通知，就要填写展期通知，经原核准人核准后展期。

若此变更没有获得预期的结果或失败，在第一部分结案通知时即通知"终止变更"。一旦"终止变更"，协调人应收回所有欲变更的文件，并将制程回复到未变更前的状况。若判定作为"永久变更"，协调人应尽速完成后续的工作：变更的"第二部分"工作。

（9）第二部分的结案　所有指定文件更新的负责人，都要回报协调者其文件更新的进度，当所有的文件、程序、图表等都完成后，协调人提出第二部分结案通知。项目秘书在 3 个工作日内将所有的文件图表更新归档结案。

4.训练

操作设备的主管在变更申请案核准后执行前,将有关改变的操作/维修程序沟通/训练其相关人员。要确保操作人员有最起码的制程经验与技能去管理制程安全。任何阶层的人员变化均须符合先前建立的管理标准。遇特殊情况时,应采取必要的补救措施,以确保人员具有最起码的制程经验与技能。它包括了制程经验与技能的最低标准,人员变化的限制及补救措施。

当变更结案且决定为"永久变更"时,相关的操作经理要负责更新作业程序,并以更新后的程序训练其员工,确认落实施行,经过受训人员签名的训练查核表和结案通知,应一并归档于档案中心。

5.紧急制程变更申请

(1) 在夜晚、周末、节假日和一些不寻常的情况下,以紧急授权处理下列制程变更者为紧急制程变更申请:①设备修改以继续操作达成需求;②变更操作条件或方法来处理前所未有急速的制程变化,而标准操作程序无法解决者。

(2) 程序。

①操作部门区域经理先被其组织系统告知,再由操作部门与制程工程部门经理及安全经理口头讨论。若一致同意进行,操作部区域经理即可授权其组织进行变更。②值班的原提案人在他下班前需从E-Mail下载紧急变更的报告表格,并将紧急变更申请从E-Mail送给制程工程部门经理、安全经理,副本分送平时指定审查变更的人员,以便查核。③原提案人于下个工作日依照正常变更申请程序备妥完整的变更申请书表,由制程工程部门经理或厂长进行核准。④若该紧急制程变更在获得口头核准的两个工作日内,未能将变更的状况恢复到变更前的原始状态,则必须采用正常的变更申请程序处理。⑤若在口头核准后两个工作日内恢复原始状态,则原提案人需以E-Mail发出结案通知,给原口头核准人员,经同意后结案。

6.特殊期间制程变更申请审核的偏离

在执行"项目"时的某些特定时期,负责该区域的经理可不经制程变更申请的正常审核程序,而进行授权变更的执行。此种授权是赋予项目负责经理经由"偏离程序"使项目在设计、建造、试车阶段,得以加速进行。在这些阶段中,有许多变更的需求,需要快速地授权以利工作的进行。但必要时,项目负责经理可要求按照正常变更申请程序来审查与核序。

偏离的程序是由项目经理填写"变更申请偏离审核"的申请书送交厂长核准,核准后由安全室给予编号以利管理。此项核准通常仅适用于某一特定的项目或界定良好(潜在危害很低的)的工作,并规定在建厂试车阶段有效。试车结束后,项目经理在原偏离申请书上填写"终止偏离"程序,分送给厂长、安全经理以便结案,原始文件则保存在项目档案中。

7. 结案报告

在第一部分"结案通知"发出后，不论此变更是成功或是失败，都要有完整的"结案报告"。一般工厂常犯的毛病是一旦变更没有结果或失败，就把变更案的申请书表搁置不加整理结案，以致花了时间与费用，未留下结论部分的纪录，殊属不当。

结案报告需记录观察到的各种现象或试验所得各种数据，并对安全健康环保及生产品质等影响详加评估。若属生产测试（TA），则其结论应包括品质比较的结果，例如平均差异及变异性，并说明新产品的特性及操作条件（SOC）变更后的标准值及上下限值。

8. 启用前检查（Pre-Start-Up Safety Review，PSSR）

设备经过更改后，于启用前必须经过安全检查，以确认可以安全操作。启用前的安全检查是用检核表检查，检查项目包括：土木、机械、建构、仪电、联锁及安全防护、防火及人机工程学（Ergonomics）上的潜在问题等等。除此之外，必须确认启用前检查是否附上变更后更新的操作程序，而且有关的操作及维修人员都应以此操作程序训练完毕，受训人员签名于此。

9. 结论

变更管理是制程安全管理非常重要的一环，事业单位应把制程变更管理列入例行作业必需的程序或工具，规定制程的变更必须经过适当的审查、核准、执行、结案，并完成相关程序与图面的更新及人员的训练。有系统地执行并记载和保存变更的资料，使制程技术的资料保持更新，人员适时得到必要的变更后的训练以确保制程的安全。

杜邦各厂均把制程变更管理列入必需的例行作业程序，严格地落实执行，这是杜邦全球一致性的安全标准与要求。

第九节 应急管理

一、应急管理的意义

应急管理是应对于特重大事故灾害的危险问题提出的。应急管理是指政府及其他公共机构在突发事件的事前预防、事发应对、事中处置和善后恢复过程中，通过建立必要的应对机制，采取一系列必要措施，应用科学、技术、规划与管理等手段，保障公众生命、健康和财产安全；促进社会和谐健康发展的有关活动。应急预案框架体系初步形成。是否已制定应急能力及防灾减灾应急预案，标志着社会、企业、社区、家庭安全文化的基本素质的程度。作为公众中的一员，每个人都应具备一定的安全减灾文化素养及良好的心理素质和应急管理知识。

1. 加强预防

增强忧患意识，高度重视公共安全工作，居安思危，常抓不懈，防患于未然。坚持预防与应急相结合，常态与非常态相结合，作好应对突发公共事件的思想准备、预案准备、组织准备以及物资准备等。

2. 快速反应

加强以属地管理为主的应急处置队伍建设，充分动员和发挥乡镇、社区、企事业单位、社会团体和志愿者队伍的作用，依靠群众力量，建立健全快速反应机制，及时获取充分而准确的信息，跟踪研判，果断决策，迅速处置，最大限度地减少危害和影响。

3. 以人为本

把保障公众健康和生命安全作为首要任务。凡是可能造成人员伤亡的突发公共事件发生前，要及时采取人员避险措施；突发公共事件发生后，要优先开展抢救人员的紧急行动；要加强抢险救援人员的安全防护，最大限度地避免和减少突发公共事件造成的人员伤亡和危害。

4. 损益合理

处置突发公共事件所采取的措施应该与突发公共事件造成的社会危害的性质、程度、范围和阶段相适应；处置突发公共事件有多种措施可供选择的，应选择对公众利益损害较小的措施；对公众权利与自由的限制，不应超出控制和消除突发公共事件造成的危害所必要的限度，并应对公众的合法利益所造成的损失给予适当的补偿。

5. 分级负责

在上级应急管理部门的统一领导下，建立健全分类管理、分级负责，条块结合、属地管理为主的应急管理体制，在各级的领导下，实行行政领导责任制。根据突发公共事件的严重性、可控性、所需动用的资源、影响范围等因素，启动相应的预案。

6. 联动处置

建立和完善联动协调制度，推行城市统一接警、分级分类处置工作制度，加强部门之间、地区之间、军地之间、中央派出单位与地方政府之间的沟通协调,充分动员和发挥城乡社区、企事业单位、社会团体和志愿者队伍的作用,形成统一指挥、反应灵敏、功能齐全、协调有序、运转高效的应急管理机制。

7. 专群结合

加强公共安全科学研究和技术开发,采用先进的预测、预警、预防和应急处置技术及设备,提高应对突发公共事件的科技水平和指挥能力;充分发挥专家在突发公共事件的信息研判、决策咨询、专业救援、应急抢险、事件评估等方面的作用。有序组织和动员社会力量参与突发公共事件应急处置工作;加强宣传和培训教育工作,提高公众自我防范、自救互救等能力。

8. 资源整合

整合现有突发公共事件的监测、预测、预警等信息系统,建立网络互联、信息共享、科学有效的防范体系;整合现有突发公共事件应急指挥和组织网络,建立统一、科学、高效的指挥体系;整合现有突发公共事件应急处置资源,建立分工明确、责任落实、常备不懈的保障体系。

9. 依法规范

坚持依法行政,妥善处理应急措施和常规管理的关系,合理把握非常措施的运用范围和实施力度,使应对突发公共事件的工作规范化、制度化、法制化。

10. 责权一致

实行应急处置工作各级行政领导责任制,依法保障责任单位、责任人员按照有关法律法规和规章以及预案的规定行使权力;在必须立即采取应急处置措施的紧急情况下,有关责任单位、责任人员应视情临机决断,控制事态发展;对不作为、延误时机、组织不力等失职、渎职行为依法追究责任。

二、应急管理的内容

1. 做好"一案三制"

"一案"是指应急预案,就是根据发生和可能发生的突发事件,事先研究制订的应对计划和方案。应急预案包括各级政府总体预案、专项预案和部门预案,以及基层单位的预案和大型活动的单项预案。

"三制"是指应急工作的管理体制、运行机制和法制。

一要建立健全和完善应急预案体系。就是要建立"纵向到底,横向到边"的预案体系。所谓"纵",就是按垂直管理的要求,从国家到省到市、县、乡镇各级政府和基层单位都要制定应急预案,不可断层;所谓"横",就是所有种类的突发公共事件都要有部门管,都要制定专项预案和部门预案,不可或缺。相关预案之间要做到互相衔接,逐级细化。预案的层级越低,各项规定就要越明确、越具体,避免出现"上下一般粗"现象,防止照搬照套。

二要建立健全和完善应急管理体制。主要建立健全集中统一、坚强有力的

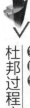

组织指挥机构,发挥我们国家的政治优势和组织优势,形成强大的社会动员体系。建立健全以事发地党委、政府为主、有关部门和相关地区协调配合的领导责任制,建立健全应急处置的专业队伍、专家队伍。必须充分发挥人民解放军、武警和预备役民兵的重要作用。

三要建立健全和完善应急运行机制。主要是要建立健全监测预警机制、信息报告机制、应急决策和协调机制、分级负责和响应机制、公众的沟通与动员机制、资源的配置与征用机制,奖惩机制和城乡社区管理机制等等。

四要建立健全和完善应急法制。主要是加强应急管理的法制化建设,把整个应急管理工作建设纳入法制和制度的轨道,按照有关的法律法规来建立健全预案,依法行政,依法实施应急处置工作,要把法治精神贯穿于应急管理工作的全过程。应急指挥管理系统见图4-18。

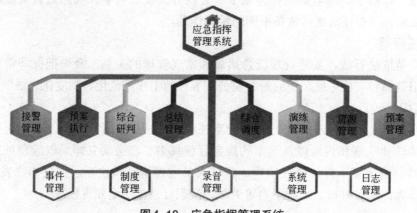

图4-18 应急指挥管理系统

2.编制应急预案并定期演练完善

企业要建立完整的应急预案体系,包括综合应急预案、专项应急预案、现场处置方案等。要定期开展各类应急预案的培训和演练,评估预案演练效果并及时完善预案。企业制定的预案要与周边社区、周边企业和地方政府的预案相互衔接,并按规定报当地政府备案。企业要与当地应急体系形成联动机制。

3.提高应急响应能力

企业要建立应急响应系统,明确组成人员(必要时可吸收企外人员参加),并明确每位成员的职责。要建立应急救援专家库,对应急处置提供技术支持。发生紧急情况后,应急处置人员要在规定时间内到达各自岗位,按照应急预案的要求进行处置。要授权应急处置人员在紧急情况下组织装置紧急停车和相关人员撤离。企业要建立应急物资储备制度,加强应急物资储备和动态管理,定期核查并及时补充和更新。

三、杜邦应急管理方法

杜邦应急响应系统的构成要素,将系统形象地比喻为一幢"房子",系统的管理是房子的屋顶,执行系统所需的设施、设备、组织和人员四个要素则构成了支撑屋顶的四大支柱,房子的地基则由三层工具要素组成,分别是学习和提升、文化融入以及效果验证(见图4-19)。如何搭建这样一幢房子?基于丰富的应急响应项目咨询经验,杜邦认为在应急响应系统的建立过程中,管理层的支持、员工的参与、应急响应计划、培训和练习、专职领导是决定系统有效性的重要因素。而很多企业面临的现实问题又由诸多管理短板所造成,比如缺乏对可能发生的情况理解和预估;缺少及时向员工发出警报的有效沟通方法;作为整体计划一环的监管要求缺位;没有建立切断重要设备的流程;实际发生紧急情况时员工的应对意识不强。

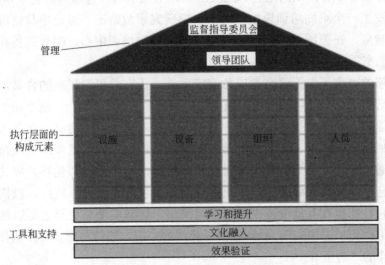

图4-19 杜邦应急体系构成要素

应急响应是为可能发生的紧急情况所制订的详细计划,要求将对人员、环境、设施或社区的影响降至最低。一个详细的应急响应计划规定了在紧急情况发生后应采取的有效、协调的反应措施和可调用的资源。根据可能灾害场景的后果分析制订的紧急响应和应急计划,必须是经过周密思考并符合逻辑的,计划应当公布于众并确保得到充分的理解,必须由可能受事件影响的人员和参与应急管理的人员进行演习和测试。杜邦认为,仅仅通过掌握企业的静态安全信息并不足以了解和预估可能发生的情况,紧急事件的预防、应对、处理和善后往往更依赖于对企业动态安全信息的掌控,而紧急事件的发生和发展本身就是一个动态的过程。应急响应需要建立一套完整有效的获取企业动态安全信息的渠道,并能够纳入全员参与,形成有效的信息流动,突发事件也能够得到及时传达。同时，通过定期培训和现场演习来提升员工应对紧急情况的意识和专业能力，演习后，还需针对实际演习做法进行一次批判性的讨论、提出建议以促进改进。根据杜邦的"房子"理论，所有的应急响应系统管理和执行都应建立在学习和发展、文化与核心价值的基础上，没有软实力支撑的应急响应系统只是无法落地的"空中楼阁"。所以杜邦应急响应系统强调各级员工的能力培养、建成一个高效的学习型组织，从日常工作中提升整个组织预估和应对紧急情况的能力，而非单纯地在特定事件发生时依赖特定的应急响应团队，从而由此形成预防型安全文化和核心价值，超越"应急"的概念而在更加广义的范畴中对潜在风险加以防范和管理。

为了更好地分享杜邦应急响应管理系统，杜邦公司专门开发了一套应急响应解决方案（DuPont Emergency Response Solutions TM），包括现有应急响应计划有效性评估、专业团队的组建和能力培训、组织结构和管理流程建立和改进等，并且开发了一个桌面培训模型，用于模拟研究事故情况，讨论事故情况下的合适应急响应，在美国总部，杜邦还设有应急响应培训中心，配有装备和全新仪器的培训车。

杜邦的"房子"不仅寓意应急响应系统，还有着更深层次的含义，即我们共同生活的这个全球化的世界，她也像是一幢"房子"。如今，这个房子面临着粮食、能源、安全防护三大挑战，这些摆在全人类面前的挑战如此之大，以至于没有任何一个政府、公司或者地区能够独自应对，我们需要跨领域跨文化跨国界的通力合作、协力创新来应对危机和挑战。基于此杜邦倡导开放式创新和无边界分享的精神，致力于输出更多成功经验使众多企业、政府、机构从中受益，同时杜邦也在互动交流中不断学习精进，这其实就是杜邦之所以能够持续经营200多年的密钥所在，杜邦始终以开放的心态，期待与更多合作伙伴共同搭建可持续的"房子"。

第十节 工艺事故/事件管理

工艺事故/事件管理（Process Accident/Incident Management）的目的是为了从事故中吸取经验教训，防止类似事故再次发生。事实上，正是因为业内从业

人员并没有真正从以往的事故中吸取经验教训，很多类似事故反复重演，在实际工作过程中，事故调查往往仅仅查到直接原因，即事故的起因这一层次，而起因往往是一些人为因素，例如人的操作失误或者违反相关规章制度等。由于人会受到人机工程学的限制以及个体心理和身体状态的影响，将人为原因作为事故发生的直接原因或者间接原因，并不能很好地约束人的行为或者保障人的良好状态。因此，如果事故调查的原因分析终止于人为因素，对事故预防是无效的。人为因素是一个最容易确定的关键因素，但人为因素背后潜在的是组织因素、监督管理、不安全行为预防、技能和知识的培训等其他更深层次上的管理系统因素的缺陷。没有在工程系统和安全管理系统，特别是过程安全管理（PSM）系统层面找到根本原因，就不能持续改进PSM系统，PSM系统的缺陷将长期存在，类似事故必将重演。

一、事故的特性

事故是意外的、对人们的生存和发展特别不利的事件。任何事物都有其独特的属性，事故也是一样，它具有几个重要的特性，即因果性、随机性和潜伏性。

1.因果性

事故的因果性指事故是由相互联系的多种因素共同作用的结果。引起事故的原因是多方面的，在伤亡事故调查分析过程中，应弄清事故发生的因果关系，找出事故发生的原因。这对预防类似的事故重复发生将起到积极作用。

2.随机性

事故的随机性是指事故发生的时间、地点、事故后果的严重程度是偶然的。这就给事故的预防带来一定的困难。但是，事故这种随机性在一定范畴内也遵循统计规律。从事故的统计资料中我们可以找到事故发生的规律性。因而，伤亡事故统计分析对制定正确的预防措施有重大意义。

3.潜伏性

表面上，事故是一种突发事件，但是事故发生之前有一段潜伏期。事故发生之前，系统（人、机、环境）所处的状态是不稳定的，也就是说系统存在着事故隐患，具有危险性。如果这时有一触发因素出现，就会导致事故的发生。要认识事故的潜伏性，人们应克服麻痹思想。在生产活动中，某些企业较长时间内未发生伤亡事故，就会麻痹大意，就会忽视事故的潜伏性。这是造成重大伤亡事故的思想隐患。

4.可预防性

现代事故预防所遵循的一个原则即是事故是可以预防的。也就是说，任何事故，只要采取正确的预防措施，事故是可以防止的。认识到这一特性，对坚定信念、防止伤亡事故发生有促进作用。因此，我们必须通过事故调查找到已发生事故的原因，采取预防事故的措施，从根本上降低我国的伤亡事故发生频率。

事故起因模式见图4-20。

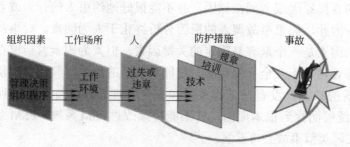

图4-20 事故起因模式

二、杜邦事故调查程序

杜邦总部要求必须要开展全面调查的事故包括：杜邦和承包商的可记录伤害和与事件相关的疾病、A类和B类工艺安全、环境、火灾和运输事故。杜邦认为，直线管理者应负责所有事故的管理/调查。杜邦事故管理的一些做法如图4-21所示。

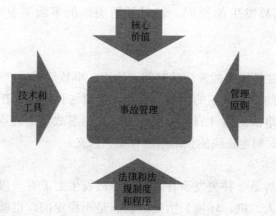

图4-21 杜邦事故管理的一些做法

1.杜邦事故调查

分为以下几个步骤：

（1）最初的反应和报告

①包括：口头、书面、报告的时限；②仅限于已知的事实（日期、时间、地点、发生的事件）；③已采取的应急措施；④在有效的时间发出。

（2）组成调查小组

①选择小组成员；②确定职责；③确定调查范围。

(3) 查找事实

①与发生事故有关的工艺或设施的技术背景信息；②事故现场的图纸/地点；③标准操作程序；④事故相关的工艺或设施的危害分析；⑤安全管理程序和保障措施。

(4) 确定根本原因

①进行现场巡查/走访；②了解事故发生的环境；③确定主要的人员、实物和文件证据；④确定由于事故抢救活动给事故现场带来的改变；⑤证人的名单；⑥拍照；带解说的事故现场录像；事故最初位置图；针对易被损坏的证据（如，设备碎片，轮胎印，地面上的液体）绘制草图。

(5) 找出管理系统需要加强的环节。

(6) 建议或者制定整改和预防措施。

(7) 记录并沟通发现的问题。

(8) 跟踪。

(9) 统计、分析、总结。

2.杜邦对事故的分析

(1) 杜邦对事故统计结果

① 杜邦公司几十年来的事故调查分析和统计结果表明：所有发生的伤害事故4%主要原因源自物的不安全状态，96%主要来自人的不安全行为。

② 每30000件不安全行为会导致3000起危险事件，每3000起危险事件必然造成300起伤害事件，每300起伤害事件必然造成30起受伤损工事故，每30起受伤损工事故必然导致1起死亡事故。

(2) 事故冰山理论　杜邦将事故比喻成一座冰山，冰山露出水面的部分是事故的直接支出，也就是我们所说的直接损失，它包括医疗、工资、行政部门的管理费用，而冰山的大部分是在水下，是事故的潜在损失，是事故的附加支出，也就是我们所说的间接损失，如设备和货物的损失、产品和产品质量的损失、怠工或加班的损失、公众形象和社会关系的损失等等。因为事故所造成的高额员工补偿费用，事故带来的企业停工、停产，使业绩和企业的声誉下降都是支出。而冰山下面的部分，是上面的5～10倍，也就是说，潜在的经济损失远远大于人们所能见到的直接支出。

杜邦调查事故的流程见图4-22。

一般来说，事故调查过程包括成立事故调查组、收集处理证据（表4-3）、分析事故原因、提出整改建议措施、编制事故调查报告等五个主要步骤。分析事故原因需要借助事故调查分析技术。事故调查分析技术可以帮助事故调查团队更加科学地规划事故调查过程，避免事故调查停留在表面原因分析层次，辅

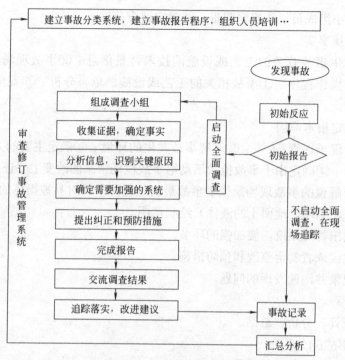

图4-22 杜邦事故调查流程

助指导团队进行更深层次的根原因辨识，提高团队所给出的建议措施的系统性和有效性。反过来，如果一个事故调查团队仅仅凭团队成员的个人经验，而拒绝研究和应用事故调查分析技术，那么往往会导致事故调查不彻底，影响事故调查的成效。

表4-3 事故调查中涉及的主要证据类型

证据类型	简要说明
人员证据	现场人员、目击者、受害者等人的证词或书面报告
实物证据	设备、零件、污迹痕迹、材料、化学品样品等
电子证据	控制系统和管理系统产生的数据、通信资料、现场照片等
位置信息	事故发生时人员在现场所处的位置、液位水平、阀门开度等
记录文档	操作规程、操作记录、交接班记录、政策规章制度、测试分析记录、培训记录等

3.事故调查技术

事故调查分析技术有：屏障分析、变化分析、故障树分析、事件树分析、鱼骨图分析、预定义树分析等等。2010年1月23日位于美国西弗吉尼亚州贝尔地区的杜邦化工厂发生光气泄漏事故，导致一人死亡，一人受伤。图4-23显示了这个事故分析的鱼骨图。鱼骨图的分析结果表明该工厂在工艺危害分析、应急管理、机械完整性、操作规程、培训和变更管理等六个PSM要素层次上存在问题。

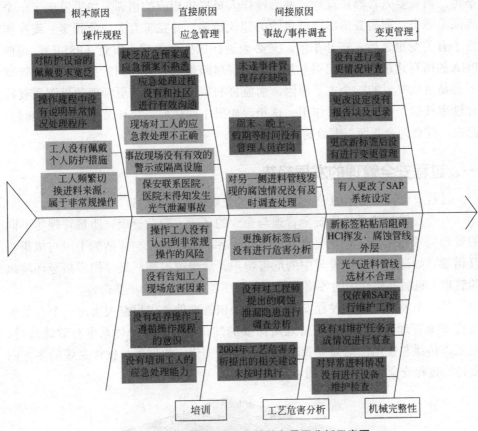

图4-23 杜邦光气泄漏事故的鱼骨图分析示意图

第十一节 过程安全管理各要素的内在联系

过程安全管理的各个要素之间存在紧密的内在联系，需要相互协同，不出现管理要素之间衔接的漏洞，才能发挥好事故预防的作用。我们从变更管理的程序中知道，按照变更管理流程，依据已有工艺安全信息PSI、事故调查信息和机械完整性数据（例如有关设备或仪表的故障率）进行PHA，如果发现了管道仪表流程图上的错误，则需要及时更改有关的PSI；如果发现了操作规程上的不足，则需要完善操作规程，并给操作人员提供相应的培训；如果发现了一个高风险隐患，则需要给出降低风险的建议措施，并完善有关应急预案；而在实施了有关变更之后，在开车前，又必须进行试生产前安全审查（PSSR），确保PHA的所有建议措施都已得到解决，确保风险得到有效控制。企业的变更管理不善是事故发生的一个主要原因。而监督和审核企业的变更管理效果则需要符合性审核这一要素来发挥作用。试想，如果中间任何一个环节没有有机地联系起来，就会为企业埋下事故的隐患。

一、过程安全管理的发展趋势

过程安全管理未来的进一步发展已经呈现两个发展趋势。

一个发展趋势是过程安全管理与企业的环境、职业健康、质量管理等不同的管理需求相结合，管理要素逐渐融合，各种风险辨识与评估的手段与成果相互借鉴。如适用于安全管理中的危害辨识、后果模拟等成果可同样指导环境风险管理；机械完整性中的各项内容，也往往是质量管理的重要内容。

另一个发展趋势是过程安全管理中知识管理的作用日益突出，一个有效的过程安全管理体系应该确保管理所需要的知识能够在这个体系中有效地获得、记录、传播与使用。这需要管理体系、企业文化、数据库与软件系统的多方面支持。过程安全管理体系见图4-24。

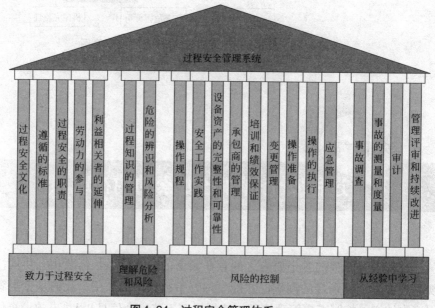

图4-24　过程安全管理体系

从图4-24可看出，过程安全管理是一个庞大而复杂的巨系统。它从四个方面入手：即致力于过程的安全；理解危险和风险；风向的控制以及向经验中学习。它们既有区别又有联系，有时还是紧密地联系。

如致力于过程安全，既弘扬过程安全文化，又要遵循过程的作业标准，既要平衡劳动力的参与程度，又要保障劳动者和企业的利益。

二、ALARP原则

在理解危险和风险过程中，要让员工理解化工生产的特点，因为它固有的危险性，决定了化工过程安全的重要性，固有的危险不能根除，但必须用科学的方法和手段控制危险，把危险控制在可接受的程度。这就是ALARP原则（As Low As Reasonably Practicable，最低合理可行原则）。见图4-25。

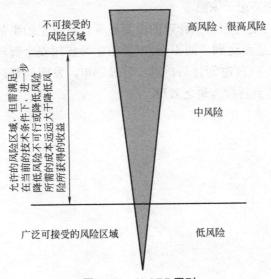

图4-25 ALARP原则

ALARP原则推荐在合理可行的情况下，把风险降低到"尽可能低"。如果一个风险位于两种极端情况（高风险及以上不可接受区域和广泛可接受的风险区域）之间，如果使用了ALARP原则，则所得到的风险可认为是可允许的风险。如果风险处于高风险及以上区域，则该风险是不可接受的，应把它降低到可接受风险水平。在广泛可接受的低风险区域，不需要进一步降低风险，但有必要保持警惕以确保风险维持在这一水平。根据ALARP原则，可接受风险水平指允许的风险区域或广泛可接受的风险区域。

对风险的控制是过程安全管理的核心所在。控制风险首先要按照规程去操作，这里的规程有：工艺规程、安全操作规程、作业安全规程等。其次要有安全工作实践经验，学习杜邦就是实践他们的安全生产经验。再者就是保证资产和设备的完整性和可靠性，众所周知，设备和资产是生产的物质保障，而设备的完整性和可靠性是其安全运行的前提和条件，只有保证了它们的安全可靠，那么过程就是安全的。还有一个重要的因素，就是加强对承包商的安全管理，现代企业专业化分工明确，有些工程、项目、检修、抢修等需要承包商来完成，承包商的安全左右着过程安全的成败，因此，加强对承包商的安全管理至关重要。当然变更管理也是过程安全的重要一环，由于出现了变更，安全状况和未变更前不一样了，要求安全管理者必须对变更后的安全状况掌握好，使之在变更后的运行过程中确保安全。操作准备和操作的执行，对于化工企业来说尤为重要，因为化工生产是连续性的、是前后"一条龙"的工序化生产，操作的准备工作和操作中执行纪律是铁定的。另外，化工的生产过程多数是"高温、高压、有毒、有害、易燃、易爆、深冷、负压"，出现事故的概率较大，这就要求做好应急管理工作，做到防患于未然。

从经验中学习是过程安全管理的重要任务。从发生的事故中吸取教训，做到"四不放过"，进而达到"四不伤害"。在学习杜邦安全管理的过程中，对实施了的管理要素，一段时间过后，进行管理评审，发现问题进而改进，这样的评审循环进行，达到持续改进之效果。

第五章 杜邦设备完整性管理

杜邦把设备完整性和质量保证（MIQA）纳入过程安全管理（PSM）中，并成为其中关键要素的一部分。质量保证覆盖从设计到安装，再到最后投入使用的过程，使新设备得到正确安装。设备完整性有效地确保设备从首次安装到最后拆除的生命周期中可满足特定服务功能的状态。MIQA结合在一起，使设备管理能有效覆盖设备的全生命周期。实施良好的MIQA系统会给您一个运作良好、值得信赖以及维护到位的设备，从而生产出低成本的优质产品。

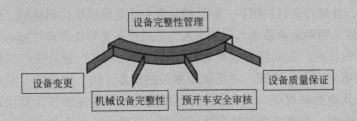

第一节 杜邦设备完整性

一、概念

设备完整性，又称机械完整性（Mechanical Integrity，MI），是指采取技术改进措施和规范设备管理相结合的方式来保证整个装置中关键设备运行状态的完好性。设备完整性以工艺、机电设备安全为主要载体，融入安全管理技术与安全工程技术，针对使用中的工艺设备，以危害风险评估的手段，判断设备失效造成人员伤害过程为指标，进而进行全面生产保养及设备诊断分析，再根据诊断分析结果，进行设备检维修作业，并制订预防性改善措施。该理念融合风险评估、设备诊断及作业规程等范畴，目前在国际上已形成一套较完备的理念，确保工作场所及作业人员的安全性，成效显著。机械的完整性是一种状态，强调设备正常运行下应有的状态；MI是一种要求，也是一种理念达成的手段，有效地运用人力、技术和厂内资源做好设备的运行，维护设备功能，洞察故障征兆。"MI"中的"M"所指并非单机设备，而是设备的机能状态。MI应包括生产过程中所有设备维护，管理MI的基本核心是在安全的前提下，要求企业必须以整合的观点处理设备的作业，并保证每一作业的落实与质量。

为了达到企业的设备完整性管理战略、目标，企业应该制订一套文件化的设备完整性管理计划，并进行良好的维护。制订的计划必须是经过优化筛选的，保证计划实施的有效性。明确企业各个部门和个人为完成设备完整性管理目标所应承担的责任和拥有的权利，完成任务所采取的方法和时间期限。要对生产过程的潜在危害进行评估，确立危险源，对危险源相关的设备（动、静设备）制定日常运行的规程以及检维修规程，并有事故防范的能力。设备完整性管理计划应该进行周期性的检查，检查其有效性和执行情况，以确保其与企业的设备完整性管理战略、目标保持一致。设备管理的行为应是预防性的杜邦设备的完整性管理包括设备变更、设备完整性、预开车安全审核、设备质量保证等内容。

二、设备的完整性和质量保证

1.设备完整性流程

有统计数据表明，重大安全事故50%以上都和设备失效有关。不良的设备管理，其维修费用可能达优秀管理费用的2～4倍。

杜邦把设备完整性和质量保证（MIQA）纳入工艺安全管理（PSM）中，并成为其中关键要素的一部分。质量保证覆盖从设计到安装，再到最后投入使用的过程，使新设备得到正确安装。设备完整性有效地确保设备从首次安装到最后拆除的生命周期可满足特定服务功能的状态。MIQA结合在一起，使设备管理能有效覆盖设备的全生命周期。实施良好的MIQA系统，保证设备运作良好、值得信赖以及维护到位，从而生产出低成本的优质产品。杜邦设备的完整性流程见图5-1。

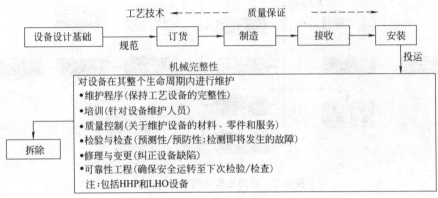

图5-1 杜邦设备完整性流程

2．企业经常面临的问题

① 维修成本很高，但维护人员依然抱怨维修费用不够；
② 设备管理总体上主要依赖经验，其他办法不多；
③ 专业管理人员、工程师和工人专业能力不足，缺乏有效的培训；
④ 维修活动大多没有计划，被动维修、应急维修为主；
⑤ 类似设备故障总是重复发生，让人气愤又无奈；
⑥ 现场的跑冒滴漏情况有时真让人着急；
⑦ 维修质量因人而异，得不到有效的保障；
⑧ 备件材料质量问题带来的麻烦不少；
⑨ 新设备质量保证总做不到位；
⑩ 大修准备工作没少做，一到执行依然冒出很多意想不到的问题。

3．杜邦的做法

杜邦始终站在前沿探索世界级的设备管理，融合自身来自世界各地的设备管理经验、工程管理经验和承包商管理经验，对设备实现全生命周期管理，覆盖从设计到安装、到投运、到最终报废，也覆盖设备管理各领域、各环节。MIQA融合了杜邦管理设备的方法论和实践。MIQA还和其他工艺安全管理（PSM）要素相互配合，共同确保生产装置的安全、高效、优质。

如何落实执行设备完整性和质量保证系统？杜邦在多年的设备完整性实践中，总结出有效执行设备完整性和质量保证的经验，建立在"10步法"（见图5-2）基础上的MIQA帮助杜邦建立全面的设备完整性框架、基础管理，从新设备质量保证、维护程序、维护培训、MRO材料和备件质量控制、检验与检查，到修理与变更、可靠性工程、审核等，逐步完善落实设备完整性，发挥出整体设备管理系统的成效。

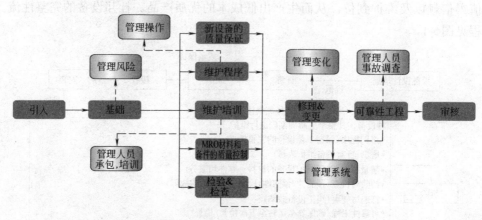

图5-2 杜邦设备完整性10步法

机械设备的完整性构成了设备维护功能的基础，其有效地确保了设备从首次安装到最终报废的服务时间内，可满足其特定服务功能的状态。设备完整性通过对人员、变更、相关系统、风险等各方面的全面覆盖，建立起全面的管理框架，从而实现世界级的设备管理。

质量保证明确了设计、供应商选择、订购、制造、验收、安装的全过程，从而最终确保设备正确安装。

4. 持续改进

① 制订系统管理制度，确保对安全关键设备及相应管理的执行定期有效检查（包括设备标识为安全过程中的严重危险分析）；

② 全面掌握MIQA管理现状和动态；

③ 形成良好的持续改善流程。

5. 客户受益

① 控制设备管理领域的安全风险，避免事故和意外发生；

② 持续提升设备设施的完整性；

③ 降低人为失误，扫除管理盲区；

④ 通过减少停机时间以提高生产力并节约成本；

⑤ 人员能力得到提高；

⑥ 更高的产品质量和客户满意度。

三、设备完整性的发展与特点

1. 发展阶段

设备完整性技术以工艺、机电设备、安全为主要载体,融入安全管理技术与安全工程技术,针对使用中的工艺设备,运用危害风险评估等手段,以判断设备失效造成人员受伤过程为指标,进而进行全面生产保养及设备诊断分析,再根据诊断分析结果,进行设备检维修作业,并制订预防改善措施。该理念融合风险评估、设备诊断及作业规程等范畴,目前在国际上已形成一套较完整的理念,确保工作场所及作业人员的安全性,成效显著。设备管理流程见图5-3。

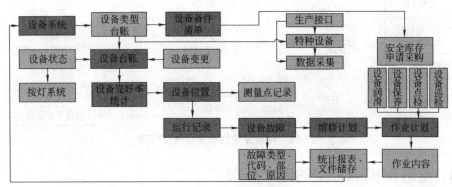

图5-3　设备管理流程

2. 设备完整性的特点

① 设备完整性关注的是安全生产绩效,而不是工作的多少;重点是企业是否发生了重大安全事故。

② 设备工作没有及格的门槛,因为设备管理工作是动态的,今天状况良好,但不可能保证同样的做法在未来仍有效、不会发生问题。

③ 设备管理体系应是以目标绩效为导向的。

④ 设备管理与生产一样都应有良好的制度和审核,各类作业都应标准化,重点是要确认哪些设备应该进行标准化。

⑤ 对生产过程中的异常现象不应置之不理。因为异常情况可能是重大事故的前兆。

⑥ 工厂应清楚生产过程的潜在危害,并有防范的能力。

⑦ 设备管理的行为应是预防性的。

为了达到企业的设备完整性管理战略和目标,企业应该制定一套文件化的设备完整性管理计划,并进行良好的维护。制订的计划必须是经过优化筛选以保证计划实施的有效性。明确企业各个部门和个人为完成设备完整性管理目标所应承担的责任和拥有的权利,完成任务所采取的方法和时间期限等。设备完整性管理计划应该进行周期性检查,检查其有效性和执行情况,以确保其与企业的设备完整性管理战略和目标保持一致。设备完整性和质量保证见图5-4。

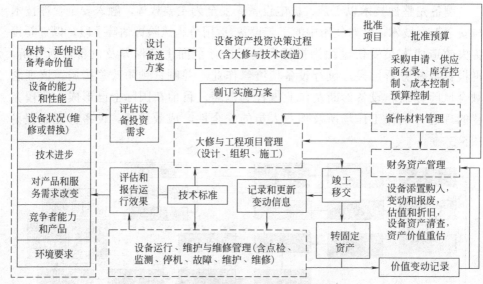

图5-4 设备完整性和质量保证框图

四、推进MIQA模型的四个层次

杜邦在帮助客户推进MIQA管理的过程中建立和应用了4个层次的推进方法,以帮助客户实现全面的MIQA应用,见图5-5。

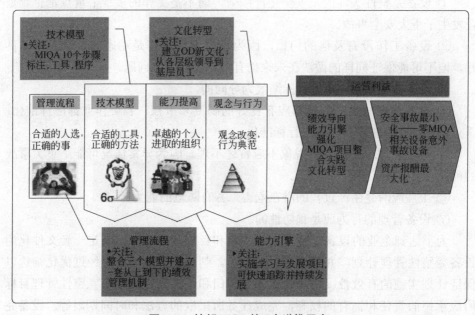

图5-5 杜邦MIQA的4个递推层次

1. 管理流程

首先，设备管理需要建立一套科学合理的管理体系和流程，设计制订体系流程框架、建立相应的组织架构、明确职能职责，让合适的人做正确的事。设备完整性管理体系框架由4个部分构成：生产经营管理和HSE政策、设备完整性管理策略、程序文件和操作文件。生产经营管理和HSE计划是进行设备完整性管理最重要的依据。在企业的生产经营计划中，规定了设备有效运行时间、生产率、预算等目标，而在HSE计划中，规定了安全事故、伤害和环境污染等目标。为预防因设备失效而引发灾难性事故，设备管理流程的一项重要内容就是制订严格的安全标准。设备完整性管理体系的策略目标由企业的决策层来制订，应符合企业的商业和HSE策略目标。企业的商业和HSE策略计划会随着时间而发生变化，所以，设备完整性管理体系的策略目标也应随之变动。程序文件表明其组织机构，明确各自的职责分工，保证体系有效运行。操作文件和程序为特定的技术文件和程序，即具体的作业规程，比如材质选择规程、检验规程等详细的技术指导，检修计划和检修规程、定期保养机制等，其目的是使作业程序规范化、标准化，对同一作业即使不同的人实施也会得到同样的结果，减少人为因素的影响。设备管理不仅仅是企业设备管理部门的责任，而是涉及诸多部门，并且涉及的部门和个人职责分工需要明确定义。企业在设备管理机构上要构建以法人为核心的企业、车间、班组三级企业设备管理网络，明确职责、理顺关系。在设备管理流程中要实行全面管理、全员管理和全程管理，有效保证设备的技术性能以实现正常工作，提高其使用寿命、利用率和经济性。

2. 技术模型

技术模型是指为落实设备管理体系策略，杜邦应用科学合理的工程技术工具和管理方法，包括工业管理工程、运筹学、质量管理、价值工程等，对同等技术的设备，认真进行价格、运转、维修费用、折旧、经济寿命等方面的计算和比较。并且针对设备的可靠性与维修性进行深入研究，减少故障和维修作业时间，提高设备有效利用率。纵向来看，技术模型还要以设备的全生命周期为研究和管理对象，即运用系统工程的观点，把设备规划、设计、制造、安装、调试、使用、维修、改造、折旧和报废一生的全过程作为研究和管理对象，引入新工具、创新和升级管理方法。设备使用部门要把有关设备的运行记录和长期经验积累所发现的缺陷，提供给维修部门和设备制造厂家，以便他们综合掌握设备的技术状况，进行必要的改造或在新设备设计时或新项目开展前进行改进。企业还必须建立一套文件和信息的管理系统，并进行良好的维护，通过对体系运行过程的控制，确保整个系统按照建立的文件化程序运行。

3.能力提高

有了管理流程和管理方法，接着就需要具备相关能力和专业的"人"来执行和落地。实现全生命周期的设备完整性和质量保证，不仅需要帮助企业在管理方面建章立制，也需要通过帮助员工在专业认知、专业能力上进行提升。企业需要对每一个参与维护设备完整性的工作人员提供科学合理的教育培训，培养专业人员熟悉工艺系统的运作、可能造成的危害以及工作上所需具备的技术、步骤，使他们有能力完成自己在整个体系中的职责，同时，应该有完整的程序确保相关的信息在员工之间得到充分的沟通，并确保员工能够安全地执行工作。组织和员工的能力，最终是管理意愿能否实现的关键因素。

4.观念与行为

机械设备的完整性是一种全效率、全系统和全员参加的设备管理体系，它以设备的综合效率最高为目标，要求在生产维修过程中，自始至终做到优质、高产、低成本，安全生产无缺陷，机械设备保持最佳状态的同时，也要求操作人员保持"最佳状态"，即能够达到积极主动的自主管理水平。因此，从这个层面讲，最高阶段的设备管理状态，即设备完整性最终体现出的是一种高效的企业文化。通过"全员参加"设备管理，是指上至企业最高领导，下到每位操作人员都参加生产维修活动。一个企业最终的绩效，不是仅仅通过管理流程、技术模型或员工能力建设就能达到的。没有观念和行为上的认同、营造出全员参与的设备完整性文化氛围，设备完整性和质量保证本身也缺乏灵魂和持续改进的动力。没有一个企业的制度能覆盖所有的领域，也没有任何管理流程能描述所有的环节，也没有技术能解决所有问题。企业最终需要转变人的观念和行为，依靠文化的驱动力不断改进优化设备管理体系。

5.MIQA推进与其他过程安全管理体系要素协同

对杜邦而言，设备完整性与质量保证并不是一个完全独立运行的管理系统，它的有效运作不能脱离过程安全管理体系（PSM）。杜邦把设备完整性和质量保证作为过程安全管理（PSM）中的两个要素，通过与其他要素的协同来帮助实现最佳设备管理。

如今的中国企业，面对经济全球化的竞争，基于风险控制的设备完整性管理和质量保证是中国企业引进国际先进管理经验、与国际接轨的良好契机，并且已经成为中国企业加强管理、夯实根基的主攻方向之一。对于中国企业而言，实施设备完整性管理制度具有重要的现实意义。设备完整性管理制度以基于风险的检验技术（RBI）、以可靠性为中心的维修技术（RCM）、安全完整性水平分析技术（SIL）等作支撑，不仅可延长设备运转周期，也能降低人力工时及维修设备费用，帮助企业延长设备寿命、降低设备故障、提高生产力及减少安全事故的发生。除一般检查保养工作外，MIQA通过预防性和预测性维护（PPM）中先进的设备检查诊断方式，获取并记录设备运转状况数据，配合诊断分析记录发现、预知设备状态及潜在失效，掌握设备状态和预测何时需要维修，可避免突发性故障与保养不足或过剩等现象，制订最佳维护周期，达到设备零故障的目标。实施设备完整性和质量保证，企业现行的设备管理体制能够得到改善，在设备生命周期中的每一个阶段，通过程序化、标准化的过程，可强化工厂中推行的全员化设备管理、预知保养等工作。设备完整性管理体系具有高度灵活性，能够与现有的HSE、ISO 9001、ISO 14000等管理体系紧密融合，将进一步完善企业的管理体系，从而全面提高企业的基础管理水平、提升企业运营业绩。

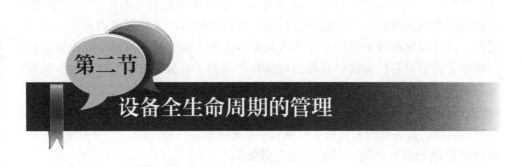

第二节 设备全生命周期的管理

一、我国目前设备管理存在的问题

工业化时代，生产设备是生产力的重要组成部分，也是基本要素之一，工业型企业的生产经营离不开精良的设备设施，它们是企业生存与发展的重要资产，是企业产量、质量、效率和交货期的保证。管好用好生产设备，对于促进企业的健康发展有着十分重要的意义。

在国内，一个普遍的现象是，当发现设备出问题时，很多情况下首当其冲的就是一线维修人员或者其背后的专业设备管理人员，他们被指责责任心不强、专业能力不够……而当我们面对这些被指责的维修人员和管理人员时，他们表露出很多的无辜和无奈。他们会因操作不当造成的损坏被责怪；也可能因备件质量问题造成频繁维修而被责怪；甚至可能由于设备的设计缺陷造成不能正常工作而质疑他们的工作；他们还会在没有高精度的工具仪器条件下却被要求实现高精度的安装。在现有大部分企业的设备管理机制下，设备管理职能和维修部门虽然责任重大，职责权利却不能覆盖设备管理的所有环节。很多时候，企业在简单责怪乃至处罚相关维护人员的同时，忽视了对设备管理问题的进一步全面思考和采取系统化措施。

很多流程企业具有易燃易爆、高温高压等生产过程，涉及有毒有害危险化学品的生产、存储、运输等环节，对设备的可靠性要求非常高。但由于系统性管理方法的缺失，造成设备的完整性不能充分满足生产需求。设备相关因素造成的安全事故、停产或减产，乃至环境事故时有发生。不少企业高层对设备管理也非常重视，甚至亲自主抓一些具体问题，但成效有限，难以形成可持续的提升。严管一段时期过后，管理力度一旦稍有松弛，不良状况便会很快反弹。

杜邦可持续发展部基于对客户设备管理改进项目的总结梳理和企业成功案例的深入研究，提出目前中国企业在设备管理方面存在比较突出的问题。

1. 设备管理只覆盖设备部分生命周期

很多实际操作经验告诉我们，设备出现故障，原因往往可能会被溯源到设计、采购、工程、操作、仓储等诸多环节，维护和修理只是其中一环。然而，当前很多企业的设备管理职能设置只关注维护和修理，未能覆盖设备的全生命周期，这种情况在很多中国企业非常常见，于是，设计缺陷问题不能在设计阶段解决；需要设备厂家确保质量的问题却遗留到了安装环节；生锈的轴承仍被安装使用等，这样的事例不胜枚举。在不健全的职能设置下，仅仅依靠设备管理的直线部门来解决全生命周期的问题是无法实现的，这也是为什么面对其他环节的问题，设备管理人员很多时候只能徒感无奈。

2. 设备管理职责不清晰，职能不能有效协同

不少企业在设备管理方面的书面文件可能多到堆积成山，一旦落实到执行，却又出现很多职责交叉盲区。因而，一出现问题，职能部门之间总是相互推诿，包括企业设备管理部门与其他职能管理部门，设备职能部门与属地设备管理职能部门之间，属地设备管理职能部门和生产职能部门之间等。比如，在大修准备阶段，设备管理部门和属地车间很少主动让HSE部门早期介入，而到大修实施阶段，往往又不理解、不支持HSE部门"照章办事"、实行必要监管，因而没有让HSE帮助有效提升大修的安全管理。

3. 主动维护不足，被动修理多

企业未能建立充分的主动式维修策略，或者人员能力不足，或者没有配备必要的检测设备，有时候也因为企业文化的因素或者配套政策的不支持。维护缺乏全面的预防性，缺乏对关键设备的预测性，使主动性维护既没有技术层面的支撑，也没有管理上的保障，因而无从落地。维护人员像消防队员一样随时冲锋于灭火的一线，在被动应对乃至疲于应付的情况下，对不断出现的意外火情感到力不从心，并且维修效率低、成本高。

4. 缺乏维修数据的科学分析

在设备管理方面制订重大决策时，很多企业管理者凭经验、拍脑袋的情况

也是非常普遍。设备管理提升过程需要不断找寻自身的管理短板,采取管理学的二八原则将问题进行优先排序,最终决策用20%的精力解决80%的问题。这样的准确决策和改善行动,需要立足于科学的数据分析。在国内,预防性维修(Computerized Maintenance Management System,CMMS)还未得到全面建设和充分应用,维修记录不健全、难分析。在缺乏全面、真实的维修数据记录、统计和分析的情况下,设备管理的科学决策只能是空话。

5. 缺乏清晰的维护质量标准要求和全面的过程控制环节

不少企业只会到设备出现故障了才去对维护质量进行判断。在过程质量控制缺失的情况下,一些真实的质量隐患或问题也就不能及时发现和控制。有的即使有过程质量控制环节,也普遍存在质量标准不清晰、不明确,维护人员无从评判或难以执行。

6. 没有严格执行变更管理程序

在维修过程中,设备的材料、部件甚至整机更换随意,缺失或不严格执行设备变更的管理程序,这样造成了日常检维修的很多不规范问题,并且,再次维修时这些不规范变更已经无从查询,很多问题也就无法追溯根本原因。

7. 设备事故管理方面重技术轻管理

依据经验,很多企业针对设备事故所采取的最常见的纠正措施主要关注两方面,一是教育和培训,二是空谈责任心并实施真处罚。关于教育和培训的内容、方式、对象等,很少提出清晰、明确的内容和标准,加之追踪措施的缺失,最后变成以处罚为主,让基层不愿暴露问题。纠正措施空洞、不系统、不全面、缺追踪等,最终问题还是不断发生,甚至重复发生。

据杜邦专家分析,出现这些问题的根本原因主要还在于管理环节和标准上因人而异、因部门而为的现象普遍存在,缺乏系统的管理思想和全面的管理框架。目前,中国很多工业企业设备管理体系还处于传统的管理模式,虽然设备和仪器不断更新和升级,但其效能远未达到完整性的要求。

二、引入国际通行的管理模式

建立了过程安全管理体系(Process Safety Management,PSM)。过程安全管理体系共有14个要素,即工艺危害分析(PHA)、工艺安全信息(PSI)、操作规程(OP)、变更管理(MOC)、质量保障(QA)、启动前安全检查(PSSR)、设备完整性(MI)、微小变更管理、承包商安全管理(CSM)、培训与绩效、事故调查与报告、人员变更、紧急应变计划、审核。

每个要素都有一套相应的程序来保证其运行,并持续改进完善。对于设备设施来讲,最为关键的要素就是质量保证、设备完整性、启动前安全检查和工艺设备的变更管理。

1. 质量保证体系

设备的质量高低是设备管理好坏的基础。显而易见，如果设备本身是高质量的、本质安全的，那么在设备的运行维护上必然是事半功倍的。统一规范各相关部门的设备前期质量保证的方法及标准，对设备从规划、设计、选型、购置、制造、验收、仓储、安装等阶段进行全面的质量管理。在每个阶段建立严格的管理程序和考核评价制度，按照国家标准和国家法律法规及国际上通用的行业标准，剔除个人主观臆断，以保证设备能符合设计规范和生产要求。在安装施工上，选择有资格的承包商，建立严格的施工质量管理体系，保证设备的安装及调试质量，从而在设备正式投运前尽量实现设备的本质安全。

2. 启动前安全检查

启动前安全检查的目的是在工艺设备投运之前确定和提出所有影响工艺设备安全运行的因素，并确保工艺设备按照设计的要求建设安装。

① 所有保证工艺设备安全运行的程序准备就绪；
② 操作与维护工艺设备的人员得到足够的培训；
③ 必要的工艺设备安全信息得到更新；
④ 所有工艺安全分析提出的改进建议得到落实和合理的解决。

3. 变更管理

变更管理是一套程序，用来规范工艺及设备的变更，确保所有的变更按照国家及行业相关设计标准进行审查，防止在变更时引入新的、不加以控制的危险及隐患。一般包括以下方面：

① 工艺物料的改变（包括成分比例的变化）；
② 工艺技术的变化；
③ 设备的改变或改进；
④ 工艺控制参数的改变（如报警设定值）；
⑤ 安全控制系统逻辑的改变；
⑥ 操作规程的改变；
⑦ 设备、原辅材料供货商的改变；
⑧ 取样和测试方法及频率的改变；
⑨ 包装规格的改变。

因为工艺技术的变更可能会使先前的危害评估无效，并产生新的危害，因此，任何对已文件化的工艺技术的变更，比如物料危害的变更、设备设计基础的变更，或工艺设计基础的变更等，变更前要经过一个书面授权的变更审查程序。

4. 工艺变更申请需要详细记载的事项
　　① 变更的目的；
　　② 技术基础或原理；
　　③ 变更的内容；
　　④ 安全、卫生及环保上应注意事项；
　　⑤ 操作步骤的改变；
　　⑥ 操作人员的训练与沟通；
　　⑦ 变更期限及产品的产量限制；
　　⑧ 实验结果。

5. 程序及体系的运行

　　将中国的设备管理模式与杜邦公司的先进理念相结合，经过充分的消化与吸收，可有效地提升完善公司的机动设备管理水平，形成适合企业现状的、具有企业特色的设备管理理念，及相应的管理程序。

　　（1）程序的培训　任何新的理念和程序，都必须经过广泛而深入的培训，使执行层面理解其精髓及由此带来的好处，从而产生内在的执行动力，程序才能很好地贯彻执行。企业对起草的每一个程序，首先选择基层具有专业知识和实际经验的代表成立程序制定小组，进行深入讨论，形成程序的初稿，然后发布到企业内部网络上，征求广大员工的意见和建议，完善后下发执行，因而程序具有较强的群众基础，易于执行。

　　（2）质量保证的实践　对于一个企业，一流的设备是创造一流业绩的基础。企业基建项目的管理均应严格按照国家及相关规定程序执行。对设备的规划、设计和选型都有相关的管理程序，对设计采用的标准，设计遵循的原则，设计审查，设备的选型、配置和计算，设计变更、图纸管理，均有明确规定。

　　对关键设备的采购，公司应建立项目准入制和招投标管理体系，要求具有资质的企业或供货商参与招投标。合同的签订，关键设备的监造，设备到货的验收检查均应具有管理流程，由公司的物资采购部门、物资保管部门、使用部门，依据购销合同中的质量要求条款及公司的有关质量管理规定，针对到货设备的相关质量情况进行现场察验、核实、抽样、检测，并应对验收结果进行公示和处理。

　　物资保管部门应按设备分类目录和自然属性分类划区保管。要求温湿度条件不同的设备，要分库储存。保管员每季度应根据自己所管设备性质和存放时间长短、存放条件等因素做出维护保养计划，避免发生包装破损、渗漏、锈蚀、受潮、污染。

对工程项目的施工单位实行准入制，要求具有相应资质。对施工过程进行严格质量监理，保证设备安装质量。设备试压、试运行的参加部门有设备供应商、施工单位、监理单位、建设部门及用户。施工单位负责试压及外部条件准备；监理单位负责监督与记录；设备供应商根据合同要求对现场提供技术支持；建设部门负责组织和协调试压与调试工作。过程中应填写《设备调试记录》《设备强度及严密性试验报告》，经各方签字确认后存档。

整个施工过程要按项目进展填写相关的检验表格，详细记录施工工程中出现的问题及解决方法，以备查验。

此外，对工程项目建设过程中使用的测量设备也应加以管理，如测量仪器的定期效验、仪器保管及使用人的资格和相应培训都应有要求，并定期审核，保证数据的准确性、科学性。

三、设备完整性管理体系的实施

常言道：工欲善其事，必先利其器。现在企业所实行的设备管理与维修模式包括以可靠性为中心的维修（RCM）、全员生产维修（TPM）、及时维修（JIT）等，可以说各有所长。设备管理与维修大体可分为四种模式：一是事后维修，二是预防维修，三是预知维修，四是改善性维修。现在国内外先进的企业已逐步由预防性维修向预知性维修发展，即在掌握现场设备运行状况情况下尽量延长设备各部件在规定周期内的使用寿命，提高在用时间，降低维修成本，做到寿命周期费用最佳。事后维修是最原始的维修模式，它的维修费用最低，在一些简易或价值低的设备中采用也是比较经济有效的。事后维修在很多企业中还占有很大比重，并且在很长一段时间内也不会消失，因为以预防为中心的维修还不能达到万无一失。然而，任何一种维修模式都有其适应性，这就要求各企业立足现实，基于企业设备和企业自身因素及发展环境的不同，客观实际地做到维修定位。按照国际上通行的方式，设备从投运到报废的检维修管理主要包含以下内容：①设备编号及台账；②设备技术档案；③备品配件定额管理；④设备维修保养规程的管理；⑤人员培训及资格考核；⑥装置、设备检维修管理；⑦设备的变更管理；⑧启用前安全检查；⑨异常原因及可靠度分析；⑩维修记录归档；⑪报废物资的处置。

与此同时，在杜邦理念的指导下，修订完善关键设备的检维修规程，做到规程的科学、合理、有效。通过体系和程序逐步健全完善，辅以定期审核，运行上述管理模式。此外，在利用杜邦管理理念的同时，在技术层面上也引入国际上先进的设备管理模式，逐步开展基于风险评估的设备检验技术（RBI）和运行评价，运用在线设备处理技术，科学延长装置运行周期。

从总体上讲，我们目前设备管理在许多方面还是传统经验型和规定型的，生产装置的检维修水平、长周期运行水平与世界跨国公司相比仍有较大差距。从本质上讲，检维修水平的高低并非我们追求的唯一目标，因为对企业而言，装置、设备的长周期运行才是经济效益的最佳体现。我们期望通过不断地学习，尝试采用新的管理理念、新的管理思路，积极推广应用新技术新方法，全面提升企业的设备管理、技术管理和安全生产管理水平，最大程度降低成本、增加效益，实现清洁生产，环境友好。

第三节 设备完整性安全管理理论和实践

一、我国设备管理经验

随着企业规模的扩大，特别是大型化工企业设备的大量增加，企业对设备的依赖性大大增强，企业机械化的应用、设备的维护管理，已成为保证企业正常生产、增加企业经济效益和保证安全的主要工作。

保证企业设备正常效率的发挥，重在管理和维护。当今国际先进的设备管理是预防管理和状态管理，设备管理的预防维修研究是建立在摩擦、磨损、润滑的基础上，以预防为主的维修体制，其出发点是改变原有的事后维修做法，防患于未然，减少故障和事故，减少停机损失，提高生产效益。

20世纪60年代，世界先进的设备管理科学就开始注重数据搜集和处理，并开始应用数学工具进行量化，在维修实践方面，积极推行维修保养相结合的预防维修制度。另外，研制用于诊断和维修的仪器仪表，开始状态参数监测。当今用各种仪器及计算机对设备进行的状态参数测量的主要内容有：容器、管道内部测量，厚度测量、裂纹测量、泄漏测量、温度测量、振动测量、转速测量、滚动轴承冲击脉冲测量、液压系统参数测量、油料光谱测量等。

随着我国大型化工企业设备的增加，生产效率的高低主要依赖设备的效率。机电设备增加，维修人员也要随之增加。生产任务的完成取决于设备及维修人员，所以说随着设备的增加，维修人员在企业的地位也要不断地提高。要让设备维修计划，不亚于生产、经营、质量计划，维修人员的工资要高于操作人员的工资。操作与维修也要互相学习，克服维修操作各顾各，维修只管维修不懂操作，操作只管操作不管维修保养。

从设备管理发展历史来看，在进入机械化前，企业的设备少，并且简单，设备操作人员既是生产人员又是维护保养人员，我们目前还是处于这个阶段。但随着设备复杂化及电子化程度的提高，设备维修工作将从生产中分离出来，形成一个专门的维修专业。企业的发展趋势是人员越来越少，设备越来越多，操作人员越来越少，维修人员越来越多，我们就要向这个方向发展。

先进国家设备维修保养工作量与成本在不同阶段所占比例统计数据如下：

（1）维护保养 这是最经常、最主要的工作，占日常总工作量的75%左右，成本占全部设备维护保养总成本的25%左右。维护保养的主要工作是清洁、润滑、紧固、调整等，其中润滑最主要。

（2）设备检查 以设备的技术状态监测为主，占设备维护总工作量的5%，成本占总成本的10%左右。

（3）维修 主要内容包括设备故障排除、设备技术改造和坏损零件的修复，其工作量占20%左右，维护成本占总成本的65%左右。依据上述统计数据，说明设备管理最大的工作量是维护保养，以此来调整企业维修人员及操作人员的岗位责任制，维修人员及设备操作人员的工作重点及维修成本的分配。

① 加大相关人员的培训投资，采用请进来、走出去的办法，对设备操作及维修人员所需具备的基本知识，即设备保养维护初级技术知识、气动技术、液压技术、电气原理及自动化知识进行系统培训。要高度重视培训工作，开展技术比武，选出技术好的人员，提高工资待遇，建立师徒关系，同时使各级管理人员都要明白设备操作人员及维修人员的培训是一种多倍回报的投资。

② 以建设数字企业为导向，设备管理也要一切数字化。在当今信息化、数字化的时代，数据更显其重要性。现在的管理认为数据非常重要，以前只有技术与管理时，说三分技术，七分管理，而现在把技术、管理、数据说成是三分技术、七分管理、十二分数据。

③ 把数据罗列起来，特别是把设备管理的各个环节的数据罗列起来，进行系统的分析，问题就能分析清楚，我们的管理水平就会不断地提高。建立设备档案，对各个系统分系统进行建档，对每台设备的润滑系统、气动系统、液压系统、传动系统、电气系统、变速系统、冷却系统全部建立档案，对各系统的故障统计、配件消耗、维修工时全面统计，并建立档案，对设备的日常维护保养要建立记录，要有设备操作人员及维护保养人员，要有设备保养作业指导书，对设备的作业效率、工作量要系统统计。利用上述数据对各种设备进行故障分析研究，对设备进行改造，或者说建议厂家改进，对操作工人的操作指导书进行

改进，对各备品备件的耗费定额进行详细的测算。

④ 依据设备要求投资购进相关的数据测量仪器，对设备进行状态参数的测量，达到部分预测维修。

⑤ 改变现有心智模式。心智模式是一个管理术语，是"五项修炼"中要求，通俗地说就是改变对原有问题的看法，改变对客观事物的认识，使认识接近客观事物的规律，要不断地变革。它的理论是：不知变化的组织，是最危险的组织，哪怕它目前看起来是多么得成功。

改变设备管理的心智模式：

第一，要改变设备是要出故障的观念，树立新的心智模式，故障的意思是"人故意使设备产生障碍"，因此，只要有人去关心、爱护设备，就可以达到设备零故障。正如杜邦名言所说的"心之所至，安全等随"。心智模式作用机理如图5-6所示。

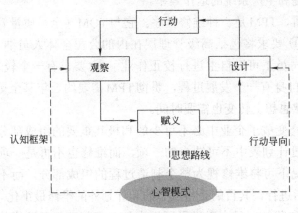

图5-6 心智模式作用机理示意

第二，要改变原有的心智模式，即设备是要进行大修的，建立新心智模式。因为设备的零部件使用负荷不同、环境不同、材料不同、物理性质不同、磨损、老化规律不同，因此，很多设备可以终生不大修，可以用小修、项修取代大修。

第三，改变设备的清洁、保养对设备是否出故障影响不大的观念。建立新的心智模式：故障是冰山的顶峰，蝼蚁虽小，可毁万里长城。强化基础工作，如检查、清洁、保养、紧固、堵漏、更换、校正、冷却、绝缘、防锈、减振、平衡等工作，就可以防止事故的发生。

二、TPM理论的发展

1.TPM的基础

全面生产维修TPM（Total Productive Maintenance）是一个在世界范围内为维护、生产及企业管理者所关注并试图学习和了解的话题。一些世界级企业都将TPM视为一种最新和最好的现代管理模式，如戴姆勒·克莱斯勒、大众、福特、宝马、邓禄普、摩托罗拉、卡夫、柯达、博世、西门子及其他一些世界级企业已经或正在建立TPM管理系统并取得了很好的成效。TPM似乎将成为现代企业中一种最具发展潜力的管理模式。

（1）TPM的定义　先进的设备管理系统是制造型企业生产系统最有力的支持工具之一，能够保证生产计划的如期执行以及时响应客户的市场需求，同时，能够有效地降低企业的制造成本，如库存积压成本、维修维护成本及其他管理（人工、时间）成本，而且能够有效降低不良品的产生概率。从过去认为维护只是生产费用的管理提升为维护是企业市场竞争力的关键项目之一，最终提高企业的经济增值水平。TPM活动就是通过全员参与，并以团队工作的方式，创建并维持优良的设备管理系统，提高设备的开机率（利用率），增进安全性及高质量，从而全面提高生产系统的运作效率。

从理论上讲，TPM是一种维修程序。它与TQM（全员质量管理）有以下几点相似之处：① 要求将包括高级管理层在内的公司全体人员纳入TPM；② 要求必须授权公司员工可以自主进行校正作业；③ 要求有一个较长的作业期限，这是因为TPM自身有一个发展过程，贯彻TPM需要约一年甚至更长的时间，而且使公司员工从思想上转变也需要时间。

TPM将维修变成了企业中必不可少的和极其重要的组成部分，维修停机时间也成了工作日计划表中不可缺少的一项，而维修也不再是一项没有效益的作业。在某些情况下可将维修视为整个制造过程的组成部分，而不是简单地在流水线出现故障后进行，其目的是将应急的和计划外的维修最小化。

20世纪50年代初，日本引进了通用电气公司创建的预防维修体制。如同质量管理与零故障管理的引进一样，日本人改进和发展了预防维修模式，使之更加适应日本企业的实际。日本设备维修协会副主席中岛青一在全日本积极推动TPM，被称为TPM之父，他就TPM题材所写成的著作也被日本和许多国家认为是维护和生产管理领域内的圣经。

中岛青一首先在Nippondenso公司建立了涉及日常维修工作的TPM的试点并为此打下了较好的基础。虽然中岛青一的书是针对日本企业的特点而写，但是TPM模式已被视为20世纪一种最为有效的设备管理手段。为提高自身的设备管理水平，许多国家的企业纷纷从日本引进TPM模式。目前，日本人已在这一领域占据了无可争议的优势。在日本，企业广泛地开展了TPM活动。一个大型企业的董事长选择自己企业供货商的前提就是必须建立TPM管理系统，而这些供货商又同样要求自己的员工必须掌握TPM方法。TPM操作步骤流程如图5-7所示。

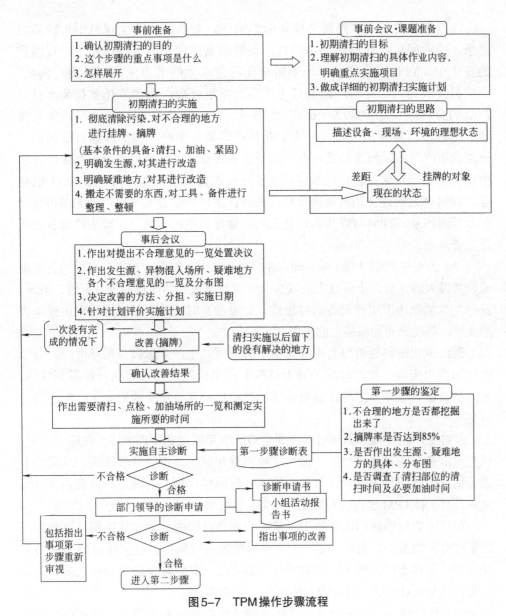

图 5-7　TPM 操作步骤流程

TPM 模式实际上反映的是一种企业文化，而这种企业文化的核心就是团队精神，强调的是协作。因此，建立 TPM 模式，必须首先为全体员工制订适合本企业实际情况的 TPM 计划，在此基础上根据不同部门的需求再规划出 TPM 实施进程。

按照日本人的观点，TPM 模式的引进需要大量的时间、精力和金钱，因而必须取得企业高层的支持才能成功。必须清醒地认识到，在 TPM 模式取得成效之前，不仅在时间、金钱方面的消耗是巨大的，而且企业文化也将发生变化。

（2）产品质量　在经济全球化的影响下，企业面临着全球范围内的激烈竞争。企业所生产产品即便不出口，也要面临国内相同产品的竞争。在激烈的竞争中，企业必须满足市场不断变化的需求才能求得生存与发展。为此，一些世界级的大企业对产品制订了严格的质量标准，例如摩托罗拉要求自己产品的合格率要达到99.9996%，换句话说，一百万件产品中仅有四件是废品。把握产品质量的关键是什么？是生产设备。生产一流的产品就必须拥有一流的生产设备。但是如果没有一流的设备管理，那么再好的设备在生产过程中也不可能一直保持良好的状态。对于已经推行质量认证体系（如ISO）的企业，TPM体系的建立相对要简单些，两者体系可以结合起来应用而无须再建立一套新的体系。TPM可以作为广义上的质量体系中的一部分，即生产设备的质量监督体系。

（3）及时生产制（Just in time，JIT）　及时生产制是一种极其有效的管理模式，其最大的优势在于可以大大减少企业原料及成品的库存数量及范围。但是，及时生产制取决于生产设备的可靠性，如果在及时生产制的实施过程中设备突然失灵，将使企业面临极大的损失。

现代企业在日趋激烈的市场竞争中必须提高生产率以减少循环时间。对于企业的客户来说，生产时间的减少意味着订单规定的交货时间可以得到保障。而生产设备的故障、空转及自身任何细微的缺陷都将使企业提高生产率的努力落空。

及时生产制和减少循环时间在通常情况下可以加速生产循环。在这一方面，调整或准备时间是决定性的，因为这种调整和准备工作将导致停机。早期关于设备生产效率的研究表明，设备总的生产时间中，调整与准备时间要占到50%左右。对于持TPM理念的人来说，这将是设备效率最大的损失之一。

在尽可能短的时间内更换工具是减少准备时间的一种有效措施。企业界有许多这方面的案例，最初需要一个半小时的准备时间可以被缩减为45分钟乃至10分钟。在理想的条件下，TPM的目标是将这一时间减少至10分钟之内，而操作工人的参与对于这一目标的实现是至关重要的。

（4）生产成本　许多企业往往注重制造成本的降低而忽视了通常情况下占生产成本5%～15%的维护费用。降低成本的关键不仅在于费用本身，更为重要的是工业生产发展的趋势。由于自动化、高速化设备以及机器人的出现，单位产品的生产成本不断降低，而另外，设备维护方面的费用却在不断增加，这是现代设备日趋复杂所导致的结果。许多企业寻求降低维修费用的途径，但是，他们关注的仅仅是不可预测和控制的突发故障的维修。不仅能够降低维护费用，而且可以较大地改造生产设备的效率。

（5）设备的生产能力　对于设备的生产能力来说，企业制造产品，维修则可以对企业的生产能力起到保障作用。但是在实际生产过程中，企业的管理人员对自己企业中生产设备的实际利用率、实际有效度及实际性能则未必能够全面了解和掌握。在企业的生产实践中，不仅老旧或服役期满的设备存在综合效率低下的问题，一些新的和现代设备也常常存在同样的问题。对一般设备和关键设备的调查也显示出同样的综合效率低下的问题。设备综合效率的低下造成大量可供利用的生产能力的损失，这就相当于许多现有生产设备在无形之中消失了，这样的损失对于企业发展的影响是非常严重的。一些企业，如美国田纳西州Eastman公司的经验表明，TPM系统的建立可以在无需投资的条件下较大幅度地提高设备生产能力。

（6）环保与节能　目前，环保已日益成为人们所关注的问题，相关的法律条款也日趋严厉。设备在提高生产能力，制造更多产品的同时已不再被允许向大气、地表和水中排放工业废弃物，只有经过严格环保认证的设备才可以投入运行。

环保问题的另一方面是节能。对于制造业来说，电动机是能耗最多的设备。设备维护中的缺陷是导致电机效率低下的重要原因。企业面临的挑战是怎样才能降低能耗，使设备效率达到最大化。

上述问题与挑战是所有企业为增强自身市场竞争力所必须面对的问题。运行良好的TPM系统可以在无需花费太多费用的前提下解决企业所面临的这些问题，改造设备的运行质量和生产效率。换言之，在达到上述目标的各种措施中，TPM可能是投资回报率（ROI）最高的。

（7）TPM的内涵　在日本，TPM被定义为"全员参与下的生产维修"。在这一前提下，TPM还涉及使生产设备效率的最大化以及一个广泛的、每一个管理人员积极参与的预防维修体系的建立。其核心是"维修"与"员工的参与"。在其他国家，这样的定义产生了一些问题。对于西方国家而言，核心问题在于设备。国际TPM协会主席Hartmann所提出并经西方国家企业认可的TPM定义为：全体员工积极参与下的生产设备整体效率的持续改造。

上述定义的核心在于生产设备的整体效率而非维修，在于全体员工的积极参与而不　仅仅是管理人员。TPM体系不仅涉及维护和操作人员，而且还应包括诸如研发人员、采购人员及工长在内的全体员工。生产设备整体效率所带来的效益将通过操作人员与维护人员之间的良好合作加以实现。

与较为僵硬的日本TPM模式相比。TPEM系统的建立具有较大的灵活性。TPEM模式更注重现实的需求，将生产设备置于优先考虑的位置，对企业文化在企业管理中的作用也给予特别的关注。TPEM模式是一种更为实用的管理模式。借助于TPEM的方法，TPM将重新调整和改变生产设备管理的结构。以24小时连续有效运转为最高目标的设备利用率是建立良好的固定资产及设备管理系统的关键所在。对于大多数企业而言，改造生产设备管理系统可以通过以下三个阶段进行：现有生产设备系统的改造；将经改造后的设备管理系统维持在高效及高有效度的水平上；购置高效及高有效度的新设备。

设备管理的每一阶段都包括许多步骤，这是在建立TPM体系的规划中必须加以注意的问题。对于TPEM系统来说，首先应该将设备性能及有效度维持在尽可能高的水平，这在TPM体系中是十分重要的问题。

虽然必须投入大量的金钱、时间和精力才能实现这一目标，但是相对于生产率和质量的改造及成本的降低而言，这些投入还是很有意义的。

充分而详尽的数据资料及周密的计划对于第一阶段目标的实现也是至关重要的。应予优先考虑的是改造生产过程，使有限的生产设备能够生产更多的产品，这也将使得早期对TPM的投入得到补偿。

设备管理的第一阶段：通过对设备的改进使其达到尽可能高的效率及有效度。

①确定现有设备的效率及有效度；②确定设备的实际状态；③已实施的维修信息的采集；④设备故障损失的分析；⑤确定改进设备状态的需求及可能性；⑥确定设备换装的需求及可能性；⑦计划实施改进及换装方案；⑧检查及评估方案实施的效果。

对于第一阶段前三步的实施来说，应予优先考虑的是数据的采集、处理。数据是TPM系统可行性研究的重要组成，对于管理决策和TPM项目的成败也是关键的要素。通过可行性研究得到的信息和其他数据（如现有的设备失效记录、故障登记表、修理费用、平均故障间隔期MTBF等等）可以被TPM小组用来进行生产设备故障（第四步）及设备状态改进可能性（第五步）的分析。改进方案将按照设备投入产出分析、生产状况、产品质量提升的需求、设备有效度及其他因素的重要程度逐项予以安排。第六步的重点在于对设备换装的必要及可能性进行研究，由专业工程师组成的TPM小组将分析换装过程中可能出现的损失、换装对于设备的必要性并拟定相应的方案。第七步则是根据拟定的计划实施改进的方案，这一过程延续的时间取决于设备的状态、所确定的需求及可能性，可能持续6～18个月。由于设备的改进是一个持续的过程，因此这一进程将不断延续下去。对于TPM管理模式来说，设备状态的改进是最有效的成果，对于生产设备及其他固定资产的使用效率、产品质量、产量及成本都将产生积极的具有深远意义的影响。TPM模式的投资将通过小组的自主维修活动及与其他人员的紧密协作产生的效果得到回报。在最后一步中，生产设备状态改进的效果应通过与其改进前状态的比较而得出，在此基础上再考虑进一步的需求。

生产设备管理的第二阶段是将其效率及有效度保持在最高状态，所要做的就是巩固第一阶段所取得的成果，使之不致出现反复。对于新设备也要使其在全部使用时间内保持高效状态，要达到这一目标，关键就在于良好的预防性维护，舍此之外别无良策。一个运转良好的预防维修体系是建立在以现代仪器仪表为检测手段，能够判断设备状态的预知维修之上的。将设备保持在最佳状态并不需要完全依赖复杂而昂贵的检测设备，耐心而细致的检查同样可以发现并排除设备运行中存在的各种故障隐患。

设备清洁工作在维护中是一种重要的辅助手段，对于设备的高效运转及产品质量的提升来说，清洁工作都是必不可少的。与其他维护手段相比，清洁工作的作用似乎不太明显，但是在整个生产过程中产生的影响是绝不可以低估的。

设备管理的第二阶段：保持生产设备的最高效率和有效度。

①编制设备的维护目录；②编制设备的润滑目录；③编制设备的清洗目录；④制订设备清洗、润滑及维护的实施方案；⑤编制设备的检查程序；⑥建立包括监督机制在内的预防维修、润滑、清洗和检查体系；⑦编制预防维修手册；⑧按计划实施维护、润滑、清洗；⑨检查和调整相关的计划。

在第二阶段中，首先要为生产设备确定预防维修的需求。由工程师、维修人员、操作人员组成的小组基于自身经验及设备制造厂商推荐的方案编制和调整设备维护计划。这项工作可以分两种实施方式，第一种由操作人员经培训后进行，第二种则由专业维修人员负责。在第二步、第三步中，需要分别为设备编制润滑、清洗计划。紧接其后的是制订设备清洗、润滑、维护的实施方案，这也是实施员工培训、预防维修的检查目录、操作规程及工作进度计划的基础。第五步是为生产设备编制检查程序，通常情况下检查是预防维修的一个重要组成部分，偶尔也可与预防维修工作分开进行，以便更好地确定零部件的磨损状态和早期发现潜在的故障隐患。如同在维护、清洗和润滑工作中一样，检查工作也可以采用两种形式进行。

在第六步中，为了加强维护、润滑、清洗及检查工作的计划、实施和调整，必须编制相关的报表。这些报表包括检查目录、操作规程、工作进度计划、检查报表、相关的工作报告等等。

第七步的工作是编制预防维修手册。手册应体现TPM模式中的预防维修理念，涉及预防维修策略，维护、润滑、检查程序及组织机构。预防维修目录的编制及应用、操作规程、维修工作进度计划及控制（包括平均故障间隔期MTBF）、维修费用及发展趋势等也都属于维修手册的范畴。

完成前七项工作后就可以开始实施由操作人员参与的预防维护、清洗、润滑和检查等项工作，其成败则取决于操作人员的素质及激励机制。在TPM理念中，第一种实施方式通常都是由操作人员承担较多的设备管理工作，这种工作性质的转换则是通过长时间的培训才能加以实现的。

经改造后的预防维护、润滑、清洗和检查所显示的成效表现为所实施的任务及实施间隔可以根据需要进行调整。最有效的预防维修系统应该是动态的，随时可以根据需要和生产设备的实际状态进行调整，即如果在实施预防维护时生产设备或零部件的状态许可，则可以通过减少工作量或延长实施间隔的方式使管理过程得以优化，这种优化必须建立在维修与操作人员积极主动参与的基础上。

2.设备寿命周期费用最佳

在TPEM的第三阶段，新设备筹措（购置或自制）是以高效及寿命周期费用（Life Cycle Cost，LCC）低为前提的。寿命周期费用是贯穿于设备寿命周期的全部费用，分为五个部分：①设计费用；②制造费用；③试运转及故障排除费用；④设备运转费用；⑤维护及修理费用。

上述五项费用中，前三项称为购置费用。除了自动化和无维修设计的设备，设备在运转及维护、修理过程中所发生的费用通常都远远超出其购置费用。

设备寿命周期费用的80%是在设备的设计及制造过程中确定的，这其中既取决于设备的自动化程度，也取决于设备运转过程中所需要的操作人员数量及维护和修理的强度。在某些条件下，设备的安装及调试阶段所需的费用在全部购置费用中所占比例也是相当高的。

设备管理的第三阶段：筹措效率高，寿命周期费用低的新设备。

①设备技术性能的确定；②通过操作人员收集现有设备的相关信息；③通过维修人员收集现有设备的相关信息；④对现有设备存在的问题进行排查；⑤根据新工艺规划设备工程方案；⑥编制故障诊断的程序；⑦编制维修工作的标准和规范；⑧对维修及操作人员进行早期培训；⑨新设备的验收。

新设备的技术性能主要是指自动化程度、功能及工作周期等项指标以及这些指标对产品的适应程度。

收集、分析及处理操作与维修人员基于自己操作与维修设备的实际经验及相关工作记录所积累的信息对于新设备的筹措来说都是十分重要的，这也是第二步及第三步中所需要加以解决的问题。

利用第二步和第三步所收集到的信息，通过设计良好的规划方案使现有设备使用中存在的问题不致出现在新设备中则是第四步的中心工作，其目标是依据人类工程学的原理加快设备筹措的进程，从而实现减少或避免损失的目标。

第五步的中心工作是根据新工艺规划设备工程方案，进行此项工作时必须注意方案的安全性及环保性。

编制故障诊断程序是设备管理第三阶段第六步需要解决的问题。故障诊断可以通过多种方式进行，油压表、热传感器、润滑指示器、计数器、水位计、振动传感器、计时器等等都是用于故障诊断的工具。办公设备中的复印机也为此提供了一个很好的例子，其故障诊断系统不仅能显示不同形式的故障，而且能确定故障的位置并自动加以记录，将相关故障信息告知维修人员。

在第七步维修标准和规范的制订中，维护是已经预先计划好的，其目标是无维护或至少做到设备的维护性能良好。通向维护位置的路径通畅，经常性的清扫和保养也是必须持之以恒的工作，例如为设备加装防护罩，对设备内部经常性的吸尘等等。对维修及操作人员早期培训的一项重要内容就是尽可能早地熟悉新设备，进行作业练习。在设备交货前派遣维修及操作人员赴设备制造厂实习、培训也是早期培训的一种重要手段。强化对员工的培训对于保持新设备的高效运转和良好状态也是行之有效的。

在第九步新设备验收中，一般是由设备制造厂家负责此项工作，通常这也是购货合同中所规定的厂家的责任。对于设备的用户来说，新设备投入使用在时间上是紧迫的，因而在安装、试运转过程中故障的排除及试车的时间往往被大大压缩。这就将导致新设备在使用之初就难以达到较高的综合效率。

3.TPM的目标

为使生产设备达到并保持最高的生产效率，必须建立一个明确的管理目标，如同质量管理中的零缺陷一样，TPM模式中与之相类似的目标是：生产设备非计划停机时间为零；由生产设备故障引发的产品缺陷为零；生产设备的速度损失为零。

上述三项目标中，第一项即非计划停机时间为零是最重要但也是最为困难的目标，通常情况下实现这一目标几乎是不可能的。这里所强调的是为达到非计划停机为零的目标，需要投入多少计划停机时间来实施计划维护、预防维修、清洗、润滑、检查和调整等各项工作。

由于停机时间的存在，因而产量的损失也是不可避免的。如果要完全达到停机时间为零的目标，则所需付出的代价将可能是非常高昂的，但通过TPM管理模式，非计划停机时间为零的目标毕竟还是可能接近或达到的。如果维修管理系统是由相关数据支撑的，便可以据此确定收益点并判断设备非计划停机的大致时间。非计划停机的成本核算及其与避免非计划停机而增加的计划维护所需费用之间的比较也可据此加以估算。

TPM的第二个目标就是将生产设备故障引发的产品缺陷降低为零。在一些产品质量要求很高的企业中，生产设备往往是实现质量标准的障碍。状态良好、无缺陷与故障的设备是生产优质产品的基本保证。将产品质量置于首位的企业必须同时将TPM管理模式置于同样重要的地位。

　　生产设备的速度损失为零是TPM管理的第三个目标。生产设备的速度损失对设备工程方案的影响与使用寿命一样，在设备筹措过程中是难以预估的。这是因为理论上的生产速度及生产周期时间与实际速度及时间必然存在较大差异，而生产设备的磨损常常是生产速度损失的直接原因。在流程作业的生产线中，单台设备的速度损失将直接影响整条生产线生产速度并导致产量的降低。在工业生产中，生产设备速度对生产率造成的损失通常在10%左右，企业通过TPM管理模式的实施则可以找出速度损失的原因并加以排除。

第六章 杜邦安全管理领导力

1818年杜邦历史上最严重的40名工人丧生的爆炸事故发生以后,公司规定在杜邦的家族成员亲自操作之前,任何员工不允许进入一个新的或重建的工厂,并进一步强化高层管理者对安全的负责制。该制度演变为如今杜邦公司管理层的"有感领导"。现在有感领导已经成为安全领导力有代表性的词汇,即领导通过自己言行示范,给予安全工作的人力、物力保障,让员工和下属体会到领导对安全的重视。

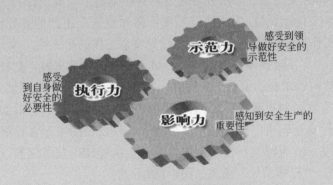

有感领导的三层含义

第一节 杜邦"有感领导"的基本内容与实施

一、"有感领导"的定义

"有感领导",是指各级领导通过带头履行安全职责,模范遵守安全规定,以自己的言行展现对安全的重视,让员工看到、听到和感受到领导高标准的安全要求,影响和带动全体员工自觉执行安全规章制度,形成良好的安全生产氛围。

"有感领导"的英文为felt-leadership,最早起源于美国杜邦公司,是杜邦公司构建安全文化的一个重要管理理念。杜邦公司早期火药生产过程中的高风险性和安全管理措施的不完善,使生产中曾发生过多次严重安全事故。事故使杜邦公司高层领导意识到,各级管理层对安全负责和员工的参与程度,是决定当时能否生存的重要条件。

二、"有感领导"的含义

"有感领导"的具体含义是企业各级领导通过以身作则的个人安全行为,以及体现出良好的领导行为和组织行为,使员工真正感知到安全生产的重要性,感受到领导做好安全工作的示范性,感悟到自身做好安全工作的必要性。

"有感领导"的核心是各级领导干部应从关心员工生命的角度出发,把HSE管理放到与生产、经营同等重要的位置上,同时,在HSE管理过程中应提供人、财、物、技术和信息等方面的资源保障,使得各项安全措施可以得到有效的落实和执行,并带头履行安全职责,模范遵守安全规定,以自己的实际言行展现对HSE工作的持续重视,进而影响和带动全体员工自觉执行HSE规章制度,形成良好的安全文化氛围。"有感领导"模式如图6-1所示。

三、"有感领导"的基本原则

1.领导的积极参与和承诺是做好安全工作的基础

安全环保关键在领导,"有感领导"应该将企业对待安全的期望清晰地、全面地进行定义和说明,并确保其得到真正的理解。接受和落实执行。公司主要领导亲自做安全专题讲座,不仅明确地向整个公司传达安全的根本重要性,也

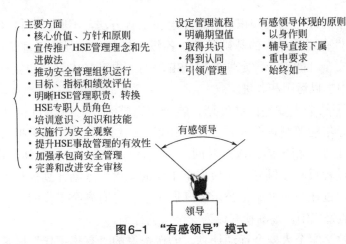

图6-1 "有感领导"模式

表明了他个人对安全工作的重视和承诺。

2. 履行岗位安全环保职责是体现"有感领导"的基本要求

HSE职责是岗位职责的重要组成部分，安全管理是每个管理者的职责。各级管理者是管辖区域或业务范围内HSE工作的直接责任者，各级领导都要按照"谁主管，谁负责"原则，积极履行职能范围内的HSE职责，制订HSE目标，提供资源，健全HSE制度并强化执行，持续提升HSE绩效水平。也就是说，从公司的一把手到现场的基层管理者，每一位领导都要对其所管辖的员工在工作场所的安全负责，即各级领导是首席安全员，安全专业人员只是协助管理者将安全工作做好的咨询师、专家和顾问，员工是安全工作的积极参与者。

3. "有感领导"要带头牢固树立"一切事故都是可以避免的"理念

各级领导只有始终坚持"一切事故都是可以避免的"原则，带头从"人、机、环、管理"四个方面开展工作安全分析，查找各个环节存在的隐患，制订削减措施，人的不安全行为就可以得到纠正，物的不安全状态可以消除，作业的不安全方式可以杜绝，环境的不安全因素可以得到改善，才能营造一个良好的安全作业氛围，引导员工养成良好的工作习惯，从而避免事故的发生。

4. 树立榜样，落实"有感领导"必须要从自身和细节做起

"有感领导"的核心作用在于示范性和引导作用。领导者若能树立好的榜样，则能更深远地影响员工。正所谓"身教重于言传"。各级领导要以身作则，率先垂范，如进入施工现场穿戴好劳动防护用品、乘车主动系好安全带，这些细节都会深深影响身边的员工，让员工看到、感受到"有感领导"。

四、如何落实"有感领导"

1. 落实"有感领导"必须不断提升自身的HSE领导力

掌握基本的HSE基础知识、管理理念和工具方法，不断提升自身的HSE领导力是落实"有感领导"的基础条件。各级领导都应加强HSE理论知识学习，想安全、懂安全、能安全，定期参加HSE培训，提升HSE管理和领导能力，并在实际工作中加以运用和改进。

2.落实领导干部个人安全行动计划，展示"有感领导"行动力

公司领导年初要制订个人安全行动计划，计划中包含一年中拟亲自参与或组织的安全工作，相应的频次及时间，做到目标明确，措施具体，切实可行。编制计划的过程反映了领导本人对安全工作的态度，行动计划也相当于领导的安全承诺。通过在公司网站上公示，既展示了领导对安全工作的决心，又有助于形成群众监督氛围，逐渐使其成为安全自觉行为。

通过有效落实个人安全行动计划，创造浓厚的"有感领导"展示氛围，充分发挥"有感领导"对广大员工的示范和带动作用。以此为突破口，不断落实"有感领导"的内容和要求，丰富"有感领导"展示手段，通过可视、可感、可悟的个人安全行为，落实领导承诺，体现"有感领导"。

3.持续推进行为安全观察与沟通，拓展"有感领导"执行力

领导按计划对下属进行安全观察与沟通，是"有感领导"的典型形式。管理人员与员工交流互动，让员工感觉自己受到重视和尊重，形成安全经验分享、互动、传帮的氛围。安全观察与沟通主要有以下五个步骤，简称"五步法"，如图6-2所示。

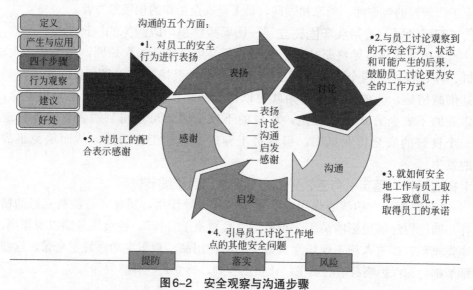

图6-2 安全观察与沟通步骤

① 管理者注意观察现场，观察员工的操作行为，友好地打招呼。发现不安全操作要善意地制止不安全行为，让员工先停止操作，提醒员工注意人身安全，

回到安全的地方。

② 指出违反操作规程的不安全行为，讨论不安全行为有哪些严重后果，标准的工作方式应该如何。

③ 得到员工对今后工作的安全承诺。

④ 讨论其他安全问题，如针对季节饮食、穿衣、上下班交通安全应注意什么等等。

⑤ 感谢员工的工作。特别要感谢员工为企业安全工作所做出的各项努力。

领导履行好行为安全观察与沟通，实际上就发挥了表率作用。灵活运用技巧，按照"五步法"开展安全观察与沟通工作，与员工进行真诚的沟通交流，分享安全经验，形成互动，使员工很诚恳地服从执行规章制度。

五、"有感领导"的具体体现

各级领导不能将安全要求仅仅停留在口头上，而是要体现在自己的实际行动中。"有感领导"的具体表现包括但不限于"七个带头"。

1. 带头宣贯和践行安全理念

切实落实好安全生产的主体责任，把"强化规矩意识、践行预防理念"活动作为加强企业员工安全教育管理的长期任务和经常性工作。按照安全生产目标任务和活动内容的要求，把各阶段的工作落到实处，确保主题教育活动取得实效。要充分发挥电视、报纸、网站等新闻媒体的作用，对主题教育活动进行宣传引导，动态报道活动开展情况和取得的阶段性成果，营造浓厚的舆论氛围。企业上下牢固树立讲规矩、守规矩的意识，进一步把干部职工的思想和行动统一到打造"全球最具影响力的安全企业"的目标愿景上来。

2. 带头学习和遵守安全规章制度

通过学习进一步掌握学习方法，并力求在理解和运用上下功夫。安全生产法律法规的学习不是一蹴而就、一时半会儿就可学成或学好记牢的，关键要靠长期的学习和积累。要养成长期学习的习惯，要有刻苦钻研的精神，要有不怕吃苦的毅力，只有思想上认识到学习的重要性，才能真正在实践中去学习，并自觉做一名遵纪守法、遵章守纪的合格员工。学习安全法律法规，没有捷径可走，要在短期内尽快熟悉浩如烟海的安全法规体系知识，确有难度，而且作为一线员工，也没有那么大的精力。但是，任何事物都有它的两面性，同样，对法律法规的学习也应有规律可循。有些法律法规与我们的生活息息相关，一刻也不能离开，我们就要重点地去学，下工夫去理解和记忆，以便在工作中能够熟练地运用。

在学习方法上，要联系岗位重点学习，并做到学习与实践运用相结合，学法与守法相结合，使每一名员工都能够学法、知法、懂法、依法办事。与此同时，也组织一线员工观摩典型案例剖析和分析，运用反面的教训警醒各位同事，不断提高企业从业人员按照法律法规约束自己的自觉性。只有这样才能加深理解，并能在工作中自觉做到不违章、不违纪。

3.带头制订和实施个人安全行动计划

个人安全行动计划是企业领导亲自制订的个人参与安全实践的计划，企业可以对此提出要求或者按照循序渐进的原则设计一些"规定动作"，并鼓励领导超出这些"规定动作"。比如在初期可以要求各级领导亲自主持安全会议、带头在会议上做安全经验分享、定期与员工进行安全观察与沟通、亲自表彰对安全有贡献的员工、带头遵守安全规章等等。当这些行动已经成为多数人的习惯时，再逐渐增加需要更多知识技能以及更加深入的活动内容，比如亲自参与对基层单位的安全审核、亲自组织事故事件调查、亲自对直接下属进行安全绩效的评估考核及辅导、亲自培训员工，等等。

个人安全行动计划也是领导安全承诺的一种形式，只是内容更具体可视、时间计划性更强。个人安全行动计划一旦制订，必须公示并付诸实施，否则很容易成为"说而不做"的反面"有感领导"。向员工公示的目的一是欢迎员工监督以展示一种决心，二是对领导也形成一种兑现行动的压力。因此，公示必须做到坦诚，不能藏着掖着，不能强制员工背诵领导的安全承诺和个人安全行动计划以应付上级检查，而是要以实际行动和定期向员工汇报的方式让员工了解领导的个人安全行动计划，否则都是"有感领导"失败的开始。一些单位将其各级领导的个人安全行动计划张榜公示并采取销项制，每季度通报个人安全行动计划的完成情况，或者与领导的工作考核挂钩，这些都是保持强制力的经验做法，应当对此予以理解，毕竟在推进安全文化的初期，需要有一个强制的过程才能加快习惯的养成。

有效落实个人行动计划，要求各级领导言出必行，在"规定动作"之外，积极参与安全生产工作的各个环节，以自身的行动践行"有感领导"，达成上行下效的效果。并通过持续不断的HSE培训，全面提高自身安全管理意识与能力。

4.带头开展行为安全审核（见图6-3）

（1）行为安全审核的定义　对生产过程中人员反应、个人防护用品使用、位置和姿势、工具和设备、作业程序、作业环境进行安全的审核。

（2）行为安全审核的意义　①展现"有感领导"的手段，让员工"看到"领导对安全工作极端重视，从而带动全员参与氛围形成；②改善现场的安全生产状况，落实安全生产禁令，如纠正和减少违章，消除隐患，改善安全生产条件；③向员工传递安全理念，激励固化好的安全习惯；④提供良好的培训机会，领导与员工相互学习、共同提高；⑤使各级领导能够及时掌握现场安全管理的状况，提升驾驭安全管理的能力；⑥通过审核数据进行趋势分析，推进前瞻性

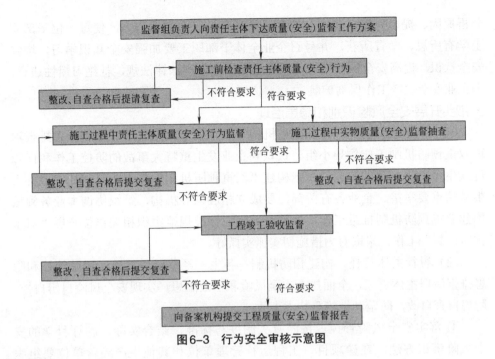

图6-3 行为安全审核示意图

管理。

(3) 行为安全审核的分类　a类:人们的反应;b类:个人防护装备;c类:人员的位置和姿势;d类:工具和设备;e类:作业程序;f类:工作环境。

(4) 行为安全审核的技巧　①观察确认您所看到的,善于发现现场的痕迹;②亲切互动式接触,首先肯定安全的行为,要注意自身情绪的控制;③表达您所见的不安全状况及顾虑,要真心诚意,不要训斥,查找真实的原因;④讨论更安全的做法,可采用借鉴法进行诱导;⑤取得员工对今后安全工作的承诺;⑥感谢;⑦跟踪落实问题的整改;⑧审核技巧不是问题,参与的态度才是关键。

(5) 安全观察和沟通的方法——六步法　①观察→②表扬→③讨论→④启发、沟通、咨询→⑤取得承诺→⑥感谢。

(6) 改进行为安全审核的方法　①加强安全标准的学习,多实践,培养敏感性;②观察、沟通得更深入一些;③有所准备地去审核;④学会表扬,创造沟通氛围,增强审核效果;⑤注意对问题的跟踪,养成对安全认真的习惯;⑥对下级辅导,推进全员审核,如陪同审核、讲评审核质量,员工间的审核更注重安全提示。

5.带头讲授安全课

从安全生产的概念及意义、安全生产的内容、重要性、事故案例剖析、如何做好仓库安全工作共五个方面进行讲解。重点强调安全生产的"三个原则、四种意识、五项基础、六个落实"。对每一个真实的事故案例,进行深度剖析,分析原因、提出对策，让安全教育课更具有说服力和感染力，使每一位干部职工学有所思、学有所获，并号召企业全体干部职工要加强安全知识学习，增强安全意识，提高安全操作技能，严格遵守安全生产法律法规，杜绝习惯性违章，为企业安全生产工作保驾护航。

6.带头开展安全风险识别和隐患治理

（1）加强组织领导，建立推进机构　成立安全风险分级管控和隐患排查治理双重预防机制工作领导小组。认识到企业发生重特大事故的防控工作和保障群众生命财产安全的重要性，把构建"双重预防机制"作为防范和杜绝重特大事故的重要举措。企业各有关部门要成立相应领导机构，组织协调本业务领域构建双重预防机制推进工作，按照有关行业标准规范组织相关单位开展"双重预防机制"工作，采取有力措施切实抓实抓好。

（2）履行主体责任，构建预防机制　各生产经营单位要落实风险管控和隐患排查治理主体责任，全面排查安全风险和事故隐患，实现安全风险自辨自控、隐患自查自改，防范和杜绝重特大事故。

① 落实安全风险管控。按照有关制度与标准，结合实际，制订科学的安全风险辨识方法，在建项目、工程运行管理单位和其他生产经营单位要组织生产一线、班组、岗位全面排查，全方位、全过程辨识生产工艺、设备设施、作业环节和人员行为等方面存在的安全风险，确定安全风险等级，建立安全风险数据库。及时公布预警，并逐一制订落实风险点分级管控责任和具体管控措施。

② 落实隐患排查治理。工程运行管理单位和其他生产经营单位要建立落实隐患排查治理制度，制订符合实际的隐患排查治理清单，明确和细化隐患排查的事项、内容和频次，并将责任逐一分解到班组和岗位。定期排查事故隐患，发现问题立即整改。对重大隐患要制订落实治理方案，做到责任、措施、资金、时限和预案"五落实"，实现隐患排查治理自查自报自改的闭环管理。

③ 加强风险管控和隐患排查治理信息化建设。充分运用安全生产信息上报系统，为构建双重预防机制提供信息化支撑。督促有关单位将所有辨识出的风险和排查出的隐患全部录入管理平台，逐步实现对工程风险管控和隐患排查治理情况的信息化管理。针对可能引发重特大事故的重点区域、重点单位、重点部位和关键环节，加强监测检查，督促有关单位履行隐患自查自改自报主体责任，对每一个环节做到痕迹化，实时监控隐患整改情况，对没有按期整改的重大隐患，根据工作痕迹倒查责任，问责到位。

④ 推进安全生产标准化建设。将安全生产标准化建设与安全风险辨识、评估、管控，以及隐患排查治理工作有机结合，切实开展安全风险辨识、评估、

管控和隐患排查治理工作，推动行业安全风险分级管控和隐患排查治理"双重预防机制"的不断完善。

（3）完善监管体系，落实分级管理

① 建立双重预防体系建设工作机制。各单位要按照属地管理和"谁主管、谁负责"原则，理顺和明确部门在企业安全风险管控和隐患排查治理体系建设中的属地监管、行业监管和综合监管等职责，形成分工负责、有责担当、齐抓共管的隐患整治工作机制。强化安排部署，结合实际制订本单位"标本兼治遏制重特大事故工作方案"，明确构建"双重预防机制"的目标任务、工作内容、方法步骤、责任单位，抓紧组织推进。要突出行业重点领域、重点环节，抓住辨识管控重大风险、排查治理重大隐患两个关键，扎实构建双重预防工作机制，强化安全生产技术保障，严厉打击惩治各类违法违规生产经营建设行为，加强安全生产源头治理，着力提升安全生产应急救援处置能力，全面防范和杜绝行业重特大事故的发生。

② 建立健全风险预判制度，加强安全风险管控。各单位要建立实行安全风险预判制度，加强督促相关企业切实履行主体责任，组织各类生产经营单位对重点工程建设、生产运行管理等重点领域和环节的安全风险进行辨识和评估。实施风险分类和等级确定，有效管控安全风险。风险点登记造册，形成"一企一册"。落实《企业安全生产风险公告六条规定》要求，实施安全风险公告警示，实施隐患排查治理闭环管理，加强重大危险源管控，加强安全生产培训，加强安全生产应急管理，加强职业危害防控。

③ 强化示范带动。为有效开展企业安全系统构建"双重预防机制"、防范和杜绝重特大事故工作，强化示范带动作用，各单位要结合本单位实际，确定1～2个试点单位（或建设项目），积极行动，主动作为，探索创新，加快双重预防机制建设进度，尽快形成一套可复制、可推广、可借鉴的防范和杜绝重特大事故工作的经验和做法，带动本单位防范和杜绝重特大事故工作的推进。

④ 强化分级管理和督查考核工作。各级管理部门要切实履行安全监管职责，逐级签订安全生产责任书，层层落实责任。改进安全生产考核方式，推动以事故为重点向以风险为重点的转变，注重过程考核与结果考核相结合，切实加强对风险管控和隐患排查治理的过程监督和考核问责。

⑤ 营造良好氛围。要创新形式，利用各类新闻媒体，大力宣传构建双重预防机制的重要意义、重点任务、工作措施和具体要求，宣传推广一批在风险分级管控、隐患排查治理方面取得良好效果的先进典型，曝光一批重大隐患突出、事故多发的企业和单位，为推进构建双重预防机制创造有利的舆论环境，促进全社会安全防控意识的有效提升。对于确定为双重预防机制的标杆示范企业，要依法依规给予一定政策支持与物质奖励。

第二节 如何有效落实"有感领导"

一、三层含义（见图6-4）

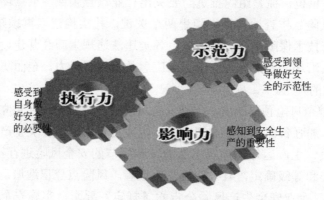

图6-4 安全"三力"含义与联系

1. 安全影响力

有感是部属的感觉而不是领导者本人的感觉，是让员工和下属体会到领导对安全的重视。

安全影响力作为一项鼓舞人心、凝聚力量的工作，在企业安全工作中发挥着不可忽视的作用。尤其是当前企业面临着集团化管控、多元化发展、应对挑战、克难奋进的关键时期，更需要在安全影响力上多做文章，做足文章，准确掌握市场经济条件下企业安全工作的特点、规律，注重总结新经验，研究新情况，解决新问题，与时俱进，不断创新，确保发挥安全宣传的最大作用，提升企业工作的渗透力和影响力，为推动企业发展提供智力支持和思想保证。

（1）抓重点亮点工作宣传，扩大安全工作影响力 当前，在企业安全影响力上，存在着反映全面工作多，而亮点工作、经验性报道力度、深度不够的状况，使得企业安全工作缺乏亮点和自身特点。因此，要不断拓展延伸宣传报道安全影响力的深度，注重挖掘总结企业安全工作亮点经验，形成经验交流平台和联系员工群众的桥梁。

① 要注重把握企业安全发展主旋律，加强新闻宣传。要把安全宣传放在宣传教育的首位，不断创新报道方式，采取现场新闻、人物采访等形式，让员工

感受到安全不仅是自己的事,更是家属群众共同的期盼和嘱托,从而牢记安全,按章作业。

② 注重贴近员工实际,加强安全宣传报道。企业作为维护员工群众利益的职能部门,要加大扶贫解困送温暖工程的宣传,在企业与员工间、员工与员工间架起一座互帮互助的桥梁。在对工会开展的金秋助学、困难职工帮扶、维护女职工权益、工伤探视等活动进行宣传的基础上,可以以点带面,抓住一个点进行大力宣传,在企业形成关注、关心弱势群体的良好氛围。

③ 在提升员工群众的维权意识上加强安全宣传报道。企业安全工作的职责除了维权,还有让员工群众懂得如何维权的责任,因此,要加强《安全生产法》《职业病防治法》《消防法》《环境保护法》等法律法规的宣传教育,采取发放明白纸、举办法律法规下车间、下岗位活动、开展法律知识竞赛等形式,让员工群众明白政策要求,依法维护自身权益。

(2) 抓典型树标杆,增强安全影响力的感染力　先进典型是企业发展的风向标,加大对先进典型的宣传是必要而重要的。当前,有的单位只注重典型的选树和表彰,却忽略了典型的学习推广,难以形成强大的典型效应。为此,应在典型的学习宣传、事迹推广上做文章,让典型体现时代特色,得到广大员工群众的学习和标榜。

① 注重发挥新闻媒体传导优势,创造崇尚先进、宣传典型的浓厚氛围。要充分利用广播、电视这一有效平台进行广泛宣传,让先进典型的事迹和形象传遍千家万户。集中时间段挂牌推出各类专题,着力挖掘先进典型的感人事迹和精神特征。对有推广价值的典型要及时主动上报上级宣传部门和新闻媒体,让先进人物得到社会的广泛认可和赞誉,形成良好的道德风尚。

② 广泛开展各类学先进活动,扩大影响力。对于安全生产先进典型,可以采取组织宣讲团、召开事迹报告会、编写宣传资料等形式,宣讲典型的事迹,缩短典型与广大干群的距离,发挥典型示范作用。对于重大宣传典型,集中下文组织干部员工学习,开展讨论,进一步提升思想境界,在企业内部掀起崇尚先进、争当先进的热潮。

(3) 抓队伍提素质,提升企业安全宣传工作水平　加强企业安全宣传教育工作,核心在于建设一支高素质的安全工作宣传队伍。有的单位,由于受多种因素制约,企业安全管理队伍力量相对薄弱,安全影响力力度不够。为此,需要从根本上提高企业安全工作的水平,培育一支适应新形势要求的高素质、多功能安全管理干部队伍。

① 首先,要用科学发展观武装头脑,引领思想,树立正确的世界观和新闻价值观,提高用辩证的眼光看问题,分析、解决问题的能力。

② 要加强多形式的培训。采取走出去取经、请进来授课、内部交流等方

式，激发学习兴趣，提高学习效果。可以通过举办安全知识培训班，邀请有一定宣传报道经验的老师来传授如何做好安全生产工作的技巧。大力实施"帮带工程"。在安全管理系统搜罗、发现和培育安全先进骨干，举办专题业务培训，辅导修改学员习作，不断提升安全管理干部整体工作能力。

③ 加强企业内部资源整合，拓展学习交流阵地。对于企业安全重点工作报道，要采取集中研究、集中讨论的方法，集结集体力量，研究策划报道主题和报道角度及形式，以提升宣传效果。积极拓宽宣传渠道和交流平台，采取兴建职工书屋、建立qq交流群、组建网上论坛等形式，为总结安全学习心得、交流安全工作经验、宣传安全生产信息提供便捷通道。

④ 不断完善安全生产目标管理考评机制，建立健全安全工作例会、安全绩效考评等各项制度，加大安全考核奖励力度，以此进一步调动企业员工的安全生产积极性和主动性，扩大企业安全工作的影响力。

2. 安全示范力

自上而下，强有力的个人参与，各级管理者深入现场，以身作则，亲力亲为。推行"一岗一责、人人有责"的工作理念，建立基础安全工作网格"1＋3＋X"运行机制。针对基层安全生产多头管理、重复投入、部门割据、合力不足的工作短板，在企业建立安全管理中心"网格化管理综合服务队"，全面整合企业所有安全执法队伍，统一承担安全综合协管职能，做到"问题处置在执法之前，寓管理于服务之中"，构建"上面千条线、下面一张网、网格一队管"的工作格局。以"雪亮工程"建设为契机，紧紧围绕"建联管用"四个环节，编织一张更高水平的安全网。加大视频监控镜头建设投入，实现重点部位、主要干线、重点场所和部分背街小巷的实时监控。在车间岗位建立"安全隐患排查治理"综治工作机制，整合保卫、卫生、安监、消防、环保等八大职能，促进平安建设在基层一个大平台上运行，夯实综治安全工作基础，使安全生产治理更具个性化、具体化和精准化，切实增强企业安全治理工作实效，促进企业平安、和谐、稳定。此外，通过开展生动的安全生产教育活动，将真实案例带到基层，以鲜活的案例教育员工，让他们更加深刻地理解知法、守法的意义，同时，也提高他们的法律意识和自我保护意识。这对于企业员工的健康成长，具有十分积极的意义。

3. 安全执行力

提供人力、物力和组织运作上的保障，让员工感受到各级管理者履行对安全责任做出的承诺。

（1）努力推进安全教育培训工作的执行力　加强安全教育培训是企业永恒的课题，是提高安全执行力的必要内容，有着特殊重要的意义。因此，我们必须重视安全教育培训，并着力抓好如下几方面的培训：一是抓好全体职工，特别是管理人员安全意识教育，在生产过程中，切实做到"以人为本、安全第一""不安全不生产、隐患不消除不生产",树立"事故可防可控、必防必控""平安健康零伤亡""有气体超限就是事故"的安全理念。二是抓好岗位责任制和相关规章制度的培训,促使广大干部职工明确企业安全方面的各项规章制度、各岗位的安全生产责任制、各工种的操作规程和技术标准、违章处罚规定等。

(2) 努力推进安全监督工作的执行力　加强安全监督检查,严格安全综合考核是提高企业安全执行力的关键。主要包括以下方面的内容:一是要加强对各岗位、各部门安全生产责任制落实情况的监督检查与考核。对不认真履行安全生产责任制,要严格按照相关规定要求进行处罚。二是要加强对生产现场的违章行为进行严格监督检查。三是要抓好群众监督考核,对安全监督管理人员的工作进行全面监督,对那些在监督检查过程中,不按照统一标准严格执行的人员进行批评教育,督促他们按照统一标准,执行同一尺度进行监督检查。

(3) 努力推进事故责任追究工作的执行力　实现事故责任追究是提高企业安全执行力的保障。因此,企业一旦发生事故,就要进行认真的调查分析,落实责任,坚持事故原因未查清楚不放过、相关责任人未受到处罚不放过、广大群众未受到教育不放过、未制订监控措施、监控措施不落实不放过的"四不放过"原则,教育广大干部职工自觉遵守岗位操作规程和劳动纪律,减少各类事故的再次发生。

(4) 创建安全执行文化　创建安全执行文化是企业安全执行力提高的最好体现。企业要将安全规章制度、安全活动落实、安全生产责任制、安全监督检查制度、安全责任追究落实到位,企业的安全执行力就得到了提高。当企业的多数人养成了良好的安全工作习惯,就形成了较好的安全执行文化。一旦形成安全执行文化,企业的安全生产工作将达到一个新水平,到那时就能实现"零事故、零伤害、零损失"的安全工作目标。

杜邦公司各工厂的安全审核都是由主管部门进行,根据工作性质需要,定期组织,由审核组长提交总经理和安全部门,能整改的现场立即纠正,不能当场纠正的制订整改方案报安全部门负责跟进,并协调跟进责任部门限期解决。安全部门汇总整理各个现场安全审核数据,可知道公司总体不安全行为状态,了解公司前面的安全情况,预测职业健康安全走势和影响因素,为管理者提供各层面的安全信息,采取有效措施有效预防事故发生。杜邦安全审核方法让员工与管理者形成真诚的沟通交流,分享安全经验,形成互动,使员工很诚恳地服从执行规章制度。

二、核心四要素

1.能见度

能见度是指领导者出现工作场所及领导典范的可见程度,包括工作任务的参与，贯彻执行安全规程及组织安全政策，扮演安全角色楷模。企业的管理层必须以身作则，在与员工的接触过程中，要让员工看到、听到、感受到领导对安全的重视。在杜邦，从领导层、高级管理人员、工厂各部门主管到运营团队，乃至所有操作员工，都必须把安全视为企业的核心价值。所有安全管理规定总是由上而下从最高管理者开始实施，管理者必须在工作人员中树立遵守安全管理规定的榜样，同时必须在实施安全规定的过程中提供资源保障。

（1）高层管理人员的领导和承诺　高层管理人员的行动表明公司方针和操作执行标准的实施意图。只有当领导层为实现最高的业绩标准而做出可见的、明确的承诺时，公司才能够接纳和建立维持高水平安全业绩的文化价值。

（2）直线管理层的责任和义务　执行安全方针和实现组织目标是直线组织的责任。高层管理人员必须使直线组织中的每个人都对他的安全业绩负责，并给予安全与生产、成本、进度和质量同等的优先权。

（3）行为安全管理　应将安全方针和安全高标准的执行贯穿整个生产实践，并实施监控。这个过程必须关注与人有关的事项，具体来说就是人的行为和行动。

（4）观察/审核系统和持续改进　观察和审核系统是管理层确认是否建立了业绩标准以及确定是否达到这些标准的手段。杜邦的有效审核/观察计划将包含管理层的自我审核、员工审核以及安全观察等其他方面。审核和自我检查的结果为持续改进和强化安全文化打下了基础。

2. 关系

借助与工作团体之间高层次的沟通中，倾听心声，采纳建议，以发展开放、坦诚和信赖的关系，随时保持"开放"的政策，鼓励全体成员尽情地讨论安全事项，而且不必恐惧会受到责难。关键就是要树立"卓越的安全绩效带来卓越的业务绩效"的理念，企业的各级管理层须对安全责任做出承诺并表现出无处不在的"有感领导"。每位员工不仅对自己的安全负责，而且也要对同事的安全负责。这种对个人和集体负责的概念，连同以"任何事故都可预防"的信念为指导原则，相信"零伤害、零事故"的安全目标是可以实现的。

3. 工作团体的投入

在规划及决定方面，工作团体的投入及授权有助于增进其自主权及安全绩效责任。大致来讲，90%的安全事故都是由于人的不安全性导致的，因此，只有当企业的所有人员改变了安全观念，才能找到并摒弃疏忽和不安全行为的根源。从中国企业目前的现状来看，总体来说还徘徊于第二阶段，即依赖严格监督的阶段。对于国内石油石化企业，要想实现安全文化的转型，关键在于企业的主要领导，企业的领导必须把安全作为企业发展的核心价值观。通过管理者承诺、完善可行的规章制度及监督控制来实现安全业绩的不断提升。通过他们的"有感领导",身体力行、以身作则,强有力地推动和带领全体员工遵循统一的安全理念和安全制度,进而形成上行下效、团队管理的良好安全氛围。

4. 主动管理

主动管理包括在安全实务方面采取行动,对意外事件采取适当的后续行动,获得员工及一线主管的支持,建议有效的对策及建立系统,为意外及事件报告提升开放的气氛,被员工看到支持正确的安全行为,质疑拙劣的安全实务,奖励展现正确行为的人等明确态度。

"有感领导"与其说是管理手段,不如说是一种安全管理理念。"有感领导"要求包括企业基层主管和最高管理者在内,无论是哪个级别的主管,都应该通过各种行为或者行动来体现自己的安全领导力,所表达出的影响力应该为员工所感知。管理者对安全的见解、行为和习惯通过影响力,体现在企业生产运营的任何地方、任何级别、任何时间,对员工操作行为的安全性起到了积极的促进作用。

三、落实"有感领导"的做法

1. 明确落实的具体规定

① 通过宣传手册或其他形式,对"有感领导"的实施做以描述和说明。

② 在相关的安全制度中明确规定领导应做的工作。

③ 在岗位职责中,明确规定领导应带头履行的职责。

④ 在岗位和单位的HSE绩效考核指标中,明确规定对"有感领导"的具体考核要求。

2. 三种方式

(1) 领导带头　各级领导要做领头羊,不做赶羊人。要通过行动履行领导承诺,展示榜样作用,实现"有感领导"。

(2) 上级推动下级　上级领导不仅自己要展示"有感领导",还要通过自己的言行,推动下级主管在工作和生活中,带头履行安全职责,严格遵守安全规定,为下属员工层层展示"有感领导"。

(3) 下级推动上级　作为下属员工,尤其是副职,要认真思考上级领导如何在工作和生活中展示"有感领导",及时提醒并创造条件使上级领导能够更好地展示"有感领导"。

3. 具体要求

① "有感领导"的展示要真心实做,不能演戏。

② "有感领导"的展示要长期坚持,不能搞运动。

③ "有感领导"的展示要讲究方法,不能简单粗放。

④ "有感领导"的展示要讲究实效,不能让员工没有触动。

四、实施"有感领导"应达到的几种效果

通过领导的榜样作用，展示出对安全的重视和高标准的行为，至少应达到以下效果。

① 感动员工。冲击其思想，触动其灵魂，激发树立"我要安全"的理念，认识到安全是自己的事。

② 感化员工。要使员工在感动之际，有所思、有所想、有所悟，使之能够对照反思自己的不足和缺陷，进而转变行为，培养高标准的安全习惯。

③ 培育文化。通过持续实施"有感领导"，不断感动和感化员工，培养员工高标准、严要求的习惯，由点到面，积少成多，使执行安全规定、落实安全措施逐步成为全体员工的自觉行动，形成群体行为习惯，培育具有自身特色的安全文化。

五、"有感领导"决定PSM成败

过去若干年中，在意大利的塞韦索、印度的博帕尔和美国得克萨斯州的得克萨斯城发生过一些严重的工业伤亡事故，当地的化工企业由此开始着手提高工艺安全管理（PSM）以防止类似事件的发生。那场灾难带给我们的教训就是PSM系统只有在被充分严格实施的情况下才会有效发挥作用，否则会引发灾难性后果。充分严格实施PSM系统不只是SHE（安全、健康和环境）经理的工作，起决定性作用的其实在于公司领导层。这些高层领导应该让每一位员工都显而易见地感受到他们对安全的承诺。只有这样才能真正实现卓越的工艺安全业绩，而不是口惠而实不至的所谓"承诺"。

一份针对BP得克萨斯城炼油厂的贝克小组报告就强调了"高层领导承诺"这一点（参见"报告小组抨击BP的安全工作"）。报告提出了十项建议，其中有五项都直接针对解决领导承诺的问题。小组成员之一，保罗·特博，杜邦公司前副总裁，甚至直接声明BP得克萨斯城炼油厂最根本的问题就是"领导，领导，领导"。

化学品制造商往往依赖于工艺安全管理消除重大工艺事故、降低风险。管理风险就是每家化工行业的公司必须面临的挑战之一，而有效的工艺安全管理最终是高级管理人员责无旁贷的责任。成功的工艺安全管理直接取决于组织及内部所做的决策，领导的工作就是发挥影响力、做出正确的决策。领导人用以确保最高质量决策、管理经营风险的方法，我们在杜邦称为"有感领导"。成功实施和执行工艺安全管理是"有感领导"的一个必要组成部分。

六、实施"有感领导"注意事项

1.领导重视是关键

各级领导要牢固树立"一切事故都是可以避免的"安全理念；从思想上和

行为上重视安全工作的重要性并明确地向整个组织传达；对下属经常耳提面命；在工作当中切实履行；当安全和生产发生冲突时，要切实以安全为天的思想为指导，做出实际行动，给下属做出表率。

2.实际行动是核心

"有感领导"不能将安全要求仅仅停留在口头上，而是要体现在自己的实际行动中——带头遵守公司的各项安全规定，如养成乘、开车系安全带的习惯；带头制订和践行个人安全行动计划；深入基层开展安全观察与沟通；不违章指挥等行为，让员工真实体会到领导对安全工作的重视。

3.考核是保障

为了确保"有感领导"能有效贯彻，将"有感领导"的内容纳入过程考核，与绩效挂钩，并定期进行考核，从而有利于"有感领导"的实施。

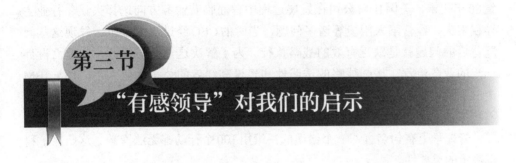

第三节 "有感领导"对我们的启示

学习杜邦公司的"有感领导"安全管理艺术，就是要把杜邦的安全管理经验运用到我们的安全生产实践当中。结合我们的国情，结合我们的厂情，结合我们的传统文化，结合我们的辩证法和方法论，来把杜邦安全领导力提升到一个新的高度。

一、从辩证法看领导力实践

唯物辩证法是认识问题、解决问题的根本方法。领导力则是一种实践，也是一门艺术。提高领导力需要学会运用辩证法，在思维方式、科学决策、管理提升、合作共赢等方面多下功夫，实现从领导能力向领导艺术的飞跃。

1.思维方式：系统总体归纳法和核心问题分析法的辩证统一

思维方式在领导力中具有特殊的地位和作用，是构成领导力的关键要素。有了正确的思维方式，才会有正确的领导力。例如：为什么战国时是秦国统一了中国？应该说是秦国宰相范雎的思维方式对秦国的统一起到了非常重要的作用。秦始皇的曾祖父秦昭襄王采纳了魏国人范雎提出的"远交近攻"战略，秦国终于荡平六国，实现统一。又例如：为什么尼克松总统在1972年能够完成中美关系的破冰之旅？主要是美国前国务卿基辛格的思维方式起到了至关重要的作用。尼克松在1968年当选总统后，采纳了哈佛大学教授基辛格博士提出的"均势外交"战略，制定了"联华制苏"的外交政策，扭转了美国越战后在全球竞争中的被动局面。

那么，思维方式到底包括什么？简单说，它包括归纳和分析两个方面，上升到方法论层面可以概括为系统总体归纳法和核心问题分析法。

什么是系统总体归纳法？简要地说，就是"先把握整体，再深入局部"；形象地说，就是"先看森林，再见树木"。例如，毛泽东在领导中国革命的实践中，提出了半封建半殖民地是当时中国社会基本特点这一论断，然后再从这一论断出发，确定了党的一系列路线、方针和政策，领导中国革命走向了成功。

什么是核心问题分析法？形象地说，就是找出"问题背后的问题"的方法，实质上就是矛盾分析法，就是要找出主要矛盾或矛盾的主要方面。例如，20世纪80年代末，美国IBM公司在发展过程中曾面临着业务方向选择失误、行业主导权丧失、经营陷入困境等诸多问题，当时的CEO经过深入分析，发现这些问题背后的问题就是缺乏有效的战略执行。为了解决这一核心问题，从建立世界一流的业务流程、增强战略的透明性和建设高绩效的公司文化入手，领导IBM走出了困境、实现了转型，重新成为了一家伟大的世界级企业。

2.科学决策：基础数据和顶层设计的辩证统一

管理学上有句名言，一个错误的决策用100个行动都无法挽救。这凸显了科学决策的重要性。

科学决策是什么？科学决策是基础数据和顶层设计的有机统一，是领导力的核心。要做出科学决策，必须充分掌握基础数据、做好顶层设计，二者缺一不可。基础数据就是指反映事物客观情况的原始资料和基本信息。顶层设计就是从全局出发的总体构想，就是定战略、把方向。只有基础数据工作扎实，顶层设计才能科学合理；反过来，正确的顶层设计又有助于科学决策，进一步积累准确的基础数据，二者相互促进，共同构成科学决策不可或缺的要素。

例如，美国沃尔玛公司通过"购物篮"基础数据的分析，发现"美国年轻的父亲在为婴儿购买尿布的同时往往会顺便为自己购买啤酒"这一独特现象，因此，做出了"啤酒与尿布"关联销售的顶层设计，通过让这些客户一次购买两件商品，沃尔玛大大增加了销售收入。

3.管理提升：规范管理和实证管理的辩证统一

大多数经济学家认为，西方工业现代化"三分靠技术，七分靠管理"。众多的企业通过改进管理、创新求实，成为世界知名企业，由此可见管理之重要。实际上，管理提升是领导力实践的基本途径。

什么是管理？管理，管的是"理"。"理"是什么？是事理，是情理。事理是做事的科学规则和流程,情理是做人的道德规范和要求。简而言之,"理"是规律、是规则、是规范。管理,就是要把事物的规律性、规则性、规范性的东西找出来,让它形成制度,形成规章。管理者管的就是这个"理"。

管理具有双重属性,即规范性和实证性。规范管理强调"职能分工",实证管理强调"客户中心";规范管理强调以过程为重点,实证管理强调以结果为导向;规范管理强调统一性,表现出刚性特点,实证管理强调灵活性,表现出弹性特点。规范管理和实证管理既对立又统一,在事物发展的不同阶段,对规范和实证的侧重也有所不同,从本质上看是一个从规范管理到实证管理的提升过程。实证管理的基本原则是:要解决问题,不要解释问题;要证明自己,不要说明自己;要严于自律,不要疏于自律。

为什么要将规范管理提升到实证管理?主要还是由于管理的对象和实施管理的外部条件都在发生变化。当今时代,以互联网为核心的新一代信息技术创新极为活跃,应用日益广泛,对人类经济社会发展产生深刻影响。要适应这种变化,必须准确把握住新时期加强实证管理的四个方向:一是适应网络经济发展规律,二是适应速度制胜竞争新特点,三是适应客户个性化需求,四是适应产品生产柔性化趋势。例如,面对瞬息万变的市场需求,我国海尔公司借助互联网加快组织结构调整,将7万多名员工重新组织为2000多个自主经营体,形成了基于互联网的"大平台+小团队"企业组织架构,让大量的小团队直接面对市场、面对用户,快速满足客户的个性化需求。

4.合作共赢:提高个人修养和善于团结群众的辩证统一

自古以来,我国许多仁人志士都倡导"内圣外王""修身、齐家、治国、平天下"。无论是"内圣"还是"修身",都突出了提高个人修养之于领导力的重要性。提高个人修养就是要有高尚的道德、诚信的品质和坚韧不拔的意志,就是要有责任感和担当精神。团结群众则是提升领导力的放大器,善于团结群众就是要学会尊重群众、信任群众和依靠群众,就是要跟群众心往一处想、劲往一处使。

二、领导力在实践中生成

作为一种领导智慧和领导者的综合素质,企业经理的安全工作领导力不是自然生成的,也不是一蹴而就的,而是在企业安全管理中自觉修炼、积极践行的结果。提升安全工作领导力,没有秘诀,没有捷径,贵在自觉,重在行动,悟在反思,精在研究。

1.贵在自觉

企业经理是在扮演自己特定的职业角色过程中创造自己的人生,在角色实践中提升领导力的。企业经理领导力,取决于角色意识的强度。经理有强烈的角色意识，就能自觉地进行角色学习，自觉运用所学到的专业理论知识指导行动，把角色的义务、权利、规范、情感、态度等内化为支配行为的角色观念。经理具有明确的角色意识，就会安其位，行其职，就能使企业稳定、协调发展，自身的领导力也随之得到提升。经理提升领导力，就要正确地认识自己所扮演的职业角色，明确职业身份和专业发展要求，强化职业认同感，这样才能尽职尽责地履行角色义务，以满足社会期待，同时提升自身的领导力，达到自我实现、自我完善。

经理角色意识的形成和发展，大体上经历了角色实践—角色认识—角色再实践—角色再认识这样一个循环往复的过程。只有在企业安全管理实践中，赋予经理一定的权力、地位，并经过角色扮演和角色亲历体验，把所学到的岗位知识和技能运用于实际，经理才可能形成并逐步加强角色意识，为提升安全工作领导力奠定坚实的基础。

2. 重在行动

企业经理安全工作领导力是在企业安全管理实践中生成与提升的。"说一尺不如行一寸"，不行动，不努力，就不会提升领导力。高明的企业经理正是依托自己所在的企业，在企业改革与实践之中提升自身的安全工作领导力。

重在行动，重在自觉地行动，重在在科学理论指导下的行动，是把安全生产理论运用于安全生产实际的行动，而不是盲目的行动。没有科学的安全理论与管理理论指导，经理就会"盲人骑瞎马"，行动失去方向。经理应当成为"安全科学和安全生产实践的践行者"，成为安全科学理论、安全管理理论的实践者和创造者。重在行动，深入实际，经理要积极参与并领导企业的安全管理和生产实践，提倡并坚持企业安全行动，继而取得领导企业安全工作的主动权，提高对安全工作的领导力。

3. 悟在反思

不断地总结和反思企业安全生产和管理实践，是提升经理领导力的重要策略和路径。国外把自我反思能力列为21世纪企业管理者和员工的最重要的能力之一。美国心理学家波斯纳提出"成长=经验+反思"的公式。在企业实践中，经理认真地、持续不断地总结企业安全工作经验，反思以往的工作，敢于批判、否定自己，才可能在新的平台上实现自我超越。

经理发展有三种价值取向，即理智取向、反思—实践取向及生态取向。理智取向，重视自身的理论学习，加强专业训练，提高专业化水平，为经理发展奠定理智基础；反思—实践取向，主张实践与反思的结合，既要在实践中积极锻炼，又要在实践中系统思考，在反思实践中促进经理发展；生态取向，则从宏观视角注重个体发展与外部环境的和谐、协调，与同仁的互动合作，倡导一种团队文化和共生发展的模式。这三种价值取向不是相互排斥的，而应是相辅相成、互为补充的。但是需要指出的是，反思实践在经理发展过程中起着基础性的关键作用，没有参与实践，没有在实践中的思考，经理难以自主发展，提高领导力也就是一句空话。

反思思维是一种实践思维，是行动后的思考，与实践行动密切关联。反思思维能力是经理管理哲学素养的重要组成部分。经理要高瞻远瞩、卓有成效地进行安全管理，必须要有科学的管理哲学思想作指导，要有科学的管理哲学素养，尤其要具有反思实践的能力。"管理就是行动的哲学"，反思实践把思考与行动有机地结合起来，也正是在反思实践中，经理的安全工作领导力才得以提升。

4.精在研究

企业改革与发展呼唤着安全科技的发展，经理的自身发展与安全工作领导力的提升，也呼唤着安全科技的发展。经理作为企业安全管理关系的承担者、安全工作负责人，不仅要组织参与企业各种安全活动，而且要对企业组织及员工实施管理。在这个过程中，必然会遇到各种各样的新情况、新问题，单凭个人狭隘的经验是不够的，这就要求经理有强烈的研究意识，结合企业安全工作实际，脚踏实地、卓有成效地在行动中研究，在研究中行动，逐步形成适合并引领企业安全发展的有特色的"草根化"理论，同时，提高经理发展企业的能力和科学管理企业的能力。成功的企业安全管理者无不是以安全科技为先导，带动广大员工开展安全科技科研的。

经理要成为安全工作的带头人，首先，要有清醒的认识，为企业安全生产科学定位，走一条以微观研究、应用研究、行动研究、实践研究为特色的安全生产之路。其次，从问题出发，选择和确定能够统领企业安全发展的研究课题，以课题为抓手，把课题研究与企业改革、发展有机地结合起来。再次，在安全工作中打造企业管理团队，培养一批安全管理积极分子，使他们成为安全生产的排头兵。最后，加强企业安全科技培训管理，抓方向，明确企业安全科技的目标；抓舆论，形成企业安全文化建设氛围；抓制度，保证企业安全工作有序地进行；抓自身，经理身体力行，成为企业安全生产的带头人。

三、以行动为中心的团队领导者的领导力

1.以行动为中心的领导力理论

以行动为中心的领导力（ACL）理论以三环模型为核心，将各个要素有机整合起来。

（1）三环模型　如图6-5所示。

经过一段时间的合作，所有的工作群体都形成了自己独特的群体人格。与此同时，所有的工作群体也存在三种共同的需求：完成共同任务的需求（任务需求）；团结在一起或者维持为一个社会单元的需求（团队需求）；个人加入群

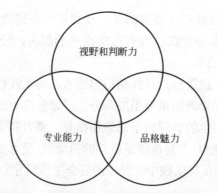

图6-5 以行动为中心的领导力的三环模型

体,成为群体一员而带来的需求(个体需求)。分别用三个环代表这三种需求,三种需求之间的关系就如同三个相互交叠的圆环,相互影响、相互作用。用一枚硬币遮住"任务"这个环,则其他两个环的一部分也被遮住,这意味着一个工作群体未能完成任务将加剧群体的分裂趋势和降低群体成员满意度;用硬币遮住"团队"环,其他两个环的一部分也被遮住,这告诉我们一个人际关系不和谐、没有团队凝聚力的群体将不能有效完成群体任务和满足群体成员的个人需求;同理,我们能够得出:个体需要得不到满足的群体成员将不能为群体任务和群体团结做出积极的贡献。相反,群体任务的完成将增强群体的团结和个人需要的满足程度;一个团结的群体将能够很好地完成群体任务,并为个体提供令人满意的气氛;一个在个体需要方面得到承认和满足的个体将在完成群体任务和维护群体团结方面做出自己积极的贡献。领导者的工作就是满足这三种需求。三环模型是动态的,而不是静态的,具体哪个环(哪种需求)在领导者的头脑中占主导地位,这完全取决于环境,但领导者需要在更长的时期内使它们保持平衡。阿代尔教授认为三环模型是领导学领域一项重大的发现,可以和物理学领域爱因斯坦的相对论相媲美,它形式简单但内涵丰富。中心领导力的内容及相互关系见表6-1所列。

(2)认识领导力的三种方法

① 特质法。对于领导者应该具备什么特质,领导力特质研究者们给出了不同的答案。ACL理论的领导力特质法认为,领导人应该具备并展现出他的领域所期望的或所需要的品质,称之为典型特质。即要成为某个领域合格的领导者,就应该具备和体现该领域内优秀从业者的基本特质。领导力特质法还认为,除典型特质外,领导者还应该具备一些一般性的、所有领域共有的领导特质,称之为一般特质,即热情、正直、严格与公平、热心、自信、谦逊、勇气等。

② 情景法。领导力情景法的核心思想是:在任何情景下,人们往往都会追随或遵从知道做什么和怎么做的人,即权威归于知者,强调领导中知识的重要

表6-1　中心领导力的内容及相互关系

1.完成任务	2.组建并保持团队	3.发展个人能力
定义义务	征求他人的意见	委派任务
考察资源	分派职责	倾听
设定标准	鼓励、支持	训导
与团队进行沟通	解答疑问	认可团队成员的努力
考察团队成员的理解	寻求反馈并给予反馈	管理绩效表现
管理时间	协调各方的工作	进行技能的培训和开发
报告进程	鼓励承担风险	保持灵活性
回顾目标	运用幽默技巧、寻求乐趣 从失败中学习 庆祝成功	开放的心态、释放压力
管理进程	解决冲突	鼓励
辨别优先级别	认可成功	对成功给予称赞
果断地采取行动	保持创造性	建议、劝导

性。关于知道做什么和怎么做的领导知识部分来源于特定的技术知识或专业知识，但专家不一定是领导者的事实告诉我们，仅仅具有技术或专业知识并不一定能成为领导者，要成为领导者还必须具备关于人的一般知识。另外，领导知识还包括智慧和经验的结合，称为实践智慧，即一个人随经验增加而不断增长的判断力。

③ 群体法或职能法。特质法告诉人们领导者是什么，群体法或职能法告诉人们领导者做什么。为了满足工作群体的三种需求，领导者必须履行以下六项基本职能（每项职能都包含一些具体的行动）。三环模型的需求互动原理告诉我们，在一个需求区域履行的职能必然对另两个区域产生影响。

计划：搜寻所有可用的相关信息；定义群体的任务、目的或目标；制订一个可行的计划。发起：对群体下达目标和计划的指令；解释目标或计划必要性；为群体成员分配任务；设定群体标准。控制：维持群体的标准；控制节奏；确保所有的行动都以目标为导向；促使群体采取行动或决策。支持：对人们以及他们所做的贡献表示肯定；鼓励群体和个体；约束群体和个体；创建团队精神；调节分歧或让其他人对分歧进行研究调查。信息：详细阐释任务和计划；为群体提供新的信息；从群体获得反馈信息；条理清楚、有逻辑性地总结建议和想法。评估：检验一个想法的可行性；对提案的结果进行测试；评估群体的绩效；协助群体对其进行自我评估。

我们不能期望领导者能够单独履行所有这些职能，领导者必须学会和其他成员分享领导职能，得到其他成员的自愿合作，但是，领导者必须对领导职能履行的整体情况负责。领导者不会同时履行所有这些职能，在什么时候履行什么具体职能完全由当时的情景决定。

综合这三种方法形成的领导力整合理论，使人们对领导力本质有了更清楚、更全面的认识：特质法告诉领导者必须是怎样的，情景法告诉领导者必须知道什么，职能法告诉领导者必须做什么。

2.个人需求与激励

马斯洛有关人的生理、安全、归属、尊重和自我实现五种需求的理论，以及赫茨伯格有关人的保健需求和激励需求的理论，很好地解释了三环模型中的个体需求的内容，使我们了解人们是如何激励自己的。领导的艺术就是顺应这些自然的程序，而不是反其道而行之。马斯洛需求层次论如图6-6所示。

图6-6 马斯洛需求层次论示意图

3.决策分享连续体

领导者要与下属分享领导的基本职能，所以，分析领导者在多大程度上与下属分享决策这一职能就特别有价值。美国学者坦南鲍姆（R.Tannenbaum）和施密特（W.H.Schmidt）的决策分享连续体模型向我们展示了不同程度的决策分享：沿着决策序列图往右走，领导者的决策权在增加，下属的决策权在减少。尽管在决策序列图上不存在一般性的决策位置点，但仍然有一个一般性的决策原则：尽可能让团队深入地参与决策，因为人们对于影响他们工作生活的决策参与得越多，就会越有动力去实施这些决策。

领导类型（独裁型、民主型、放任型）和决策是相连的，不存在标准的、正确的领导类型。领导类型的选择部分依据于实际情况，部分依据于和你一起共事的人，还有一部分和你的个性有关系。不存在特别有效或无效的领导方式，领导类型就是你自己，你需要同时做到的就是自己个性上的坚持和领导方法上的变通。

4.领导的层次

20世纪70年代，美国学者阿伯拉罕·索兹尼克（Abraham Zaleznik）提出"管理者"不同于"领导者"这个观点，认为"领导者"只存在于组织的上层中，他们负责思考、做出决策，而由组织下面各个层级中的各个"管理者"负责落实"领导者"做出的决策。如今，人们重新发现领导力群体法或职能法的价值，认识到索兹尼克的不是领导者就是管理者、非黑即白观点的错误，认识到管理者除了要履行诸如计划这类传统职能满足任务的需求外，还必须履行其他一般性职能，同时满足团队需求和个体需求，即管理者也是领导者。领导存在于不同的层次上，团队领导者：领导由10～20人组成的团队，有具体需要完成的任务；运营层领导者：组织主要组成部分之一的领导，下辖超过一个的团队领导者，这种情况下他已经是领导者的领导；战略领导者：整个组织的领导者，手下有许多运营层领导者。

任何组织，无论它的等级层次多么复杂，都存在这三个层次的领导，并且在三个层次的领导中，团队领导者是根本。

四、安全工作执行力

企业的安全工作执行力是一个完整的管理系统。执行力是企业管理成败的关键。企业要解决管理中存在的问题，就必须在企业中打造一个一流的执行力团队。一个执行力强的企业，必然有一支高素质的领导力团队。

要提高企业的安全工作执行力，不仅要提高企业从上到下每一个人的执行力，而且要上升到每一个单位、每一个部门的整体执行力。只有这样，企业才会形成全面、完整的执行力，从而形成企业的竞争力。

安全工作执行力差是企业的最大内耗，不仅会消耗企业的大量财力、物力、精力，最为关键的是错过发展机遇，影响到企业的战略规划和长足发展。要想提高企业的全面执行力，首先要从领导力上改观，用领导的方法来形成企业的整体风格和氛围，最后使整个企业和人员都具备这种执行能力。

企业安全工作执行力不到位，是企业领导力不力。企业领导力不力，是因为没有丰富的管理知识，敏锐的人格魅力，全面的统筹能力，丰富的决策、调整、运用、整合、布局能力。具备这种能力，才能影响到企业的执行力，所以，领导力决定执行力。

如何更好地带动本部门工作，更好地服务于企业的安全发展要求，是每一位企业管理者一直在思考的问题，具体到工作中，管理的方法很多，要想灵活掌握和具体运用必须坚持整体性原则，即抓全局、抓重点、抓薄弱环节。古人常说"不谋全局者，不足以谋一域；不谋万世者，不足以谋一时"，但如何才能抓住全局、重点和薄弱环节？

1.提高个人执行力

个人执行力是指每个人把上级的命令和想法变成行动，把行动变成结果，没有任何借口保质保量完成任务的能力。一个优秀的员工从不在遇到困难时寻找任何借口，而是努力寻求办法解决问题，从而出色完成任务。要提升执行力，就必须学会在遇到阻碍时不找借口而是积极地寻求解决问题的方法。

2.摒弃囫囵吞枣式的盲目执行

有些员工把简单重复上级组织的文件和讲话精神看成是贯彻执行，好像是上级组织的文件和讲话精神的忠实执行者，其实不然，不把上级精神与本部门的实际情况相结合，教条式地执行，这不是真正在执行上级精神，而是对上级精神的消极敷衍。

3.避免老套陈旧的执行方式

不少员工还是习惯于用开会、发文、写总结的办法抓工作，似乎工作就是开会，发文就是工作，写总结就是工作效果，有的甚至错误地认为用会议、发文形式安排、督促工作，显得规范、正统，具有权威性。在这样的思想的支配下，会不自觉地把开会、发文、写总结当成推动工作的"万能钥匙"，这导致个别人工作不踏实，只会做表面文章。

4.执行需要培养自己的自觉习惯，摒弃惰性

观念决定行为，行为形成习惯，而习惯左右着我们的成败。在工作中常有这样的状况：面对某项工作，反正也不着急要，先拖着再说，等到了非做不可甚至是领导追要的地步才去做。一旦习惯成了自然，就形成了一种拖拉办事的工作风格，这其实是一种执行力差的表现。执行力的提升需要我们改变心态，形成习惯，把等待被动的心态转变为主动的心态，面对任何工作，把执行变为自发自觉的行动。

5.执行需要加强过程控制，要跟进、跟进、再跟进

有时一个安全工作任务的完成会出现前松后紧或前紧后松的情况，这主要是工作过程未管控所造成的。而行之有效的方法就是每项工作都制订进度安排，明确到哪天需要完成什么工作，在什么时间会有阶段性或突破性的工作成果，同时要自己检查计划实施的进度，久而久之，执行力也就会得到有效的提升。

6.执行更需要团队精神

大家都听过三个和尚喝水的故事：当庙里有一个和尚时，他一切自己做主，挑水喝；当庙里有两个和尚时，他们通过协商可以自觉地进行分工合作，抬水喝；可当庙里来了第三个和尚时，问题就出现了，谁也不服谁，谁也不愿意干，其结果就是大家都没水喝。这则故事使我们认识到团结的重要性，在完成一项任务时，缺乏团队协作的结果是导致失败。每个人都不是一座孤岛，在做工作时，需要相互协作，相互帮助，相互提醒，这样才能不断提升自己完成任务的能力。

作为企业的一份子，我们要树立良好的工作态度和工作作风，爱岗敬业，提高工作效率，强化执行力，实现企业发展与个人发展的双赢。

五、提升安全工作领导力

作为企业的高层领导,该如何提升安全工作领导力?所谓领导力,其实就是做正确事情的力量。随着社会的发展和科技的进步,领导也需要通过充电来提升自己的管理能力和综合素质,从而更好地领导企业向着科学化、规范化的方向迈进。企业高层领导的领导力提升就更应该给予足够重视。那么对于高层,该如何发挥自己的影响力呢?以下四个原则可以作为参考。

1. 以身作则

所谓以身作则,是指高层管理者要在企业价值观、公司制度规定、流程运作等方面做员工的表率,为员工树立坚持原则、按原则办事情的榜样。通常,高层是价值观、制度与流程的倡导者,他们最关心这些制度安排的完善性,最关心这些工作的进展情况,所以,命令经常从这里发出,智慧经常从这里汇集,成果经常从这里体现。当公司上下经过紧张忙碌的工作之后,形成了明确的企业价值观,形成了完善的制度安排,形成了高效的流程运作机制,成果形成了,但效果并不一定按照预期的体现。为什么?哪里出了问题?高层领导的做事方式出了问题,明明制度规定了的事情,有些人不按制度办事,找高层协调,这时候高层领导经常会从事情的本身出发,直接解决问题,动用企业赋予自己特有的职权,直接就按照自己的想法把解决方案提了出来,而作为制度管理部门看到领导已经发了话,已经做出了决定,也就不敢再提制度的事情。下属之所以不敢再提,还有一层因素,就是这些人认为领导决定的就是正确的,听领导的准没错,错了也没事,有领导担责,责任由领导背。这是哪里出了问题?是领导的榜样没有树立好,领导习惯了按照自己的意愿而不是原则办事情,导致上行下效,下属不愿主动提醒领导,更缺乏风险意识,从而导致企业管理混乱,有制度不执行,有流程不按流程走,使得工作效率降低,工作氛围紧张。

那么,企业高层领导的这种工作方式会给员工造成什么影响呢?员工会认为领导说一套做一套,说是要按章办事,规范现代企业制度,但是第一个打破制度的就是他。这会给员工留下一种印象,以后凡事不必认真,领导都不认真对待,我们认真了只能自寻烦恼。这就弱化了高层领导在员工心目中的影响力,就会造成领导说领导的,员工做员工的。所以,高层领导的领导力提升从以身作则开始,对于原则的清晰界定以及坚守会逐步提升高层领导的影响力。高层领导要做到以身作则,树立榜样。

2. 探索航向

管理学上有一个著名的说法,就是管理者要做应该做的事情,而非感兴趣的事情。那么,对于高层领导来说,什么才是应该做的事情呢?定方向,定目标。高层领导是带队伍的,队伍往哪走,要由高层领导把握方向。所以,第二个方面就是探索航向,明确目标。

企业高层领导大部分时间都在探索方向，在明确战略定位，描述愿景，而不是具体做事情，解决某个具体的问题。高层的领导力提升来自于对战略方向的敏感认知和把握，在于对未来发展趋势的分析判断，在于把这些认知、分析和判断有效地传达给管理者，得到他们的认知和认同，这就是探索航向的力量。当高层领导带领团队把战略方向明晰了，并通过有效的途径和手段把这些内容传达给了管理者，高层的领导力提升就用在了刀刃上，就会对管理者形成一种影响力，就会吸引大批的追随者和崇拜者。这样的领导站到员工面前的时候，带来的是方向和力量，员工是欢迎的，企业也会因此更加成熟。

3. 整合体系

战略方向明确了，高层领导还要规划支撑战略发展的管理体系，比如如何有效表达战略定位，让每个人都能清晰地认识战略目标，认识自己和战略的关系，这就会用到战略地图和平衡计分卡，使战略变成可执行的语言。战略目标分解到位了，全面预算是否完善，流程管理是否配套，人力资源管理体系、激励体系是否支撑，等等。这些配套支撑的管理体系需要高层领导通过影响力来整合布局，这也是高层领导提升自己影响力该做的事情。

4. 充分授权

战略方向明确了，管理体系整合了，领导要做的事情还有什么？就是授权。如何高效地授权，如何保障授权之后不乱，也是高层领导要认真研究的课题之一。什么样的权力该授，什么权力不该授，授权之后如何监控进程，确保管理者按照权限履行职责，这些都是高层领导需要把握的。

领导力提升不论是对企业还是个人都是有百利而无一害的，在领导力提升过程中，磨炼耐心，提高解决问题能力的快速有效性，是对人自身的一种升华。

六、小结

学习杜邦"有感领导"安全管理模式，使我们认识到安全管理是一个自上而下的过程。高层领导个人的承诺、领导力和推动力从根本上奠定了安全工作成功的基础。推动领导干部践行"有感领导"，也是各级管理者履行领导承诺的有效载体，同时，通过领导带头的示范作用可以使身边的员工受到感动和感染，让员工对安全有所思、有所想、有所悟，并对照反思自己的不足和缺陷，促使转变行为，培养高标准的安全习惯，从而提高企业安全管理水平，形成良好的企业安全文化。

第七章 杜邦安全文化管理

  企业安全文化的建设和发展取决于企业对安全管理体系的长期坚持不懈的努力。杜邦公司拥有二百多年在高危环境中开展风险管理的成功经验。安全文化已成为杜邦安全管理体系遗传基因的核心组成部分。

  杜邦把安全、健康和环境作为其企业的核心价值之一，每位员工不仅对自己的安全负责，而且也要对同事的安全负责。这种个人和集体负责的概念，连同以任何事故都可预防的信念为指导原则，企业上下一致实现零伤害、零疾病、零事故的目标。其结果为杜邦在工业安全方面奠定了领先地位，具有非凡的记录，并在安全管理方面享有全球的声誉。

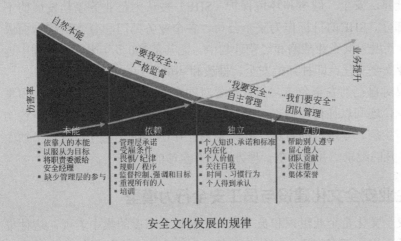

安全文化发展的规律

第一节 杜邦安全文化的形成与发展

一、杜邦安全文化的形成过程

杜邦公司早期火药生产过程的高风险性和生产中曾发生过的多次严重安全事故使公司的高层领导意识到，安全是当时公司能否生存的重要制约因素以及建立安全制度的必要性。杜邦公司第一套安全章程创立于1811年，强调各级生产管理层对安全负责和员工的参与。特别是1818年杜邦历史上最严重的爆炸事故（爆炸中有40名工人丧生）发生以后，公司规定在高级管理层亲自操作之前，任何员工不允许进入一个新的或重建的工厂，并进一步强化高级管理层对安全的负责制。该制度演变为如今高级管理层的"有感领导"。

杜邦安全管理发展历史上其他几个重要标志：1912年开始安全数据统计；1926年成立安全与防火体系；19世纪40年代提出了"所有事故都是可以预防的"理念；19世纪50年代推出工作外安全预防方案和安全数据统计。直至提出实现零伤害、零疾病、零事故的目标，即从每一单位的设计、建造、施工、投产到维修，以至运输各环节，全体人员均力求避免工伤意外的发生，以期达到零的记录。并深信所有的职业伤害与疾病、安全和环保事故，都是可以避免的。此外，也特别努力地推动保证员工非工作时间的安全。

如今在杜邦，安全、健康和环境保护（SHE）被认为是业务蓬勃发展的不可分离的一部分。SHE的目标作为整个公司、各个业务部门和分支机构全面成功的关键因素而融入其企业战略和经营计划中。尤其是200多年来安全管理中逐渐形成的企业安全文化，即杜邦把安全、健康和环境作为企业的核心价值之一，每位员工不仅对自己的安全负责，而且也要对同事的安全负责，这种个人和集体负责的概念，连同以任何事故都可预防的信念为指导原则，企业上下一致实现零伤害、零疾病、零事故的目标。其结果为杜邦在工业安全方面奠定了领先地位，具有非凡的纪录，并在安全管理方面享有全球的声誉。

二、杜邦企业安全文化建设与员工安全行为模型

企业的安全文化是企业组织和员工个人的特性和态度的集中表现，这种集合所建立的就是安全拥有高于一切的优先权。在一个安全文化已经建立起来的

企业中，从高级领导至生产主管的各级管理层须对安全责任做出承诺并表现出无处不在的"有感领导"；员工个人须形成正确的安全态度与行为；而企业自身须建立起良好的安全管理以及对安全问题和事故的重要性有一种持续的评估，对其始终保持高度的重视。杜邦企业安全文化建设的经验表明，一个企业安全文化的建成往往不是一蹴而就的，而是需要长期不懈努力才能达到。

杜邦企业安全文化建设与工业伤害防止和员工安全行为模型描述了杜邦企业安全文化建设过程中经历的四个不同阶段，即员工的安全行为处于自然本能反应阶段、依赖严格的监督阶段、独立自主管理阶段、互助团队管理阶段。

该模型的建立是基于杜邦历史安全伤害统计记录，以及在这过程中公司和员工在当时对安全认识的条件下曾作出的努力和具备的安全意识，是杜邦安全文化建设实践的理论化总结。该模型表明，只有当一个企业安全文化建设处于过程中的第四阶段时，才有可能实现零伤害、零事故的目标。应用该模型，并结合模型阐述的企业和员工在不同阶段所表现出的安全行为特征，可初步判断某企业安全文化建设过程所处的状态以及努力的方向和目标。

三、安全文化建设不同阶段中员工的安全行为特征

根据杜邦的经验，企业安全文化建设不同阶段中企业和员工表现出的安全行为特征可概括如下。

1. 第一阶段　自然本能反应

处在该阶段时，企业和员工对安全的重视仅仅是一种自然本能保护的反应，表现出以下安全行为特征：

① 依靠人的本能——员工对安全的认识和反映是出于人的本能保护，没有或很少有安全的预防意识。

② 以服从为目标——员工对安全是一种被动的服从，没有或很少有安全的主动自我保护和参与意识。

③ 将职责委派给安全经理——各级管理层认为安全是安全管理部门和安全经理的责任，他们仅仅是配合的角色。

④ 缺少高级管理层的参与——高级管理层对安全的支持仅仅是口头或书面上的，没有或很少有在人力、物力上的支持。

2. 第二阶段　依赖严格的监督

处在该阶段时，企业已建立起了必要的安全管理系统和规章制度，各级管理层对安全责任做出承诺，但员工的安全意识和行为往往是被动的，表现出以下安全行为特征：

① 管理层承诺——从高级领导至生产主管的各级管理层对安全责任做出承诺并表现出无处不在的"有感领导"。

② 受雇的条件——安全是员工受雇的条件，任何违反企业安全规章制度的行为可能会导致被解雇。

③ 害怕/纪律——员工遵守安全规章制度仅仅是害怕被解雇或受到纪律处罚。

④ 规则/程序——企业建立起了必要的安全规章制度，但员工的执行往往是被动的。

⑤ 监督、控制、强调和目标——各级生产主管监督和控制所在部门的安全，不断反复强调安全的重要性，制订具体的安全目标。

⑥ 重视所有人——企业把安全视为一种价值，不单就企业而言，而且是对所有人，包括正式员工和临时工等。

⑦ 培训——这种安全培训的设计具有系统性和针对性。受训的对象应包括企业的高、中、低管理层，一线生产主管，技术人员，全体正式员工和临时工等。培训的目的是培养各级管理层、全体正式员工和临时工具有安全管理的技巧和能力，形成良好的安全行为。

3. 第三阶段　独立自主管理

此时，企业已具有良好的安全管理体系，安全获得各级管理层的承诺，各级管理层和全体员工具备良好的安全管理技巧、能力以及安全意识，表现出以下安全行为特征：

① 个人知识、承诺和标准——员工熟识安全知识，员工本人对安全行为做出承诺，并按规章制度和标准进行生产。

② 内在化——安全意识已深入员工内心。

③ 个人价值——把安全作为个人价值的一部分。

④ 关注自我——安全不但是为了自己，也是为了家庭和亲人。

⑤ 实践和习惯行为——安全在员工的工作中、工作外，成为其日常生活的行为习惯。

⑥ 个人得到承认——把安全视为个人成就。

4. 第四阶段　互助团队管理

此时，企业安全文化深得人心，安全已融入企业组织内部的每个角落。安全为生产，生产讲安全。表现出以下安全行为特征：

① 帮助别人遵守——员工不但自己自觉遵守，而且帮助别人遵守各项规章制度和标准。

② 留心他人——员工在工作中不但观察自己岗位上的不安全行为和条件，而且留心他人岗位上的不安全行为和条件。

③ 团队贡献——员工将自己的安全知识和经验分享给其他同事。

④ 关注他人——关心其他员工，关注其他员工的异常情绪变化，提醒安全

操作。

⑤ 集体荣誉——员工将安全视为一项集体荣誉。

安全文化发展的四个不同阶段如图7-1所示。

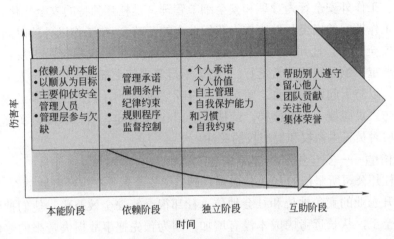

图7-1　杜邦安全文化发展的四个阶段

四、杜邦的安全文化和安全理念的主要体现

1.预防为主——一切事故都是可以预防的

这是杜邦从高层到基层的共同理念。工作场所从来都没有绝对的安全，决定伤害事故是否发生的是处于工作场所中员工的行为。管理者并不能为员工提供一个安全的场所，只能提供一个让员工安全工作的环境。企业要提供一个安全工作场所，即一个没有可识别到的危害的工作场所是不可能的。在很多情况下，是人的行为而不是工作场所的特点决定了伤害的发生。所有的事故都是在生产过程中通过人对物的行为所发生的。人的行为可以通过安全理念加以控制，抓事故预防就是抓人的管理、抓员工的意识（包括管理者的意识）、抓员工的参与，杜绝各种各样的不安全行为（包括管理者的违章指挥）。

2.管理优先——各级管理层对各自的安全负责

"员工安全"是杜邦的核心价值观。杜邦公司的高层管理者对其公司的安全管理承诺是：致力于使工人在工作和非工作期间获得最大程度的安全与健康；致力于使客户安全地销售和使用我们的产品。为了取得最佳的安全效果，各级领导一级对一级负责，在遵守安全原则的基础上，尽一切努力达到安全目标。安全管理成为公司事业的一个组成部分，安全管理的触角涉及企业的各个层面，做到层层对各自的安全管理范围负责，每个层面都有人管理，每个员工都要对其自身的安全和周围工友的安全负责，每个决策者、管理者乃至小组长对手下员工的安全都负有直接的责任。

3.行为控制——不能容忍任何偏离安全制度和规范的行为

杜邦的任何一员都必须坚持杜邦公司的安全规范,遵守安全制度。如果不这样去做,将受到严厉的纪律处罚,甚至解雇。这是对各级管理者和工人的共同要求。工作外安全行为管理和安全细节管理,是杜邦独特的安全文化。"把工人在非工作期间的安全与健康作为我们关心的范畴",在工作以外的时间里仍然要做到安全第一。杜邦认为工伤与工作之余的伤害,不仅损害员工及其家庭利益,也严重影响公司的正常运行。"铅笔不得笔尖朝上插放,以防伤人;不要大声喧哗,以防引起别人紧张;骑车时不得听'随身听';打开的抽屉必须及时关闭,以防人员碰撞;上下楼梯,请扶扶手。"这些规定,看似烦琐,实际上折射出管理层对员工生命权和健康权的关注。

4.安全价值——安全生产将提高企业的竞争地位

在杜邦公司所坚信的10大信条里,确信"安全运作产生经营效益",安全会大大提升企业的竞争地位和社会地位。杜邦很会算安全效益账,他们把资金投入到安全上,从长远考虑成本没有增加。因为预先把事故损失带来的赔偿投入到安全上,既挽救了生命,又给公司带来良好的声誉,消费者对公司更有信心,反而带来效益的大幅增长。

5.文化模型——安全文化建设的四个阶段

杜邦认为,安全文化建设从初级到高级要经历四个阶段。第一阶段,自然本能阶段。企业和员工对安全的重视仅仅是一种自然本能保护的反应,安全承诺仅仅是口头上的,安全完全依靠人的本能。这个阶段事故率很高。第二阶段,严格监督阶段。企业已经建立必要的安全管理系统和规章制度,各级管理层知道自己的安全责任,并做出安全承诺。但没有重视对员工安全意识的培养,员工处于从属和被动的状态,害怕被纪律处分而遵守规章制度,执行制度没有自觉性,依靠严格的监督管理。此阶段,安全业绩会有提高,但有相当大的差距。第三阶段,独立自主管理阶段。企业已经具备很好的安全管理系统,员工已经具备良好的安全意识,员工把安全作为自己行为的一个部分,视为自身生存的需要和价值的实现。员工人人都注重自身的安全,集合实现了企业的安全目标。第四阶段,互助团队管理阶段。员工不但自己注意安全,还帮助别人遵守安全规则,帮助别人提高安全业绩,实现经验分享,进入安全管理的最高境界。杜邦安全文化的基本要素如图7-2所示。

事实上,根据杜邦多年为中国企业提供安全管理解决方案来看,中国目前的安全生产总体处于严格监督阶段的中后期,各种法律法规得到健全、安全管理体系也得到不断完善,已经具备了从严格监督向自主管理的更高阶段进一步发展的条件,中国社会以及中国企业正处在这样一个艰巨而重要的跨越期。但是,研究显示,这四个阶段中,从严格监督到自主管理过渡的难度是最大的,

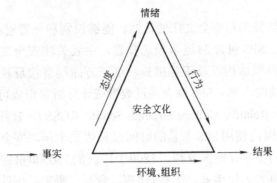

图7-2 杜邦安全文化的基本要素

因为从被动监督到自主管理之间存在一个巨大的鸿沟,关键在于人的思想和行为要实现根本的转变,这是一个安全意识内化于心的过程。如何跨越这个鸿沟?杜邦认为,企业需要搭建一座"文化"的桥梁,通过安全文化的软性力量激发社会和企业内部每个个体的自主能动性。有研究表明,85%以上的事故和伤害是由人的行为造成,而所有政策法规的落实执行也要靠人来实现,所以,安全管理的最核心目标就是"人"。关注人、激发人,这也正契合了新安全生产法提倡的"以人为本"精神。跨越文化桥如图7-3所示。

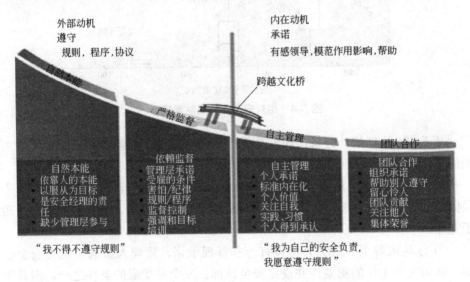

图7-3 杜邦安全文化发展过程中跨越文化桥

根据大量的样本采集和数据分析,杜邦发现企业在安全生产的四个阶段中对应着不同的安全文化成熟度,同时,杜邦研发出了很多评估工具来量化安全文化的发展程度,其中一项快捷有效的工具叫做"杜邦安全文化认知调查(Safety Perception Survey,SPS)"。这是一项强大的数据驱动型安全文化测评工具，帮助组织评估员工对安全文化的认知，能够识别和预警潜在的不安全行为、态度和其他因素。SPS包含24道多项选择题，主要关注安全文化的三个重要方面，即领导力、组织结构以及工艺措施，这三方面均直接反映了降低伤害发生率和提高安全业绩的水平。SPS调查通过数据统计分析将形成可量化的相对安全文化成熟度模型（Relative Culture Strength Score，RCSS）。杜邦可持续解决方案（DSS）在全球范围内使用SPS工具的时间已长达数十年，安全文化测评范围覆盖64个行业、41个国家/地区及超出1800个厂区的750000份答卷，行业涉及飞机制造、化工、电力公用事业、工程/建筑、食品、采矿、炼油、造纸、钢铁和运输。相对安全文化成熟度模型如图7-4所示。

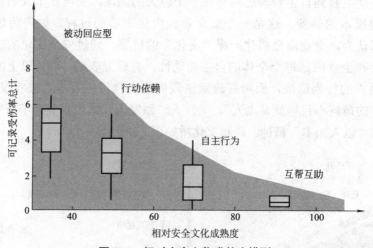

图7-4 相对安全文化成熟度模型

基于SPS数据统计分析，在安全生产的四个阶段，杜邦总结了四种不同类型的公司。

① 被动回应型：这类公司依靠本能来解决安全问题，注重的是顺应，而不是固定的安全文化。安全经理被授权负责安全方面的问题，而安全问题总是疏于管理。

② 行动依赖型：这类公司设有一些管理承诺，管理人员通常负责安全控制、强调安全工作的重要性并设定安全目标。安全是受雇的条件之一，但其重点在于预防与安全纪律、安全准则与安全程序。这类公司的确重视所有的员工，并会为其提供安全培训。

③ 自主行为型：这类公司重视员工对安全问题和安全措施的了解程度，也重视安全承诺与标准。安全管理呈现内在化风格，强调个人价值和自我保护。这类公司积极地执行安全措施与惯例，对个人安全成就加以肯定。

④ 互帮互助型：此类公司积极地帮助彼此达成安全方案，从某种意义上来说，这些公司之间就是互为"监护人"的关系。这些公司搭建起安全网，对其中的安全举措报以高度的认可。

杜邦认为，如果公司的安全文化较弱，那么即使有一年或几年相对良好的安全绩效，也是偶然的结果，而且持续的时间也没有安全文化更强的企业那么长久。较之安全文化较强的公司，安全绩效良好而安全文化较弱的公司在未来遭受高受伤率的风险更大。

SPS调研结果还能够反映各个行业的安全文化成熟情况和所处阶段，体现不同行业的安全管理问题重点所在，为相关部门和企业提供决策参考。在全球范围，杜邦SPS调研项目建立64个全球行业数据库，用于全球行业与行业之间、国家与国家之间、企业行业与最佳标杆之间的对标数据分析。通过各种量化工具清晰反映国内行业和企业在安全领导力、组织架构、流程和行动方面是否都达到世界级的标准，存在哪些差距。基于杜邦的研究数据，美国行业安全文化认知度分析如图7-5所示。

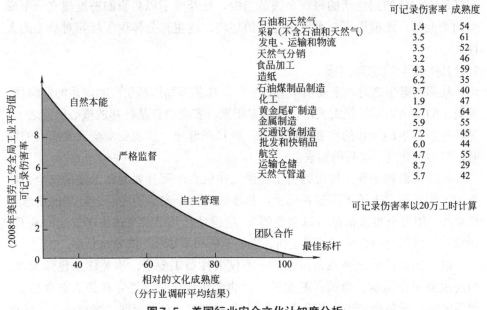

图7-5 美国行业安全文化认知度分析

作为一家科技公司，杜邦坚信安全管理是一项基于数据分析、集成了众多管理工具和模型的科学工程，同时也需要安全文化机制的驱动才能得以持续发展，而安全文化本身也是可以被量化和模型化的重要管理方法。过去十多年，伴随中国安全生产的起步和发展，杜邦已经联合社会各方力量，帮助众多中国企业建立安全文化长效机制，提升安全管理水平。未来杜邦将秉持协力创新的开放心态，让越来越多的中国企业受益于先进的安全管理经验和模式。通过科学合理的安全文化建设，中国企业势必能够跨越"文化桥"，进一步推进安全生产的发展进程，从而最终实现全行业、全社会长治久安的安全发展战略。

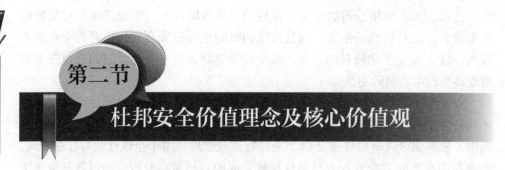

第二节 杜邦安全价值理念及核心价值观

一、杜邦的安全价值理念

安全意识是杜邦企业文化中非常重要的一部分，已贯穿于杜邦的经营和生产活动中，延伸到生活的每一个细节当中。杜邦除了以负责的态度建立一个成功的企业外，还创造了一个安全健康的环境，这也充分体现了杜邦对员工的人性关怀。

1. 杜邦的安全信念与目标

杜邦刚诞生之时，主要从事火药生产。杜邦深知炸药生产和储运的危险性，对员工的安全表示了极大关注。两百多年来，安全一直是杜邦的核心价值之一，是杜邦所从事的工作的重要组成部分。杜邦在遵守一切职业安全卫生法规的同时，努力做到高于法规的要求。

杜邦认识到企业不仅仅为员工提供工作机会，而且要为员工提供安全、健康的工作环境。无论工厂建在哪里，都要成为一个安全的工厂。杜邦的信念一直是"一切安全事故都是可以避免的"，这也是杜邦持续改进生产安全的基石。1994年，杜邦公司提出了"零工伤、零职业病和零事故"的安全目标。

现在杜邦的安全体系范围很广，不仅关注员工安全，也关注承包商安全，如要求公司在运输、建筑、差旅等方面的合作伙伴必须遵守杜邦的安全标准，如要求建筑承包商必须配备个人安全设施（PPE）；对供应商、客户等合作伙伴同样有严格的安全要求；杜邦不仅关注工作时间内的安全，也强调非工作时间的安全，让员工将安全的习惯带回家中。

2. 杜邦的安全文化建设

在杜邦，"安全"不是口号，而是深植人心的文化。杜邦通过多样化的安全推广活动，提高员工的安全意识，营造安全文化，形成了安全制度严格、员工自觉遵守、管理执行坚决的良好传统。

杜邦认为管理人员必须对员工的安全负责,要尽一切所能控制容易引起危险的工序。杜邦从血的教训中决定把杜邦家庭搬进厂区内,和工人共担风险。

杜邦家族的人员身先士卒,所有的新机器和新设备总是由他们最先操作。杜邦家族中有几位为杜邦事业做出巨大贡献的成员为此献出了生命。早在1811年,杜邦率先制订员工安全计划,成为世界上最早制订安全章程的公司;1907年,向所有工作人员发放了一本"急救手册";1911年,杜邦公司成立了世界上第一个企业安全委员会,研究引进各种各样的安全设施和起草安全管理规定;1912年开始建立安全数据统计和分析;20世纪50年代,开始考察员工下班后的安全状况,也采取了不少措施;1986年推出制程危害管理计划。

今天的杜邦早已停止了火药生产,也已剥离了石油业务。但是,公司安全管理更加细化。杜邦在设计、建造、生产、维修、运输等各方面都进行考量,以确保其安全性为社区所接受,达到环境保护的意旨,有周详的应急准备。每个会议的第一项议程就是介绍安全知识和紧急逃生路线。

安全文化必须依靠企业全体成员的共同努力才能建立和完善。杜邦一贯要求员工尊重自然与生命,形成全员参与的安全管理文化。每一个员工在加入杜邦时,都必须承诺信守"安全是被雇佣的条件"的安全理念。为保证每一个员工都知道所应该遵守的安全管理规定,杜邦的安全规定及作业程序都要员工参与制订。杜邦每个月组织不同形式的安全活动,包括安全知识竞赛、安全理论辩论赛等。杜邦要求所有员工对其自身的安全负责的同时还必须对其他员工的安全负责,在广大员工中形成一个浓厚的企业安全文化氛围和自我防范意识。杜邦建立了一套非常成熟的安全培训系统。该系列培训课程考虑到不同层次员工工作内容,有针对性地将安全管理的理念、原则、方法和技巧进行了系统化的阐述。从企业的安全文化、领导层的安全承诺入手,重点关注员工的行为,涵盖了安全管理的重点领域。杜邦员工都必须接受严格的工业安全训练,确保每个员工都能掌握遇灾难的紧急自救知识。

杜邦在安全方面奖惩分明,设立多种不同的安全奖项。早在1923年,杜邦公司建立"无事故记录总统奖"。1990年,杜邦公司又设立了"安全、健康与环境保护杰出奖",面向企业内部和整个社会,获奖的个人或团体均能得到一定的奖励。杜邦所有的团队奖励、个人提升、各工厂在杜邦集团公司内部的地位与形象基本上由该部门的安全业绩决定。

3. 全球最安全的企业

由于建立了良好的安全文化和严格的监察制度,杜邦在工业安全的表现上不断改进,在业内处于领先的地位。保护了员工的生命,减少了运营成本,有效地维护了杜邦的品牌和公众形象,有力地支撑着公司的可持续发展。

近几十年来,全世界化工领域安全事故频发,杜邦却一直是全球最安全的企业之一。杜邦的安全记录优于其他工业企业30倍；员工在工作时要比他们在家里还要安全10倍；安全水平高出化学和石油行业平均指数5倍；超过60%的工厂实现了"0"伤害率。杜邦所有在中国的工厂都朝着零事故方向发展，台湾杜邦桃园厂长达27年都没有发生任何损工意外。作为全球安全绩效最好的工业公司之一，杜邦十分愿意与业界同仁分享杜邦传承了两百多年的安全文化以及安全管理的成功经验。利用丰富的安全专业知识和安全科技让世界各地的人们生活得更安全。截至目前，杜邦已经帮助预防了成千上万的伤害和死亡事故，同时大大降低了由不安全的工作场所而导致的高额经济成本。杜邦通过健康安全资源业务部门，积极将自身的知识和经验推广到全球1500多家企业。在美国职业安全与健康管理局年度嘉奖的"最安全公司"中，有50%以上使用了杜邦安全咨询服务。杜邦安全记录如图7-6所示。

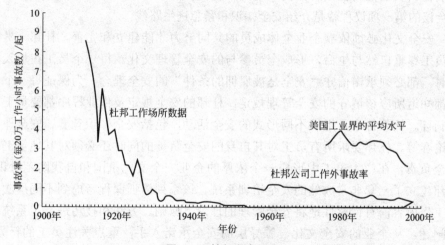

图7-6 杜邦安全记录

常言道，"富不过三代"，1970年名列美国《财富》杂志500强排行榜的大公司，到了20世纪80年代已有1/3销声匿迹。而杜邦却历经数百年而不败，正是独特的企业文化使得杜邦竞争力不断增强。一个有着远大抱负的企业，要想在竞争的市场环境中生存和永续发展，关键在于培育自己的核心价值观，建立优秀的企业文化，积极履行社会责任，获得社会的认可和尊敬。一个没有优秀企业文化和社会目标的企业，不可能成为伟大的企业。杜邦十大安全理念详见本书第二章。

二、杜邦的安全STOP卡（安全、培训、观察、程序）

STOP卡是美国杜邦公司在HSE管理中提出新的管理方式。Safety、Training、Observation、Programme，简称STOP，即安全、培训、观察、程序，已经被世界大部分石油公司和钻井承包商所采用。鼓励并倡导现场全体作业人员使用STOP卡，运用STOP卡纠正不安全行为，肯定和加强安全行为，以达到防止不安全行为的再发生和强化安全行为的目的。STOP安全观察五部曲如图7-7所示。

图7-7　STOP安全观察五部曲

1. 关于STOP卡的主要理论

① 所有事故都是可以预防的，安全是每一个人的责任。

② STOP是一种观察程序，通过观察人的行为，并且和雇员交谈关于如何安全工作的方法，以达到防止不安全行为的再发生和强化安全行为的目的。

③ 因为安全或不安全行为总是由人引起的，而不是机器，所以，STOP卡将注意力集中在观察人和人的行为上。

④ STOP是基于对以往事故发生原因的统计分析结果，其中，人的反应（Recation of People）占14%；劳保用品（PPE）占12%；人的位置（Position of People）占30%；设备和工具（Tools and Equipments）占28%；程序和整洁（Procedure and Orderliness）占12%。

⑤ 几乎所有不安全状态都可以追溯到不安全行为上。

⑥ 提高安全管理成绩的唯一方法是纠正不安全行为的观点是错误的，肯定、加强安全行为和指出不安全行为一样重要。

⑦ STOP安全观察程序是非惩罚性的，必须和组织纪律分开来，或者说它不应当和组织纪律相联系。

⑧ 当雇员知道其行为会威胁到他人生命安全时，或明知工作程序或制度规定，却故意违反和不遵守时，就必须立即停止STOP观察程序，而采取纪律惩罚手段。

⑨ 不要当着被观察人的面写观察报告（STOP卡），不要把被观察人的名字写在报告里。因为你的目的是纠正不安全行为、鼓励安全行为进而预防伤害，而不是记录下你所观察的人。不要让雇员感觉到观察卡意味着要找他们的麻烦，在远离他们的地方填写STOP卡，不要让他们感觉到他们正在被记录下来，让他们知道卡里不会包括他们的名字，告诉他们可以看全部的报告。记住，你的目的是帮助雇员安全工作。

⑩ STOP安全观察循环周：决定→停止→观察→行动→报告。

⑪ 树立高的安全标准。对雇员安全工作行为的最高期望值取决于所设立和保持的最低标准。

⑫ 关于STOP观察卡：当你决定要做一次安全观察时，STOP观察卡是非常有价值的。在你做观察之前，通过观察卡了解在观察过程中的注意事项和观察方法。观察以及和雇员交谈结束以后，用观察卡对你的观察做出总结，然后存档。

⑬ STOP卡上的类别顺序是根据观察顺序来决定的，是以人的行为基础来组织的。

⑭ 关于劳保用品（PPE）：能够在工作当中正确穿戴劳保用品的人，也会遵守其他的安全规定和安全工作程序。反之亦然，即不能严格正确穿戴劳保用品的人，也不会严格遵守其他安全规定，或在工作当中也会无视安全规定。

2.运用STOP卡的目的

① 大幅度减少伤害及意外事件；
② 降低事故赔偿或损失成本；
③ 提高员工的安全意识；
④ 增强相互沟通的技巧；
⑤ 培养监督及管理的技巧；
⑥ 传达管理阶层对安全的承诺等。

3.STOP观察周的含义和原则

① 决定。要注意员工如何遵守程序，准备做一次安全观察；
② 停止。停止你手上的其他工作，在距员工较近的地点止步；
③ 观察。按照STOP卡所列观察内容和顺序，观察员工是如何进行工作的，并特别注意工作的进行与安全程序；
④ 沟通（行动）。与被观察人员进行面对面交流，特别注意他们是否知道并了解工作程序和操作规程，而非责备；
⑤ 报告。利用安全观察卡来完成报告。

运用STOP观察周坚持观察原则。明白你对你的员工的安全表现负责；设立你对员工的最低安全标准；安全与其他要素同等重要；对不安全行为立即纠正；采取行动防止再发生；沟通是STOP程序中十分重要的环节；让员工了解不安全行为的危害性；你的判断力是讨论安全与否的关键。

4.STOP卡的运用技巧

在与员工进行沟通和交谈时要注意以下事项：提出问题并聆听回答；采取询问的态度；非责备原则；双向交流；赞赏他的安全行为；鼓励他持续的安全行为；了解他的想法和安全工作的原因；评估他对自身角色和责任的了解程度；找出影响他们想法的因素；培养正面与员工进行交谈的工作习惯；了解工作区

各种不同工作所涵盖的各种安全事务。

5.如何在现场使用STOP卡

（1）做好使用STOP卡的宣传工作　STOP卡是一种在现场进行HSE管理的新方式，要在员工中做好宣传动员和培训工作，使大家对使用STOP卡有一个正确的认识，并能正确使用。

（2）STOP卡的使用　为便于雇员能及时正确使用STOP卡，各作业队应将STOP卡放在员工容易拿到的地方或分发给每个员工。使每个员工在进行作业前对照STOP卡进行必要的自我检查，或在作业过程发现人的不安全行为和物的不安全状态后及时进行记录观察。

（3）STOP卡的收集　各作业队应在钻台值班房、会议室等地方建立STOP卡收集站，员工将当天观察到的不安全行为写在STOP卡上并投进STOP卡收集箱，由HSE监督负责收集。对于所收集的STOP卡进行分析，对员工所反映的问题要及时进行整改和处理，并对收集的STOP卡要妥善保存。

（4）对STOP卡的奖励　为鼓励员工积极使用STOP卡，每个作业队对每月收集的STOP卡进行一次评选，对很有价值的STOP卡观察者给予一定的物质奖励。

（5）STOP卡适用范围　STOP卡适用于员工在不了解情况下的不安全行为的观察记录，是非惩罚性的。当员工知道其行为会威胁到他人安全时却故意违反制度规定，或明知工作程序却不遵守时，就必须对其立即停止STOP观察程序，而采取相应的纪律惩罚手段。

三、杜邦预防事故理论

1.事故主因结构理论

事故发生的因素中，人的不安全行为占96%，为主要原因。人的不安全行为是人为的，也是可以避免的。物的不安全状态占4%，为次要原因。物的不安全状态也间接是由人为因素导致的，是可以避免的。在现场工作中，我们也发现绝大多数事故都是人为造成的。我国装备投入及装备水平与杜邦还有很大的差距，统计结果显示，人的不安全行为占80%，物的不安全状态占20%。事故致因结构如图7-8所示。

2.事故金字塔理论

大量统计数据表明：死亡事故：受伤损工：伤害事件：危险事件：不安全行为的比例是1∶30∶300∶3000∶30000。事故金字塔理论揭示了一个十分重要的事故预防原则：要预防死亡事故，必须预防受伤损工事故；要预防受伤损工事故，必须预防伤害事件；要预防伤害事件，必须预防危险事件；要预防危险事件，必须消除人的不安全行为和物的不安全状态。能否及时消除日常人的不

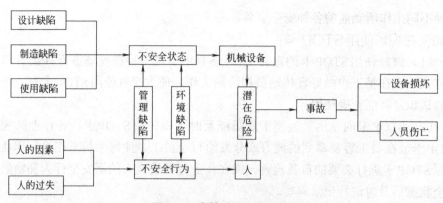

图7-8 事故致因结构示意

安全行为和物的不安全状态，取决于日常管理是否到位，也就是平时讲的细节管理，这是预防死亡和重伤事故的最重要基础工作。我们要从细节管理着手，抓好日常安全管理工作，降低"安全金字塔"底部的不安全行为和不安全状态，预防死亡和重伤事故，实现全员安全。事故金字塔理论如图7-9所示。

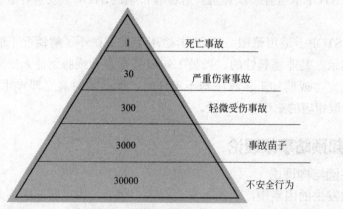

图7-9 事故金字塔理论示意

3.事故冰山理论

日常工作中人的不安全行为和物的不安全状态就像冰山的水下部分，不容易被发现。事故冰山理论有三层含义：

① 人们往往只关注事故或事件的表面，未探究导致事故的根源。

② 要从根源上解决问题，不要只关心事故本身，做一些表面工作。

③ 事故经济损失大部分是由人的不安全行为和物的不安全状态造成的暗损失，而不是某起事故本身造成的明损失。"冰山理论"告诉我们：暴露在"海面"上的隐患并不可怕，而那些藏在"海下"的隐患才是真正的炸弹。希望生产单位提高破"冰"能力，建议和要求安全工程师每天拿着摄像机、照相机等工具，把基层单位安全工作中的"海下"隐患进行拍摄整理，并从"海下"隐

患的直接原因、间接原因、后果等方面进行全面剖析并曝光。开展这项工作的目的，就是要找出"海面"下的不安全行为、因素，采取有针对性的措施，消除导致安全事故发生的根本原因，实现安全生产的可控、能控、在控。企业安全管理工作的一项重要内容就是要找出生产操作者的不安全行为，并采取有针对性的措施消除安全隐患。让职工充分认识到"隐藏在水下的冰山"更危险的道理，通过形式多样的宣传，让安全变成一种习惯，让习惯变得更规范。把企业安全管理固化为一种理念，并融入到全体职工的自觉行为和自律意识之中。唯有这样，安全工作才能真正破"冰"远航。冰山理论如图7-10所示。

图7-10　冰山理论示意

4. 事故经济理论

某起事故的经济损失只是冰山上露出水面的一角，大部分经济损失来自于大量物的不安全状态和人的不安全行为。我们平常在计算某起事故的经济损失时只注重直接经济损失，那只是一小部分，往往忽视了那些还未发生的或不好衡量的潜在的间接经济损失，而那却是一大部分。

5. 破窗理论

破窗理论如图7-11所示。

任何一种不良现象的存在，都在传递着一种信息，这种信息会导致不良现象的无限扩展。环境对人的行为有"正反馈"作用，对人们心理造成暗示性或诱导性影响。同时，必须高度警觉那些看起来是偶然的、个别的、轻微的"过错"，如果对这种行为不闻不问、熟视无睹、反应迟钝或纠正不力，就会纵容更多的人"去打烂更多的窗户玻璃"，就极有可能演变成"千里之堤，溃于蚁穴"的恶果。要实现长周期的安全稳定生产，不但要及时地纠正违章行为，而且也要杜绝"破窗理论"所描述的那种现象在企业蔓延，及时修复那"第一块被打碎的玻璃"。要防止"破窗理论"所描述的那种破窗效应在安全生产中发生，对待违章行为必须坚决杜绝"第一次"。对违章行为不能讲人情，不能搞下不为例，不能麻木不仁。

图7-11 破窗理论示意

杜邦安全文化的实质也是提高人的安全素质,规范人的安全行为,实现人的安全价值,最终达到消灭各类事故,确保安全生产的目的。

第三节 杜邦安全文化促进我国企业安全文化建设

一、企业安全文化建设

文化是一种无形的力量,影响着人的思维方法和行为方式。相对于提高设备设施安全标准和强制性安全制度规程来讲,安全文化建设是事故预防的一种"软"力量,是一种人性化管理手段。安全文化建设通过创造一种良好的安全人文氛围和协调的人机环境,对人的观念、意识、态度、行为等形成从无形到有形的影响,从而对人的不安全行为产生控制作用,以达到减少人为事故的效果。利用文化的力量,可以利用文化的导向、凝聚、辐射和同化等功能,引导全体员工采用科学的方法从事安全生产活动。利用文化的约束功能,一方面形成有效的规章制度的约束,引导员工遵守安全规章制度;另一方面,通过道德规范的约束,创造一种团结友爱、相互信任,工作中相互提醒、相互发现不安全因素，共同保障安全的和睦气氛，形成凝聚力和信任力。利用文化的激励功能，使每个人能明白自己的存在和行为的价值，体现出自我价值的实现。持之以恒地坚持企业安全文化建设，在企业形成尊重生命的价值观，形成统一的思维方式和行为方式，进而提升企业安全目标、政策、制度的贯彻执行力。

1.安全文化的起源

安全文化伴随着人类的产生而产生，伴随着人类社会的进步而发展。安全文化经历了从自发到自觉、从无意识到有意识的漫长过程。在世界工业生产范围内，有意识并主动推进安全文化建设源于高技术和高危的核安全领域。1986年，苏联切尔诺贝利核电站事故发生以后，国际原子能机构（IAEA）提出了"安全文化"一词。1988年，国际核安全咨询组把安全文化的概念作为一种基本管理原则提出，安全文化必须渗透到核电厂的日常管理之中。一个单位的安全文化是个人和集体的价值观、态度、能力和行为方式的综合产物，它决定于安全健康管理上的承诺、工作作风和精通程度。1991年，IAEA编写了《安全文化》，给出安全文化的定义："安全文化是存在于单位和个人中的种种素质和态度的总和，它建立一种超出一切之上的观念，即核电厂的安全问题由于它的重要性，要保证得到应有的重视。"1993年，国际核设施安全顾问委员会（ACSNI）进一步阐述了安全文化的概念："安全文化是决定组织的安全与健康管理承诺、风格和效率的那些个体或组织的价值观、态度、认知、胜任力以及行为模式的产物。"IAEA《安全文化》的面世标志着安全文化正式在世界各国传播和实践。

2.企业安全文化现状

总体上看，国外企业安全文化建设起步比较早，并且取得了较好的成就。美国杜邦公司的企业安全文化就是其中的优秀代表。

杜邦公司安全管理取得了卓越的成效，据2001年统计，其属下的370个工厂和部门中，80%没有发生过工伤病假及以上的安全事故，至少50%的工厂没有出现过工业伤害事故，有20%的工厂超过10年没有发生过安全伤害事故。多年200000工时的损工事故发生率在0.3以下。2003年9月9日，杜邦公司被 *Occupational Hazards* 杂志9月号评为最安全的美国公司之一。这些安全绩效上的成就与杜邦公司倡导和实施的安全文化密不可分。

杜邦公司认为，企业的安全文化是企业组织和员工个人的特性和态度的集中表现，这种集合所建立的就是安全拥有高于一切的优先权。在一个安全文化已经建立起来的企业中，从高级至生产主管的各级管理层须对安全责任做出承诺并表现出无处不在的"有感领导"；员工个人须采取正确的安全态度与行为；而企业自身须建立起良好的安全管理制度，并对安全问题和事故的重要性有一种持续的评估，对其始终保持高度的重视。杜邦企业安全文化建设过程可以使用员工安全行为模型描述四个不同阶段：①自然本能反应阶段；②依赖严格的

监督阶段；③独立自主管理阶段；④互助团队管理阶段。安全文化发展到第四阶段，员工就把安全作为个人价值的一部分，把安全视为个人成就。

我国在20世纪90年代初就认识到安全文化建设的必要性并展开了广泛的讨论。

1999年，国家安全生产监督管理总局成立后，大力推进安全文化建设，2001年，在青岛市组织召开了国家安全生产监督管理总局第一届全国安全文化研讨会，2003年，在北京举办了安全文化与小康社会国际研讨会。2004年，国务院颁发的《国务院关于进一步加强安全生产工作的决定》（国发〔2004〕2号）明确要求推进安全生产理论、安全科技、安全文化等方面的创新，不断增强安全生产工作的针对性和实效性。2006年，国务院办公厅印发的《安全生产"十一五"规划》将安全文化建设列为主要任务和重点工程，国家安全生产监督管理总局组织制定并印发了《"十一五"安全文化建设纲要》。为了进一步加强和指导企业安全文化建设，2008年，国家安全监督管理总局颁布了《企业安全文化建设导则》（AQ/T 9004—2008）和《企业安全文化建设评价准则》（AQ/T 9005—2008）。2010年，国家安全监督管理总局制定印发了《国家安全监管总局关于开展安全文化建设示范企业创建活动的指导意见》，标志着我国企业安全文化建设进入了一个新阶段。

3. 安全文化的定义与内涵

（1）安全文化的定义　安全文化有广义和狭义之分。广义的安全文化是指在人类生存、繁衍和发展历程中，在其从事生产、生活乃至生存实践的一切领域内，为保障人类身心安全并使其能安全、舒适、高效地从事一切活动，预防、避免、控制和消除意外事故和灾害，为建立起安全、可靠、和谐、协调的环境和匹配运行的安全体系，为使人类变得更加安全、健康、长寿，使世界变得友爱、和平、繁荣而创造的物质财富和精神财富的总和。

狭义的安全文化是指企业安全文化。关于狭义的安全文化，比较全面的是英国安全健康委员会下的定义：一个单位的安全文化是个人和集体的价值观、态度、能力和行为方式的综合产物。安全文化分为三个层次：

① 直观的表层文化，如企业的安全文明生产环境与秩序；

② 企业安全管理体制的中层文化，它包括企业内部的组织机构、管理网络、部门分工和安全生产法规与制度建设；

③ 安全意识形态的深层文化。

而国内普遍认可的定义是，企业安全文化是企业在长期安全生产和经营活动中，逐步形成的，或有意识塑造的为全体员工接受、遵循的，具有企业特色的安全价值观、安全思想和意识、安全作风和态度、安全管理机制及行为规范，安全生产和奋斗目标，为保护员工身心安全与健康而创造的安全、舒适的生产和生活环境和条件，是企业安全物质因素和安全精神因素的总和。由此可见，安全文化的内容十分丰富，应主要包括：处于深层的安全观念文化；处于中间层的安全制度文化；处于表层的安全行为文化和安全物质文化。

《企业安全文化建设导则》（AQ/T 9004—2008）给出了企业安全文化的定义：被企业组织的员工群体所共享的安全价值观、态度、道德和行为规范的统一体。

（2）企业安全文化的内涵　一个企业的安全文化是企业在长期安全生产和经营活动中逐步培育形成的、具有本企业特点、为全体员工认可遵循并不断创新的观念、行为、环境、物态条件的总和。企业安全文化包括保护员工在从事生产经营活动中的身心安全与健康，既包括无损、无害、不伤、不亡的物质条件和作业环境，也包括员工对安全的意识、信念、价值观、经营思想、道德规范、企业安全激励进取精神等安全的精神因素。企业安全文化是"以人为本"多层次的复合体，由安全物质文化、安全行为文化、安全制度文化、安全精神文化组成。企业文化是"以人为本"，提倡对人的"爱"与"护"，以"灵性管理"为中心，以员工安全文化素质为基础所形成的群体和企业的安全价值观和安全行为规范，表现于员工在受到激励后的安全生产的态度和敬业精神。企业安全文化是尊重人权、保护人的安全健康的实用性文化，也是人类生存、繁衍和发展的高雅文化。要使企业员工建起自护、互爱、互救，以企业为家，以企业安全为荣的企业形象和风貌，要在员工的心灵深处树立起安全、健康的个人和群体的共同奋斗意识。安全文化教育，从法制、制度上保障员工受教育的权利，不断创造和保证提高员工安全技能和安全文化素质的机会。

（3）企业安全文化的基本特征与主要功能

企业安全文化有以下基本特征：

① 安全文化是指企业在生产经营过程中，为保障企业安全生产，保护员工身心安全与健康所涉及的种种文化实践及活动。

② 企业安全文化与企业文化目标是基本一致的，即"以人为本"，以人的"灵性管理"为基础。

③ 企业安全文化更强调企业的安全形象、安全奋斗目标、安全激励精神、安全价值观和安全生产及产品安全质量、企业安全风貌及"商誉"效应等，是企业凝聚力的体现，对员工有很强的吸引力和无形的约束作用，能激发员工产生强烈的责任感。

④ 企业安全文化对员工有很强的潜移默化的作用，能影响人的思维，改善人们的心智模式，改变人的行为。

企业安全文化有以下主要功能：

① 导向功能。企业安全文化所提出的价值观为企业的安全管理决策活动提供了为企业大多数职工所认同的价值取向，它们能将价值观内化为个人的价值

观，将企业目标内化为自己的行为目标，使个体的目标、价值观、理想与企业的目标、价值观、理想有了高度一致性和同一性。

② 凝聚功能。当企业安全文化所提出的价值观被企业职工内化为个体的价值观和目标后就会产生一种积极而强大的群体意识，将每个职工紧密地联系在一起。这样就形成了一种强大的凝聚力和向心力。

③ 激励功能。企业安全文化所提出的价值观向员工展示了工作的意义，员工在理解工作的意义后，会产生更大的工作动力，这一点已为大量的心理学研究所证实。一方面，用企业的宏观理想和目标激励职工奋发向上；另一方面，它也为职工个体指明了成功的标准与标志，使其有了具体的奋斗目标。还可用典型、仪式等行为方式不断强化职工追求目标的行为。

④ 辐射和同化功能。企业安全文化一旦在一定的群体中形成，便会对周围群体产生强大的影响作用，迅速向周边辐射。而且，企业安全文化还会保持一个企业稳定的、独特的风格和活力，同化一批又一批新来者，使他们接受这种文化并继续保持与传播，使企业安全文化的生命力得以持久。

4. 企业安全文化建设的基本内容

（1）企业安全文化建设的总体要求　企业在安全文化建设过程中，应充分考虑自身内部的和外部的文化特征，引导全体员工的安全态度和安全行为，实现在法律和政府监管要求基础上的安全自我约束，通过全员参与实现企业安全生产水平持续提高。

（2）企业安全文化建设基本要素

① 安全承诺。企业应建立包括安全价值观、安全愿景、安全使命和安全目标等在内的安全承诺。安全承诺应切合企业特点和实际，反映共同安全志向；明确安全问题在组织内部具有最高优先权；声明所有与企业安全有关的重要活动都追求卓越；含义清晰明了，并被全体员工和相关方所知晓和理解。

领导者应提供安全工作的领导力，坚持保守决策，以有形的方式表达对安全的关注；在安全生产上真正投入时间和资源；制订安全发展的战略规划，以推动安全承诺的实施；接受培训，在与企业相关的安全事务上具有必要的能力；授权组织的各级管理者和员工参与安全生产工作，积极质疑安全问题；安排对安全实践或实施过程的定期审查；与相关方进行沟通和合作。

各级管理者应清晰界定全体员工的岗位安全责任；确保所有与安全相关的活动均采用了安全的工作方法；确保全体员工充分理解并胜任所承担的工作；鼓励和肯定在安全方面的良好态度，注重从差错中学习和获益；在追求卓越的安全绩效、质疑安全问题方面以身作则；接受培训，在推进和辅导员工改进安全绩效上具有必要的能力；保持与相关方的交流合作，促进组织部门之间的沟通与协作。

每个员工应在本职工作上始终采取安全的方法；对任何与安全相关的工作保持质疑的态度；对任何安全异常和事件保持警觉并主动报告；接受培训，在岗位工作中具有改进安全绩效的能力；与管理者和其他员工进行必要的沟通。

企业应将自己的安全承诺传达到相关方。必要时应要求供应商、承包商等相关方提供相应的安全承诺。杜邦实现安全目标的途径如图7-12所示。

图7-12　杜邦实现安全目标的途径

② 行为规范与程序。企业内部的行为规范是企业安全承诺的具体体现和安全文化建设的基础要求。企业应确保拥有能够达到和维持安全绩效的管理系统，建立清晰界定的组织结构和安全职责体系，有效控制全体员工的行为。行为规范的建立和执行应体现企业的安全承诺；明确各级各岗位人员在安全生产工作中的职责与权限；细化有关安全生产的各项规章制度和操作程序；行为规范的执行者参与规范系统的建立，熟知自己在组织中的安全角色和责任；由正式文件予以发布；引导员工理解和接受建立行为规范的必要性，知晓由于不遵守规范所引发的潜在不利后果；通过各级管理者或被授权者观测员工行为，实施有效监控和缺陷纠正；广泛听取员工意见，建立持续改进机制。杜邦的行为安全文化要素如图7-13所示。

程序是行为规范的重要组成部分。企业应建立必要的程序，以实现对与安全相关的所有活动进行有效控制的目的。程序的建立和执行过程中，识别并说明主要的风险，简单易懂，便于操作；程序的使用者（必要时包括承包商）参与程序的制订和改进过程，并应清楚理解不遵守程序可导致的潜在不利后果；由正式文件予以发布；通过强化培训，向员工阐明在程序中给出特殊要求的原

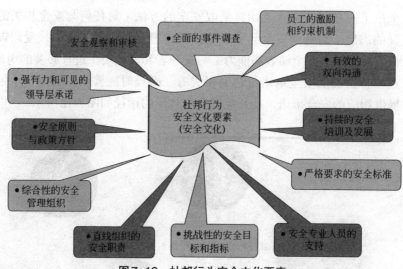

图7-13 杜邦行为安全文化要素

因;对程序的有效执行保持警觉,即使在生产经营压力很大时,也不能容忍走捷径和违反程序;鼓励员工对程序的执行保持质疑的安全态度,必要时采取更加保守的行动并寻求帮助。

③ 安全行为激励。企业在审查和评估自身安全绩效时,除使用事故发生率等消极指标外,还应使用旨在对安全绩效给予直接认可的积极指标。员工应该受到鼓励,在任何时间和地点,挑战所遇到的潜在不安全实践,并识别所存在的安全缺陷。对员工所识别的安全缺陷,企业应给予及时处理和反馈。

企业应建立员工安全绩效评估系统,建立将安全绩效与工作业绩相结合的奖励制度。审慎对待员工的差错,应避免过多关注错误本身,而应以吸取经验教训为目的。应仔细权衡惩罚措施,避免因处罚而导致员工隐瞒错误。企业宜在组织内部树立安全榜样或典范,发挥安全行为和安全态度的示范作用。

④ 安全信息传播与沟通。企业应建立安全信息传播系统,综合利用各种传播途径和方式,提高传播效果。企业应优化安全信息的传播内容,将组织内部有关安全的经验、实践和概念作为传播内容的组成部分。企业应就安全事项建立良好的沟通程序,确保企业与政府监管机构和相关方、各级管理者与员工、员工相互之间的沟通。沟通应确认有关安全事项的信息已经发送,并被接受方所接受和理解;涉及安全事件的沟通信息应真实、开放;每个员工都应认识到沟通对安全的重要性,从他人处获取信息和向他人传递信息。

⑤ 自主学习与改进。企业应建立有效的安全学习模式,实现动态发展的安全学习过程,保证安全绩效的持续改进。企业应建立正式的岗位适任资格评估和培训系统,确保全体员工充分胜任所承担的工作。应制订人员聘任和选拔程序,保证员工符合岗位适任要求的初始条件;安排必要的培训及定期复训,评

估培训效果；培训内容除包括有关安全知识和技能外，还应包括对严格遵守安全规范的理解，以及个人安全职责的重要意义和因理解偏差或缺乏严谨而产生失误的后果；除借助外部培训机构外，应选拔、训练和聘任内部培训教师，使其成为企业安全文化建设过程的知识和信息传播者。

企业应将与安全相关的任何事件，尤其是人员失误或组织错误事件，当作能够从中汲取经验教训的宝贵机会，从而改进行为规范和程序，获得新的知识和能力。应鼓励员工对安全问题予以关注，进行团队协作，利用既有知识和能力，辨识和分析可供改进的机会，对改进措施提出建议，并在可控条件下授权员工自主改进。经验教训、改进机会和改进过程的信息宜编写到企业内部培训课程或宣传教育活动的内容中，使员工广泛知晓。

⑥ 安全事务参与。全体员工都应认识到自己负有对自身和同事安全做出贡献的重要责任。员工对安全事务的参与是落实这种责任的最佳途径。企业组织应根据自身的特点和需要确定员工参与的形式。员工参与的方式可包括但不局限于以下类型：建立在信任和免责备基础上的微小差错员工报告机制；成立员工安全改进小组，给予必要的授权、辅导和交流；定期召开有员工代表参加的安全会议，讨论安全绩效和改进行动；开展岗位风险预见性分析和不安全行为或不安全状态的自查自评活动。

所有承包商对企业的安全绩效改进均可做出贡献。企业应建立让承包商参与安全事务和改进过程的机制，将与承包商有关的政策纳入安全文化建设的范畴；应加强与承包商的沟通和交流，必要时给予培训，使承包商清楚企业的要求和标准；应让承包商参与工作准备、风险分析和经验反馈等活动；倾听承包商对企业生产经营过程中所存在的安全改进机会的意见。

⑦ 审核与评估。企业应对自身安全文化建设情况进行定期的全面审核。审核内容包括：领导者应定期组织各级管理者评审企业安全文化建设过程的有效性和安全绩效结果；领导者应根据审核结果确定并落实整改不符合、不安全实践和安全缺陷的优先次序，并识别新的改进机会；必要时，应鼓励相关方实施这些优先次序和改进机会，以确保其安全绩效与企业协调一致。在安全文化建设过程中及审核时，应采用有效的安全文化评估方法，关注安全绩效下滑的前兆，给予及时的控制和改进。

（3）推进与保障

① 规划与计划。企业应充分认识安全文化建设的阶段性、复杂性和持续改进性，由企业最高领导人组织制订推动本企业安全文化建设的长期规划和阶段性计划。规划和计划应在实施过程中不断完善。

② 保障条件。企业应充分提供安全文化建设的保障条件，包括明确安全文化建设的领导职能，建立领导机制；确定负责推动安全文化建设的组织机构与

人员，落实其职能；保证必需的建设资金投入；配置适用的安全文化信息传播系统。

③ 推动骨干的选拔和培养。企业宜在管理者和普通员工中选拔和培养一批能够有效推动安全文化发展的骨干。这些骨干扮演员工、团队和各级管理者指导老师的角色，承担辅导和鼓励全体员工向良好的安全态度和行为转变的职责。

5. 安全文化建设的操作步骤

（1）建立机构　　领导机构可以定为"安全文化建设委员会"，必须由生产经营单位主要负责人亲自担任委员会主任，同时，要确定一名生产经营单位高层领导人担任委员会的常务副主任。其他高层领导可以任副主任，有关管理部门负责人任委员。其下还必须建立一个安全文化办公室，办公室可以由生产（经营）、宣传、党群、团委、安全管理等部门的人员组成，负责日常工作。

（2）制订规划

① 对本单位的安全生产观念、状态进行初始评估。

② 对本单位的安全文化理念进行定格设计。

③ 制订出科学的时间表及推进计划。

（3）培训骨干　　培养骨干是推动企业安全文化建设不断更新、发展，非做不可的事情。训练内容可包括理论、事例、经验和本企业应该如何实施的方法等。

（4）宣传教育　　宣传、教育、激励、感化是传播安全文化、促进精神文明建设的重要手段。规章制度那些刚性的东西固然必要，但安全文化这种柔的东西往往能起到制度和纪律起不到的作用。

（5）努力实践　　安全文化建设是安全管理中高层次的工作，是实现零事故目标的必由之路，是超越传统安全管理来解决安全生产问题的根本途径。安全文化要在生产经营单位安全工作中真正发挥作用，必须让所倡导的安全文化理念深入到员工头脑里，落实到员工的行动上。在安全文化建设过程中，紧紧围绕"安全—健康—文明—环保"的理念，通过采取管理控制、精神激励、环境感召、心理调适、习惯培养等一系列方法，既推进安全文化建设的深入发展，又丰富安全文化的内涵。

6. 企业安全文化建设评价

企业安全文化建设评价的目的是为了解企业安全文化现状或企业安全文化建设效果，而采取的系统化测评行为，并得出定性或定量的分析结论。《企业安全文化建设评价准则》（AQ/T 9005—2008）给出了企业安全文化评价的要素、减分指标、计算方法等。

（1）评价指标

① 基础特征：企业状态特征、企业文化特征、企业形象特征、企业员工特征、企业技术特征、监管环境、经营环境、文化环境。

② 安全承诺：安全承诺内容、安全承诺表述、安全承诺传播、安全承诺认同。

③ 安全管理：安全权责、管理机构、制度执行、管理效果。

④ 安全环境：安全指引、安全防护、环境感受。

⑤ 安全培训与学习：重要性体现、充分性体现、有效性体现。

⑥ 安全信息传播：信息资源、信息系统、效能体现。

⑦ 安全行为激励：激励机制、激励方式、激励效果。

⑧ 安全事务参与：安全会议与活动、安全报告、安全建议、沟通交流。

⑨ 决策层行为：公开承诺、责任履行、自我完善。

⑩ 管理层行为：责任履行、指导下属、自我完善。

⑪ 员工层行为：安全态度、知识技能、行为习惯、团队合作。

（2）减分指标 减分指标包括死亡事故、重伤事故、违章记录。

（3）评价程序

① 建立评价组织机构与评价实施机构。企业开展安全文化评价工作时，首先应成立评价组织机构，并由其确定评价工作的实施机构。企业实施评价时，由评价组织机构负责确定评价工作人员并成立评价工作组。必要时可选聘有关咨询专家或咨询专家组。咨询专家（组）的工作任务和工作要求由评价组织机构明确。评价工作人员应具备以下基本条件：熟悉企业安全文化评价相关业务，有较强的综合分析判断能力与沟通能力，具有较丰富的企业安全文化建设与实施专业知识，坚持原则、秉公办事，评价项目负责人应有丰富的企业安全文化建设经验，熟悉评价指标及评价模型。

② 制订评价工作实施方案。评价实施机构应参照标准制订《评价工作实施方案》。方案中应包括所用评价方法、评价样本、访谈提纲、测评问卷、实施计划等内容，并应报送评价组织机构批准。

③ 下达《评价通知书》。在实施评价前，由评价组织机构向选定的样本单位下达《评价通知书》。《评价通知书》中应当明确评价的目的、用途、要求，应提供的资料及对所提供资料应负的责任，以及其他需要在《评价通知书》中明确的事项。

④ 调研、收集与核实基础资料。根据标准设计评价的调研问卷，根据《评价工作方案》收集整理评价基础数据和基础资料。资料收集可以采取访谈、问卷调查、召开座谈会、专家现场观测、查阅有关资料和档案等形式进行。评价人员要对评价基础数据和基础资料进行认真检查、整理，确保评价基础资料的系统性和完整性。评价工作人员应对接触的资料内容履行保密义务。

⑤ 数据统计分析。对调研结构和基础数据核实无误后，可借助EX、EL、SPSS、SAS等统计软件进行数据统计，然后根据依据标准建立的数学模型和实

际选用的调研分析方法，对统计数据进行分析。

⑥撰写评价报告。统计分析完成后，评价工作组应该按照规范的格式，撰写《企业安全文化建设评价报告》，报告评价结果。

⑦反馈企业征求意见。评价报告提出后，应反馈企业征求意见并做必要修改。

⑧提交评价报告。评价工作组修改完成评价报告后，经评价项目负责人签字，报送评价组织机构审核确认。

⑨进行评价工作总结。评价项目完成后，评价工作组要进行评价工作总结，将工作背景、实施过程、存在的问题和建议等形成书面报告，报送评价组织机构，同时建立好评价工作档案。

二、将杜邦安全文化转化为我们的财富——企业安全文化

纵览世界500强，跨越两个多世纪的百年企业凤毛麟角，杜邦就是其中之一。是什么独特的管理体系和企业文化支撑杜邦持续经营了210年之久，从历史的线性发展中找到杜邦文化的由来和源头。杜邦以火药起家，高危行业的特殊属性决定了杜邦文化在形成之初自然需要从安全入手。自1811年创立全球第一个安全章程，杜邦提出安全由各个管理层负责，从组织架构层面确立了安全的重要地位，由此将安全变成杜邦文化血脉中根深蒂固的基因。之后，杜邦的安全数据统计和诸多安全指数都成为国际组织用以制定国际安全管理标准的重要参考，杜邦提出的"一切事故都可以避免""工作外安全""零的目标"等安全理念都成为后来安全管理学科的重要研究对象和众多企业管理者奉行的金科玉律，杜邦安全成为世界级的标杆。

1.杜邦的安全文化发展历程

在两个多世纪的历程中，杜邦经历过很多变革，从家族企业到美国历史上首批道琼斯成分股上市公司，从经营火药转向化工能源领域再到如今的农业、生物、新型材料和新型能源。无论公司性质、业务领域或战略方向怎样变化，万变不离其宗，杜邦的安全基因从未改变过。杜邦的安全已经超越了减少事故的基本诉求，延伸到设备、质量、运营、仓储、运输等各个生产环节，驱动着杜邦管理体系和企业文化不断完善和发展，支持着杜邦在日益多元化发展中能够很快成为各个领域的领导者。从某种意义上讲，是安全成就了杜邦200多年的可持续发展和不间断经营。所以，安全如同三棱镜，全面折射出完整的杜邦管理体系和文化机制。

那么，什么使杜邦安全富有如此巨大的推动力和辐射力？下面通过两个层面引导大家理解杜邦安全。

首先，纵向来看，杜邦把在不同发展阶段所表现出的不同安全文化形态总

结为四个阶段：自然本能，严格监督，自主管理和团队管理。处于自然本能的企业认为安不安全都凭运气，严格监督的企业则已经意识到安全是能够被管理的，并且制订规章制度加以监督，但是，主要采用"人盯人"的办法。员工在"被"安全的情况下，故意违章的情况经常发生。到了自主管理，"人盯人"变成了自己管理自己，每个员工有意愿也有能力做到安全。这个阶段，员工就很少发生故意违章，但还会无意识地犯错而引发潜在危险。到了团队管理阶段，这种无意识犯错的潜在危险也能得到控制。因为，当某个员工开始有无意识犯错的迹象，其他的同事都会及时提醒或直接采取行动保护自己团队的员工。所以，团队管理是安全文化发展的最高阶段，也将使企业不断趋进安全管理的终极目标——零。对应到现实，目前，从中国很多企业的现状评估结果来看，中国主流的安全文化仍处于严格监督阶段。

从横向来看，杜邦安全作为一个系统工程，由两大机制构成：风险控制机制和文化机制，这两大机制如同互相紧扣的齿轮，缺一不可。在风险控制机制中，杜邦的工艺危害分析是动态的、持续的、全生命周期的，从设计、投产、维修、变更一直到工艺流程或设备报废，严格确保流水线和设备的设计性能以支持满负荷运转。如果把风险控制机制视作硬件条件，那么确保硬件条件的有效运作就需要"人"的执行、软性环境的带动，这就是文化机制。考核方式是否合理，标准定得是否恰当，领导是否能够以身作则，培训是否有针对性，都将影响风险控制机制是否能够执行到位。那么软性环境是怎样建立的呢？俗话说，有什么样的领导就有什么样的团队。企业软环境的建立最终还需要企业高层带领和影响，这也是为什么领导力在企业管理学科中怎么强调都不为过的原因。管理生产的领导者都很清楚，生产运营的各个环节本身就是环环相扣的，只要为其中某一个环节注入动力，往往能够起到联动效应，达到"安稳长满优"的效果。通过资产效率的整体提升，实现安全、稳定、长周期、满负荷、优质量的卓越运营，这也是杜邦可持续解决方案中所倡导的"可持续"的核心理念。这也是为什么当杜邦从安全入手，让风险控制机制与安全文化机制有效运作起来、两个齿轮紧密咬合、互相驱动，我们会看到其结果是杜邦安全形成了巨大的推动力和辐射力，带动其他生产环节的齿轮一起转动，杜邦的整体管理模式也就由此得以持续有效运行200多年，也将继续推动杜邦走得更远。

2.借鉴杜邦的管理系统和文化机制

从杜邦的发展轨迹来看，可持续发展需要变也需要不变。"变"的是以安全为切入点，从资源分配、组织架构、流程运作等各方面进行变革以提高资产效率，降低运营成本，通过大量系统的工作建立和完善一套长效管理机制。当然，前提是我们的高层和企业有强烈的变革意愿。很多企业高管担心"变"会带来不稳定，事实上，这里的"变"是变革而非革命，并非推倒重来。杜邦管理模

第七章 杜邦安全文化管理

式本身就是从基本的管理要素发展而来，很多要素在企业的生产经营中已经显示出了一定的基础，因此，成功地引入杜邦管理模式往往是在企业原有基础上加以提升和改善、实现无缝对接，甚至很多企业由此发展出一套适合于自身的独特的管理模式。当这一套科学合理的管理模式建立之后，企业就需要"不变"的精神，从"变"到"不变"是从量到质的飞跃。企业只有对"变"的成果加以稳定、常态、持续地执行，健康有序地运行，持之以恒，才能走向基业常青。

杜邦凭借210年丰富的实践运营经验和创新传统，运用强大的问题处理能力，充分发挥杜邦公司作为一家全球整合的提供技术与服务的科学公司的优势，帮助企业部门建立安全文化，提升运营效率，加强环境治理，完善工艺流程，从而缔造出更安全、更高效、更环保的工作场所。

创立于1802年的杜邦公司凭借创新的产品、材料和服务，为全球市场提供世界级的产品与服务。杜邦公司通过与客户、政府机构、非政府组织和思想领袖开展协作，提供应对各种全球性挑战的解决方案（包括提供充足健康的食物、减少对化石燃料的依赖，以及保护生命与环境安全）。

三、推行杜邦安全文化管理的有效做法

1.强化培训，转变观念

培育安全文化，运用安全组织，并全方位推进杜邦安全管理模式。举办中高层领导和直线领导安全管理、事故管理、行为安全审核等培训班，使众多人员参加培训。主要培训内容应为：杜邦安全管理组织架构、审核的方法和技巧；沟通的方法和技巧；事故调查分析；个人承诺、鼓励与参与等。

通过培训使干部员工对以下几方面有了深刻认识：一是安全管理不仅仅是专业安全管理人员的事，而是企业每一个人的责任。二是安全文化是在公司生产经营的安全管理过程中和大家具体实践中形成的。三是杜邦的"审核"的工作方式，不仅适用于安全管理，也同样适用于思想政治工作。四是这种形式的培训，本身就是一次具有辐射作用的宣传工作，其宣传效果是常规性宣传无法比拟的。五是杜邦的安全管理模式不仅适用于安全管理，同样适用于日常各项管理工作。全公司员工对杜邦安全管理有了深入理解，能够把杜邦安全管理的理念、方法、技巧从课堂培训落实到实际工作中去，促进了杜邦安全管理模式的推行。

2.借鉴先进模式，提升管理水平

我国的企业在引入杜邦安全理念的同时，要结合实际引入杜邦及"5S"等世界先进的管理模式，以此来促进我国的企业安全文化建设。

（1）引入安全经验分享模式　变枯燥的文件条例学习为案例警示；变阶段

性学习为日常教育;变事后批评为事前提醒。安全经验分享就是在公司每天的生产早会、车间交接班会议、检修开工会等开展"安全经验分享"活动,由参加会议的某个部门的人员讲述他所经历的或听说的,以及本单位历史上发生或近期发生的一件与安全有关的事件、事故或未遂事故,简单描述事件、事故经过、造成的后果、分析事件形成的原因以及防范措施等,使与会人员从事件、事故中汲取经验教训。虽然会前只用几分钟,但很有效,既鼓励大家主动讲事故经验教训,同时督促分析事故原因,使其他单位借鉴。长此以往,参会人员从中学到了安全经验,增强了安全意识,有效地杜绝重复事故的发生。

(2) 引入属地管理　变被动执行为主动管理;变推诿扯皮为责任清晰;变各自为政为通力配合。属地管理就是按照"谁主管、谁负责"和"管生产必须管安全"的原则,让属地的直线组织负责本部门、本辖区内的安全工作,确保本组织安全目标的实现。这种制度要求直线组织将所有可划分的区域,指定专人负责,将安全责任落实到每名员工,避免了推诿扯皮现象,真正做到"谁主管,谁负责"。

(3) 引入安全审核　变安全专责管理为全员参与;变定期检查为过程控制;变上级对下级的被动考核为主动平等沟通。某石化公司建立了安全审核制度,规定了领导层、管理部门、管理区各层次的职责、审核频次和审核范围,明确了审核要求、时间和地点。企业应当把日常审核作为发现问题、消除隐患的根本途径,坚持岗位人员自我审核,班组之间相互审核,车间定期审核,机关处室随时审核,确保安全审核、安全监督的广度和深度。推行这种理念和工作方法后,企业就能改变依靠安全专业人员找出不安全状况的认识,真正做到让最明白的人为安全负责,进一步明确了直线组织的安全责任。

(4) 引入"5S"管理模式　变突击整理为日常工作;变规范管理为习惯养成;变低标准整治为管理升级。"5S"管理模式即整理(Seiri)、整顿(Seiton)、清扫(Seiso)、清洁(Seiketsu)和素养(Shitsuke)。某石化公司制订了"5S"推行计划,成立了以总经理为组长的"5S"推行工作小组,在企业范围内大力推行;对企业"5S"的推行工作做出了详细全面的安排部署,对推行小组成员的职责进行了分工,同时制订了"5S"推行实施办法和考核奖励制度,使"5S"推行有组织、有计划、有分工、有措施、有制度。通过开展"5S"活动,企业对所有办公室、操作间以及装置现场的各种物品进行了全面细致的分类,根据使用频次、改善空间、减少库存、消除管理上混放的原则,制订了要与不要判别基准,并对照"基准"全面整理了所需物品,彻底清理了不需要的物品,特别是个人物品。在整顿阶段,这个公司将各个区域内的物品按整理阶段的分类,依据使用频次对经常用的和不经常用的物品,按照由近及远、由随手到定点的原则进行定置摆放,同时按照"5S"要求绘制上千张办公室和装置区域定置图,并严格按照定置图摆放,制订了各区域定置管理规定,对各办公室、操作间的文件柜、资料、记录、文件、台账进行分类装盒、造册、标识、画线,逐一定置摆放;同时,按照统一规划,对厂(泵)房、操作室进行了定置,使现场面貌大为改观,达到了一定的目视效果;对整理、整顿之后的各区域进行区域责任划分,实行区域责任制,各责任区域细化成各自的定置图,责任落实到车间、班组、工段、个人,采用轮流值班方式,彻底清扫各区域的物品、设备、工具,同时制订了定期清扫各区域设备、物品、工具及公共场所的规章制度,从而使工作场所、用具及设备保持干净、亮丽;编制了清洁手册,制订了定期检查制度,使现场、办公室、操作间保持洁净状态。活动无形中调动了每一个员工的工作情绪,提高了员工的工作积极性、工作效率和工作质量,减少了工作失误,保证装置安全稳定运行。"5S"管理如图7-14所示。

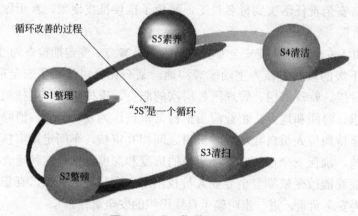

图7-14 "5S"管理示意图

3.完善制度,建立长效机制

企业必须完善动火作业、临时用电、高处作业、有限空间作业、动土作业、化学品管理、属地管理、变更管理、上锁挂签9个作业程序,并在具体工作中强化落实;实行"一会、一书、一表、一卡"制度;进一步规范装置检修、日常检修等高风险作业项目监控程序,加大监督管理力度,对系统未交出的阀门、电气设备实行上锁挂签、悬挂安全警示牌、专人负责检查等制度,有效地避免各类事故的发生。这些均结合现场实际,简化了工作流程,明确了多方的责任及安全人员的职责,在工作中起到了明显效果,提高了作业的安全系数。同时,要建立工艺与设备安全管理、事故调查、审核、标准与制度、业绩管理、供方管理等6个分委员会,每个分委会都由公司主管副总经理担任主任,每月召开会议,通报本月开展的工作和存在的问题。尤其是事故调查分委员会和审核分委员会,每月分析当月发生的事故和未遂事故,积累数据,分类分析,找出根本原因，总结共性问题，采取系统措施，在全公司范围通报，做到经验共享。某石化公司推进个人安全行为审核，领导干部全部制订了年度审核计划，每月在审核分委会上，通报审核计划的执行、发现的问题及跟踪情况，分析公司安全管理的薄弱环节，明确下一阶段的工作重点，提高执行力；注重解决生产、设备中存在的问题，工艺与设备安全管理委员会下设的4个工作小组（PHA工艺危害分析、PSI工艺安全信息、MIQA机械完整性及质量保证、OP操作规程），各小组在各自工作范围内开展工作。目前，这个公司已对主要生产装置进行了工艺危害分析，制订了相应的措施，使属地主管人员清楚责任范围内的风险及防范措施，下发《机械完整性指南》《质量保证手册》和《工艺设备变更管理程序》，对设备管理人员进行了相应培训，使设备管理人员掌握设备启动前应检查的内容，如何落实设备变更管理，明确了每个设备管理人员今后个人发展的方向，调动了员工的积极性；借鉴杜邦公司在岗位职责、业绩管理方面的经验，结合公司实际修订完善了岗位描述、业绩管理等制度，并在修订中引入了RACI职能矩阵法，对主要工作分岗位进行描述，结果责任落实到个人。在岗位职责任务分解表中，明确各岗位的具体职责、工作内容以及分解指标，为业绩考核打下基础；通过分解岗位职责，明确了管理责任，完善业绩考核机制；通过梳理设备管理流程，应用QA手册、MI手册等规范检维修工作；通过安全管理制度、优化和升级程序，进一步完善、强化考核机制，提高程序运行执行力；通过持续开展工艺与设备安全管理工作，使杜邦安全经验、技能与企业实际情况相结合，建立安全环保长效机制。

4. 识别危险因素，实现本质安全

为了确保生产装置的安全平稳运行，2016年，某石化公司在全公司范围内开展危害因素及环境因素识别与评价工作。全年组织各单位识别评价出公司级重大风险15项，实施整改14项。未整改的一项明确隐患治理重点，制订了HSE管理方案，落实了责任单位和责任人，明确了完成期限和控制措施，努力实现本质安全；同时，加强日常作业、检维修、开停工过程的风险管理，鼓励员工认真识别操作过程、管理过程的风险，采取措施进行控制。到2015年年底，共识别并整改各类隐患1.8万项，实现向安全环保管理要效益的目标。对于所有的检维修项目，这个公司均进行了危害识别与风险控制，对重点检修项目编制审定了《风险评价报告书》，其他项目编制了《风险评价报告表》；组织检修施工单位、项目所在单位及机动处相关技术人员进行深入细致的安全、技术交底；对检修中的主体施工单位提出建立HSE管理体系的要求，在施工合同中明确规定开展风险评价和控制，并签订安全合同。通过上述工作，这个公司提高了施工作业单位的风险防范意识，有效地控制、降低了施工作业中的风险，杜绝了各类事故的发生。这个石化公司按照QHSE管理体系的要求，强化应急预案演

练；建立健全了应急组织机构，针对潜在事故和重大风险制订了17个公司级专业应急预案，9项环保预案；组织了模拟液氨泄漏、油罐区火灾事故等公司级应急演练；制订了40个生产预案以及196项车间级事故预案，每季度进行演练；按照消防建设达标要求，不断加强消防、气防工作。演练锻炼了应急队伍，明确了应急职责，完善了应急管理内容。

5.推行杜邦模式，形成先进理念

企业应当设立安全监督部，建立健全了"安全异体监督体系"，通过安全文化建设与实践，大力倡导杜邦"一切事故都是可以控制和避免的"的理念。这个公司对照杜邦公司先进的安全管理理念找差距，并定期请杜邦专家到装置区现场进行诊断评估，有效地推行杜邦安全管理模式。公司总经理明确要求全体员工本着实事求是的态度，从转变安全观念入手，不断提高安全意识，树立杜邦安全理念，逐级明确责任，落实措施，从基本的工作做起，通过点滴积累，养成安全操作习惯，营造安全文化氛围；提高隐患的辨识能力，把杜邦安全管理理念扎扎实实落实到岗位；按照杜邦安全管理要求，对照问题进行整改，完善各项工作规程和标准，查找安全工作差距，尤其是在高空作业、有限空间作业、工艺风险与危害识别、设备完好率等现场管理上下工夫，将"一切事故都是可以控制和避免的"安全理念入脑入心，夯实安全基础，实现本质安全，努力达到"零事故、零损失、零伤害"的目标；并要求妥善处理好员工思想上的隐患，深入调查员工所关心的热点问题，理顺员工情绪，消除习惯性违章，根治跑冒滴漏和工作上的低标准，全面推动安全文化、安全法制、安全责任、安全科技、安全投入"五因素"的落实；实现由被动防范、事后处理向强化源头、预防优先转变，培育安全文化，为员工创造一个和谐的安全生产环境，整体提高公司安全生产管理水平。

杜邦推进工作开始以来，企业的安全管理取得新进展。通过安全管理理念等培训，使领导干部及大部分员工在安全管理理念上发生了较大转变；通过修订企业的作业程序，在实际工作中见到了比较明显的效果；通过组建分委员会，基本形成了安全管理委员会的框架；通过实施行为安全审核程序并对审核数据进行统计，为分析企业安全状况提供数据支持；通过事故调查程序、承包商安全管理、属地管理办法等程序制订等使整体工作顺利开展。企业针对已完善、运行的程序加强专项审核，提高程序执行力；按照事故管理程序规定，根据程序及事故分析方法培训员工，提高事故管理水平；继续开展工艺危害分析（PHA）工作，扩展到生产部门运用，提高发现工艺隐患、分析工艺危害的技能；跟踪《机械完整性指南》和《质量保证手册》试运行情况，提升设备管理水平；制订工艺设备安全信息管理程序，完善企业设备信息、资料；以供方委员会为主，梳理公司采购、供应流程，制订承包商管理程序。与此同时，公司总经理还要求干部员工坚持执行目前行之有效的管理制度、管理方法，不能降低工作标准，要养成良好的安全行为习惯；要把杜邦好的做法与实际情况结合，干实事、见实效，使公司安全管理向更高目标迈进。同时，所有企业将坚定不移地推行杜邦安全管理模式，在推进中不断总结经验教训，努力提高全员的安全管理水平，创建一流的安全环保长效机制，使企业的安全生产不断迈上新台阶。

参考文献

[1] AQ/T 9004—2008企业安全文化建设导则.
[2] AQ/T 9005—2008企业安全文化建设评价标准.
[3] AQ/T 3034—2010化工企业工艺安全管理实施导则.
[4] 崔政斌,冯永发编著.杜邦十大安全理念透视.北京:化学工业出版社,2013.
[5] 崔政斌,周礼庆编著.企业安全文化建设.北京:化学工业出版社,2014.
[6] 崔政斌,张美元编著.世界500强企业安全管理理念.北京:化学工业出版社,2015.
[7] 崔政斌,周礼庆编著.危险化学品企业安全管理指南.北京:化学工业出版社,2016.
[8] 周礼庆,崔政斌编著.危险化学品企业工艺安全管理.北京:化学工业出版社,2016.
[9] 崔政斌,赵海波编著.危险化学品企业隐患排查治理.北京:化学工业出版社,2016.
[10] 崔政斌,范拴红编著.危险化学品企业安全标准化.北京:化学工业出版社,2017.
[11] 崔政斌,石方惠编著.危险化学品企业应急救援.北京:化学工业出版社,2018.
[12] 崔政斌,刘炳安编著.安全生产十大定律与方法.北京:化学工业出版社,2017.
[13] 王秉,吴超著.安全文化学.北京:化学工业出版社,2018.
[14] 美国化学工程师学会化工过程安全中心著.工艺安全管理变更管理导则.鲁毅,崔琳等译.北京:化学工业出版社,2013.
[15] 田宏主编.机械安全技术.北京:国防工业出版社,2013.
[16] 崔政斌,王明明编著.机械安全技术.北京:化学工业出版社,2009.
[17] 隋鹏程著.安全原理.北京:化学工业出版社,2005.
[18] 李葆文,徐保强著.规范化的设备维修管理——SOON.北京:机械工业出版社,2006.
[19] 郁君平编.设备管理.北京:机械工业出版社,2011.
[20] 《化工企业设备管理》编写组编著.化工企业设备管理.北京:中国纺织出版社,2011.
[21] 周华中主编.安全科学研究与探索——学人文选.北京:化学工业出版社,2017.
[22] https://www.dupont.com.cn.
[23] https://wenku.baidu.com.